Pleticha
Deutsche Geschichte

Deutsche Geschichte

Band 10

Bismarck-Reich und
Wilhelminische Zeit
1871–1918

Herausgegeben von
Heinrich Pleticha

BERTELSMANN
LEXIKON VERLAG

Die Autoren dieses Bandes:
Prof. Dr. Winfried Böhm, Johannes Glanz, Lothar Häusler,
Dr. Horst Hübel, Dr. Günter Merwald, Dr. Hanswernfried Muth,
Christian Roedig, Gerhard Schatt, Margarete Schwind,
Dr. Roland Vocke

Zeichnungen und Karten:
Hermann Schäfer

Redaktion: Erhard Bethke
Schlußredaktion: Birgit Willmann
Graphische Gestaltung: Hans Roßdeutscher

Druck und Verarbeitung: Elsnerdruck – Ein Mohndruck-Betrieb
Printed in Germany. ISBN 3-570-03764-9

Inhalt

ROLAND VOCKE

Die deutschen Parteien im Kaiserreich · 119

GERHARD SCHATT

Handels- und Wirtschaftspolitik von 1871–1914 · 138

GERHARD SCHATT

Deutschland und Übersee · 157

WINFRIED BÖHM

Das deutsche Bildungswesen in den Jahren um 1900 · 269

ROLAND VOCKE

Der Erste Weltkrieg · 281

Ein Wort zu diesem Band

Rund neunhundert Jahre, von 919 bis 1806, dauerte die Geschichte des sogenannten »Ersten Reiches« der Deutschen. Zusammen mit der Geschichte des Ostfrankenreiches und der Geschichte des »Deutschen Bundes« nach 1815 waren ihr neun Bände dieser zwölfbändigen Deutschen Geschichte gewidmet. Vom 18. Januar 1871 bis zum 9. November 1918, also nur knapp neunundvierzig Jahre, bestand dann das »Zweite Reich«. Seine Geschichte behandelt dieser zehnte Band unseres Geschichtswerkes.
In seinem Aufbau zeichnen sich deutlich zwei große politische Hauptkapitel ab. Das erste umfaßt jene zwei Jahrzehnte, in denen Otto von Bismarck als Reichskanzler die Innen- und Außenpolitik dieses neuen Reiches leitete. Das zweite beginnt mit dem Generations- und Führungswechsel von 1890, der Entlassung Bismarcks und dem persönlichen Regiment Kaiser Wilhelms II., der nun für nicht ganz drei Jahrzehnte die politische Entwicklung maßgebend beeinflußte und den Jahren so deutlich seinen Stempel aufprägte, daß wir von einer »Wilhelminischen Zeit« sprechen. Die letzten vier Jahre seiner Regierung waren die Jahre des »Ersten Weltkriegs«, der im Schlußkapitel ausführlicher behandelt wird. Der Zusammenbruch des Kaiserreiches mit seinen Folgen, die Anfänge der neuen deutschen Republik und der »Friede von Versailles«, der ja – ähnlich wie der »Wiener Kongreß« ein Jahrhundert zuvor – weniger einen Abschluß als vielmehr einen folgenschweren Neubeginn darstellt, sind bewußt an den Beginn des folgenden elften Bandes der »Deutschen Geschichte« gerückt.
Die zeitliche Kürze der hier dargestellten Epoche erlaubt, ähnlich wie im neunten Band, eine stärkere Differenzierung und Spezialisierung der Einzelkapitel. Diese ›Spezialkapitel‹ bilden diesmal zwei deutlich voneinander abgegrenzte Gruppen, deren erste sich mit den politi-

schen, sozialen und wirtschaftlichen Einzelfragen beschäftigt, während die zweite Überblicke über die Kunst, die Literatur, die Geistes- und Naturwissenschaften in dem behandelten Zeitraum bringt.
Zur ersten Gruppe gehört ein kleineres Kapitel über die regierenden Fürsten, »Bismarcks Zaunkönige«, wie die kleineren manchmal spöttisch genannt wurden. Ein weiteres beschäftigt sich mit der Stellung des Bürgertums. Das dritte behandelt ausführlicher die Arbeiterfrage, die Zusammenschlüsse der Arbeiter und, eng damit verbunden, die Entstehung der Sozialdemokratie. Dieser Beitrag leitet über zu einem vierten über die Rolle der Parteien im Kaiserreich.
In die Bismarck-Ära fallen auch die Versuche zur Schaffung eines deutschen Kolonialreiches in Afrika und der Südsee. Der entsprechende Abschnitt sucht sie gleichermaßen im historischen wie im weltpolitischen Zusammenhang zu sehen. An ihn fügt sich in dieser ersten Gruppe ein letztes Kapitel über die Handels- und Wirtschaftspolitik des »Zweiten Reiches«. Es schließt bewußt an die entsprechenden Kapitel über »Gewerbe und Handel im 18. Jahrhundert« in Band 8 und »Industrialisierung in der 1. Hälfte des 19. Jahrhunderts« in Band 9 an, und auf diese Weise sollen Zusammenhänge von eineinhalb Jahrhunderten deutscher Wirtschaftsgeschichte deutlich gemacht werden.
Zusammenhänge mit Beiträgen in vorangegangenen Bänden ergeben sich augenfällig auch aus dem zweiten Block, dessen ›Spezialkapitel‹ die Literatur, Kunst und Musik im Kaiserreich behandeln. Darüber hinaus erforderte der rasche Wandel der Naturwissenschaften ebenso einen eigenen Abschnitt wie die Entwicklung der Pädagogik, die wir nun seit dem ausgehenden Mittelalter im sechsten und im neunten Band mitverfolgen konnten.
Auch diesmal wurde bewußt darauf geachtet, den »Texten der Zeit« ein gewisses Eigenleben zu geben und nicht so sehr trockene Dokumente als vielmehr Augenzeugen aus den verschiedensten Bevölkerungsschichten sprechen zu lassen.
Ebenso wurden auch diesem Band wieder Porträttexte hervorragender Persönlichkeiten der Zeit beigegeben. Informationskästchen sollen Begriffe und Vorgänge der Zeit näher erläutern und verständlicher machen, Graphiken und Karten die allgemeine Orientierung erleichtern.
Auch die Illustration dieses Bandes bemüht sich, authentische Bilder der Zeit zu bringen, um einen dokumentarischen Eindruck der behandelten Jahre und ihres Zeitgefühls zu vermitteln. Erstmals treten nun neben die Kupfer- und Stahlstichdarstellungen, neben die Historienmalerei Beispiele der frühen Fotografie, oft noch mit allen Schwächen der Frühzeit behaftet, aber aussagestark in der Erfassung von entscheidenden Augenblicken und symptomatischen Entwicklungen.

Fast dramatisch klaffen die Themen der Fotografie und die der Lithografien und Stiche auseinander: hier Dokumentation der Zeitumstände, auch des Alltags mit seinen Nöten, dort die Propagierung der heilen Welt, der Tradition und des Wohlstandes. Einen dritten Akzent setzen die Zeugnisse der bildenden Künste. Sie dokumentieren diese Epoche als ein Nebeneinander von Verharren und Kontinuität, aber auch als eine Zeit der Probleme und des Umbruchs mit weit in die Zukunft ausgreifenden Ideen. Parallel zum Text wird so in diesem Band die Illustration zu einer Spiegelung dieser im Umbruch befindlichen Welt.

Am Ende eines jeden Kapitels werden spezielle Literaturhinweise gegeben. Allgemeine und weiterführende Literatur ist am Ende des Buches zusammengefaßt.

Entsprechend der größeren zeitlichen Nähe der geschilderten Ereignisse und Entwicklungen und entsprechend der noch nicht immer abgeschlossenen Bewertung differenzierterer Prozesse kommen die verschiedenen Autoren im Einzelfall zu unterschiedlicher Beurteilung – ein für zeitgeschichtliche Vorgänge normaler Vorgang.

Herausgeber und Verlag

Sigel:

J. G. = Johannes Glanz
L. H. = Lothar Häusler
H. H. = Dr. Horst Hübel
G. M. = Dr. Günter Merwald
H. M. = Dr. Hanswernfried Muth
H. P. = Dr. Heinrich Pleticha
G. Sch. = Gerhard Schatt
W. S. = Winfried Stadtmüller

K: verweist auf Informationskästchen mit Erläuterungen wichtiger und für die Zeit symptomatischer Begriffe und Vorgänge.

Hinter den Namen werden in der Regel die Lebensdaten angegeben, bei Herrschern und Politikern im Einzelfall auch die Herrschafts- bzw. Amtsdaten.

Überschäumendes Nationalpathos und Rückbezogenzeit auf die germanische Vorzeit an der Schwelle zum 20. Jahrhundert: »Deutschlands Einigung«; Holzstich nach einem Gemälde von A. v. Werner.

MARGARETE SCHWIND

DAS BISMARCK-REICH 1871–1890

Reichsgründung – Mängel der Reichsverfassung – Interessenvertretung und Politik – Kulturkampf – Sozialistengesetz und Sozialpolitik – Die große Wende 1879 – Politische Kultur im Kaiserreich – Konstanten der Außenpolitik – Kolonialpolitik – Spiel mit fünf Kugeln – Der Lotse geht von Bord – Machtwechsel und »Neuer Kurs« – Die deutschen Fürstentümer – »Zaunkönige« und »Riesen« – Sonderrechte für die großen Bundesstaaten – Klassen und Gesellschaftsschichten – Leben im Kaiserreich – Volk und Eliten – Militarismus – Untertanen – »Gründerzeit« – Arbeiterbewegung – Sozialdemokratie – »Sozialistengesetze« – Gewerkschaften – Parteien – »Kulturkampf« – Handels- und Wirtschaftspolitik – Freie Marktwirtschaft und Schutzzoll-Politik – Wirtschaftsaufschwung und Krisen – Überseepolitik und Kolonialvereine – Auswanderung und Kolonialpolitik.

Daß das Deutsche Reich ausgerechnet am 18. Januar 1871 im Spiegelsaal zu Versailles mit der Krönung des preußischen Königs Wilhelm I. zum deutschen Kaiser gegründet wurde, sollte zu denken geben: Der Festakt fand weder in der Hauptstadt des Deutschen Reiches statt, noch *vor* der formellen Beendigung des »Deutsch-Französischen Krieges« – dafür aber an einem preußischen Gedenktag! Genau 170 Jahre vorher war Friedrich III. zum König in Preußen gekrönt worden. Die Kaiserkrönung in Versailles, waffenstarrendes Schauspiel vor hohen Militärs, inmitten des deutschen Heerlagers vor Paris, hatte damit mehrfachen Symbolgehalt.

Demokratisch gewählte Repräsentanten des Staatsvolkes, Republikaner und national gesonnene Männer, die seit mehr als fünfzig Jahren den Traum von der deutschen Einheit geträumt hatten, waren nicht zugegen. Der Adel blieb unter sich. Im Deutschen Reich läuteten die Glocken, die Zeitungen priesen in freudiger Erregung die Wiederauferstehung von Kaiser und Reich – der schlafende Barbarossa (»Rotbart«) war als greiser Wilhelm I., als Barbablanca (»Weißbart«), aus dem Kyffhäuser wiedergekehrt. Die Zukunft schien golden, die Nation hatte große Zeiten vor sich. Wenig später klingelten die Kassen – denn französische Gelder flossen in die deutsche Wirtschaft: Fünf Milliarden Goldfrancs hatte der große Verhandlungstaktiker Otto von Bismarck (* 1815, † 1898) in den Friedensverhandlungen der geschlagenen französischen Nation abgerungen, die vertreten wurde durch den schmächtigen Außenminister Jules Favre.

Eine weitere Bereicherung brachte die ›Zurückeroberung‹ oder richtiger: Annexion des nun als »Reichsland« diktatorial vom Deutschen Reich verwalteten Elsaß-Lothringen, besonders wegen der Kohleindustrie in Lothringen ein wirtschaftlicher Gewinn par excellence! Trotzdem war es manchen Zeitgenossen nicht ganz wohl angesichts der offiziellen Feste, Reden und Feiern. Was da als junger deutscher Nationalstaat aus der Taufe gehoben wurde, dem hafteten Mängel an, die bis zu seinem Ende 1918 und darüber hinaus grundlegend für Fehlentwicklungen der deutschen Innenpolitik sein sollten.

Landwirtschaft, Industrie und Verfassung
Magisches Dreieck 1871 und danach

Nicht nur drei Kriege waren dieser Reichsgründung vorausgegangen, von denen einige Historiker, wie z. B. Hans-Ulrich Wehler, annehmen, sie hätten unmittelbar auf die Gründung eines kleindeutschen Reiches unter preußischer Hegemonie abgezielt. Die Reichsgründung fand

Die Agrarrevolution, Vorbedingung der deutschen Industriellen Revolution

Zwischen 1816 bis 1866 verdoppelte sich das preußische Agrarland. Gleichzeitig wurden die Erträge von 100 Prozent auf 173 Prozent gesteigert. Gewinne wurden für Rationalisierungen verwendet, wodurch nicht mehr alle Landarbeiter beschäftigt werden konnten. Sie bildeten eine mobile industrielle Reservearmee von ungelernten Arbeitskräften, die in den Fabriken beschäftigt werden konnten. Bevölkerungswachstum, Konsumanstieg, Kapitalakkumulation (Anhäufung), Urbanisierung (Verstädterung) und Binnenwanderung (Landflucht) sind Kennzeichen der Agrarrevolution. Die ökonomischen Folgen der Agrarrevolution sicherten die Herrenstellung der Großgrundbesitzer. Dieser exklusive feudale Berufsstand besaß eine Reihe von Privilegien (z. B. Polizeirecht des Gutsherrn) und genoß Staatshilfe.

noch dazu in einer Zeit statt, in der die deutsche *Agrarrevolution* (*siehe K, oben* und auch Band 9) zu einem Abschluß gekommen war, gleichzeitig aber mit Macht die Industrielle Revolution durchbrach. Diese Konstellation sollte die Entwicklung der kommenden Jahre nachdrücklich beeinflussen, griff doch in eine weitgehend traditionale, von vorindustriellen Eliten beherrschte Gesellschaft nun mit ungekanntem Tempo eine fortgeschrittene Technologie ein, die eine zahlenmäßig starke Industriearbeiterschaft und damit einen möglichen sozialen Störfaktor entstehen ließ: 1871 machte die Arbeiterklasse etwa ein Fünftel, 1882 ein Viertel und 1907 ein Drittel der Gesamtbevölkerung aus, die zwischen 1871 und 1914 von 41 auf über 65 Millionen anwuchs. Eines der zentralen Motive in der Innenpolitik des deutschen Reiches war deshalb in den kommenden Jahren stets die Auseinandersetzung zwischen überkommenen Führungsschichten und den neuen Kräften der Bevölkerung. Im Mittelpunkt unseres Interesses steht daher die Art und Weise, in der die adeligen Führungsschichten auf die stürmischen gesellschaftlichen Entwicklungen reagierten, wie sie die Reichsregierung beeinflußten, ihren wechselnden wirtschaftlichen und gesellschaftspolitischen Interessen Rechnung zu tragen.

Alle Entwicklungen spielten sich seit dem 4. Mai 1871 auf der Basis der deutschen Reichsverfassung ab, die der des »Norddeutschen Bundes« (siehe Band 9) stark ähnelte. Einer föderalistischen Einrichtung wie dem »Bundesrat« (in ihm waren die verbündeten zweiundzwanzig souveränen Fürstenstaaten und die drei Freien Hansestädte Deutschlands durch ernannte Bevollmächtigte vertreten, der Kaiser bildete das Präsidium; siehe Band 9) stand der »das ganze deutsche Volk« repräsentierende, gewählte deutsche »Reichstag« als stark unitarisches Element gegenüber. Die eigentliche Souveränität aber und ein Großteil der Reichslegislative übte der Bundesrat aus. In ihm hatte stets der Reichskanzler stellvertretend den Vorsitz für den Kaiser. Dieser vereinigte in seiner Person die militärische und politische Führung und galt im allgemeinen Bewußtsein zunehmend als eigentlicher Souverän. Obgleich er im heutigen parlamentarischen Sinn keinerlei echte Verantwortlichkeit besaß, also auch nicht zur Rechenschaft gezogen werden konnte für politische Maßnahmen, besaß er damit doch eine unvergleichliche Schlüsselposition. Denn er war zugleich Außenminister und Ministerpräsident des größten deutschen Bundesstaates. Preußen hatte fast zwei Drittel der Fläche, drei Fünftel der Bevölkerung des Deutschen Reiches, außerdem lagen die wichtigsten Rohstoffgebiete und Industrien in seinem Territorium und zwei Drittel des Reichsheeres waren preußische Truppen.

Der »Reichstag«, aus 400 Abgeordneten bestehend und aus allgemeinen, direkten und geheimen Wahlen nur für Männer hervorgegangen, stand den drei Machtfaktoren Bundesrat, Kaiser und Reichskanzler gegenüber und hatte trotz seiner demokratischen Legitimation nur äußerst eingeschränkte Befugnisse: nämlich die *Beteiligung* an Gesetzestexten und Budgetfragen. Kaiser und Bundesrat durften ihn unter bestimmten Bedingungen auflösen; an der Außenpolitik hatte er keinerlei Anteil. Bei seiner Installierung hatte Bismarck das Wahlrecht aus politischem Kalkül durchgesetzt: demokratisch-parlamentarischen Wünschen der Liberalen und Demokraten sollte Rechnung getragen werden, wobei Bismarck allerdings von Anfang an davon ausging, daß konservative Wählerstimmen die Zusammensetzung des Reichstags in seinem Sinn beeinflußten. Er wollte damit, wie er sagte, »den Parlamentarismus durch den Parlamentarismus« stürzen. Jedoch: Der Wählerwillen entschied nicht immer so, wie der Kanzler wollte.

Eine Bundesregierung oder Reichsregierung gab es nicht, Parteien waren in der Verfassung nicht vorgesehen. Nur ünzutreffend könne man diese »Mischform von preußischer Hegemonie und föderativem Reichsbund, von alter Obrigkeit und modernem Wahlrecht als ›konstitutionelle Monarchie‹« bezeichnen, resümiert der Historiker Hans-Ulrich Wehler, der deshalb lieber von einem »Scheinkonstitutionalismus« spricht, in dem die Grundprinzipien des Absolutismus (siehe Band 7) noch ungebrochen weiterleben konnten.

Auch die Reichseinheit blieb – wenigstens teilweise – schwach, denn Bayern und Württemberg hatten für sich Reservatrechte aushandeln können: beide behielten das Sonderrecht eigener Post- und Eisenbahnverwaltungen und in Friedenszeiten sogar eigener Militärhoheit.

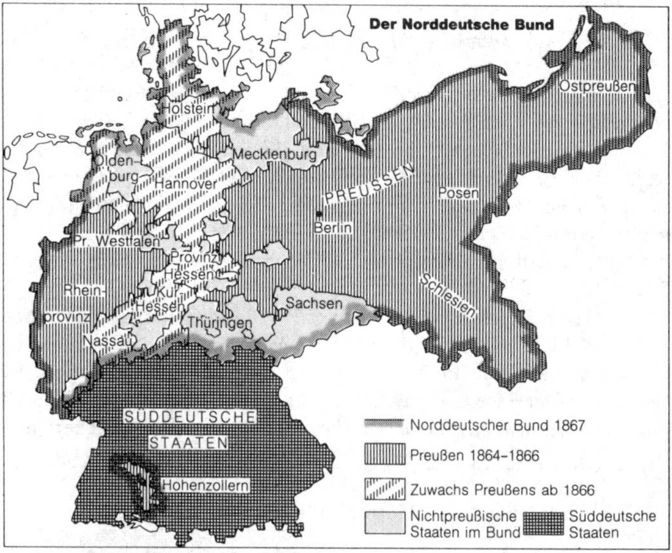
Der Norddeutsche Bund
Holstein
Ostpreußen
Mecklenburg
Olden-burg
Hannover
PREUSSEN
Posen
Berlin
Pr. Westfalen
Provinz Hessen
Rhein-provinz
Kur-Hessen
Nassau
Thüringen
Sachsen
Schlesien
SÜDDEUTSCHE STAATEN
Hohenzollern
Norddeutscher Bund 1867
Preußen 1864–1866
Zuwachs Preußens ab 1866
Nichtpreußische Staaten im Bund
Süddeutsche Staaten

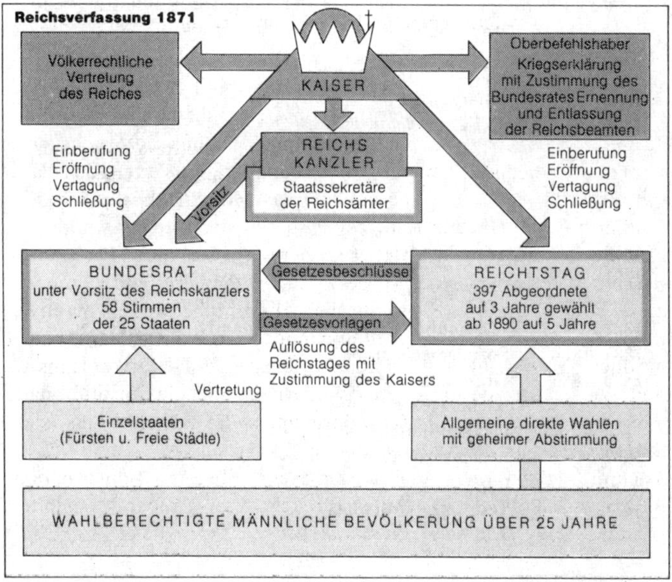
Reichsverfassung 1871
Völkerrechtliche Vertretung des Reiches
KAISER
Oberbefehlshaber Kriegserklärung mit Zustimmung des Bundesrates Ernennung und Entlassung der Reichsbeamten
REICHS KANZLER
Staatssekretäre der Reichsämter
Einberufung Eröffnung Vertagung Schließung
Einberufung Eröffnung Vertagung Schließung
Vorsitz
BUNDESRAT unter Vorsitz des Reichskanzlers 58 Stimmen der 25 Staaten
Gesetzesbeschlüsse
Gesetzesvorlagen
REICHSTAG 397 Abgeordnete auf 3 Jahre gewählt ab 1890 auf 5 Jahre
Auflösung des Reichstages mit Zustimmung des Kaisers
Vertretung
Einzelstaaten (Fürsten u. Freie Städte)
Allgemeine direkte Wahlen mit geheimer Abstimmung
WAHLBERECHTIGTE MÄNNLICHE BEVÖLKERUNG ÜBER 25 JAHRE

Kaiser, Kanzler und Liberale: Euphorischer Beginn im Zeichen großer Harmonie

Es gab also von Anbeginn dieses ›neuen‹ Deutschen Reiches gravierende Mängel, auch wenn nicht alle Zeitgenossen diese so deutlich sahen wie ein deutscher Philosoph und Wirtschaftswissenschaftler im englischen Exil. Ihm erschien das Reich »als ein mit parlamentarischen Formen verbrämter, mit feudalem Beisatz vermischter und zugleich schon von der Bourgeoisie beeinflußter, bürokratisch gezimmerter, polizeilich gehüteter Militärdespotismus« – so Karl Marx in London.

Die liberalen Reichstagsfraktionen (siehe Band 9) besaßen zwischen 1871 und 1877 zusammen die absolute Mehrheit. Sie waren zunächst zufrieden: nationale Einheit, Wahlrecht und zur Befriedigung ihrer Wirtschaftsinteressen ein zusammenhängender Staat, in dem Handel und Industrie sich ungehemmt entfalten konnten, waren gesichert. Bis-

Deutsche und europäische Geschichte in Daten

	Deutsches Reich	**Europa/Übersee**
1871	Reichsgründung in Versailles	Frankreich wird Republik
1873	»Dreikaiserabkommen«	
1874	»Maigesetze«	
1875	»Krieg in Sicht«-Krise	
1877		Königin Victoria v. England wird Kaiserin v. Indien
1877–1878		»Russisch-Türkischer Krieg«
1878	»Berliner Kongreß«	
1879	»Zweibundvertrag«	
1881		Französisches Protektorat über Tunesien
1882	»Dreibundvertrag«	England besetzt Ägypten
1883–1884	Sozialgesetzgebung	
1884–1885	Gründung deutscher »Schutzgebiete« in Afrika und der Südsee	
1887	»Rückversicherungsvertrag«	
1888	Tod Kaiser Wilhelms I. Tod Kaiser Friedrichs III.	

marck konnte, anknüpfend an das alte Zweckbündnis von 1867, weiterhin pragmatisch Politik mit ihnen betreiben. In rascher Folge wurden wichtige Gesetze verabschiedet, die den ehemals zersplitterten Staatskörper auch in Detailfragen zusammenfügten, unitarisierten: zu nennen sind Gesetze für Münz- und Währungseinheit, Rechts- und Justizeinheit und nicht zuletzt für vollständige Wirtschaftseinheit. Trotzdem entfaltete sich die Industrie weiterhin nur schwerpunktmäßig: dominant war sie im Ruhrgebiet, im Saarrevier, in Oberschlesien und Sachsen. Ringsum blieben traditionelle agrarische Verhältnisse noch ziemlich lang erhalten. Dieser *ungleichmäßige* Wachstumsprozeß wurde für die Entwicklung der Wirtschaft in Deutschland bedeutsam.
Die Jahre nach 1867 standen u. a. durch die liberale Wirtschaftsgesetzgebung, die sich vor allem im Aktienrecht niederschlug, insgesamt im Zeichen einer Hochkonjunktur. Sie mündete nach 1871 in einen jähen, überschäumenden Wirtschaftsboom. Der Optimismus dieser »Gründerjahre« wurde erst gedämpft durch den überraschenden »Gründerkrach« 1873, bei dem viele der wilden Spekulationsgeschäfte mit Verlust endeten, zahllose Unternehmen zusammenbrachen (siehe dazu Seite 74).
Schon vor diesen Erschütterungen hatte es andere gegeben – anderer Natur allerdings und mit klar benennbaren Verursachern und Opfern.

Erste »Reichsfeindkampagne« oder: Die Auseinandersetzung zwischen Staat und Kirche im »Kulturkampf«

Die katholische Kirche festigte sich gerade in dieser Zeit der Nationalstaatsgründungen in Deutschland und Italien dogmatisch und hierarchisch. Zum Konflikt zwischen Kirche und Staat kam es, als 1870 Papst Pius IX. (1846–1878) die wirtschaftlichen, kulturellen und politischen Grundsätze der liberalen Staatsgründer frontal angriff. Er verkündete das Dogma von der päpstlichen Unfehlbarkeit gerade in einer Epoche, die ganz im Banne liberalistischer, antikirchlicher und glaubenskritischer Grundanschauungen stand. Die Fronten zwischen Religion und Rationalismus mußten sich verhärten.
In Preußen spielte sich die folgende Auseinandersetzung in zwei Lagern ab: Auf der einen Seite stand das föderalistische, großdeutsch orientierte (siehe Band 9) katholische »Zentrum«, das zum Papst hielt; auf der anderen Seite das protestantische Bildungs- und Besitzbürgertum, parteipolitisch vertreten von der »Fortschrittspartei«, der »Nationalliberalen Partei« (NLP) und den gemäßigten Konservativen. Sie alle forderten eine strenge Trennung von Kirche und Staat zugunsten

Kulturkampf. *Satirische Verdrehung der Fakten: »Annäherung wird hintennach manchmal sehr unangenehm«. Spiegelung der preußisch-protestantischen Ängste vor der Unterwanderung durch den politischen Katholizismus.*

stärkerer staatlicher Befugnisse vor allem auf dem Sektor Unterricht und Kultur. Das »Zentrum« war staatlichen Zentralisierungsmaßnahmen abhold und geriet deshalb mit den liberalen Reichstagsfraktionen und Kanzler Bismarck aneinander.

Dieser brachte rasch den Vorwurf in Umlauf, das »Zentrum« sei nichts anderes als eine parteipolitische Allianz aller Staatsfeinde, Gegner des neuen protestantischen Kaisertums. Diese Verteufelung der Zentrumsanhänger zu Reichsfeinden bekam durch die mehr von den modernen Naturwissenschaften geprägte und damit antireligiöse Haltung der Liberalen indirekt Schützenhilfe. Erregung in allen religiösen Lagern, von Bismarck geschickt ausgenutzt, zumal ihm die katholischen Polen in den preußischen Ostgebieten mit ihrem Streben nach Selbständigkeit längst ein Dorn im Auge waren: Leicht konnte man das »Zentrum« als »international«, d. h. antinational abstempeln, da es ja auch die meist katholischen nationalen Minderheiten politisch vertrat: Elsässer, Lothringer, Polen und die 1866 annektierten Welfen, d. h. die Hannoveraner.

Mit mehreren Gesetzesvorschriften gegen die katholische Kirche brach nun der sogenannte »Kulturkampf« vehement los: 1871 wurde die katholische Abteilung des preußischen Kultusministeriums aufgelöst, 1872 übernahm der Staat die Aufsicht über alle Schulen, 1871 verbot der Kanzelparagraph den Geistlichen, staatliche Angelegenheiten zu behandeln, 1872 Verbot der Jesuiten. Ab 1873 wurde in Preußen die staatliche Aufsicht über die Kirche ausgedehnt, z. B. bei der Ausbildung der Geistlichen. Papst Pius IX. bestärkte seine Bischöfe darin, diese Gesetze nicht zu befolgen. Die preußische Regierung verhängte daraufhin Geld- und Gefängnisstrafen, hob Klöster auf und führte die obligatorische Zivilehe ein. Erst ab 1878, nachdem der Zentrumspartei aus der Erbitterung der katholischen Bevölkerung große Stimmenanteile zugewachsen waren, leitete Bismarck einen versöhnlichen Kurs ein, ohne allerdings wichtige staatliche Errungenschaften wie die Zivilehe aufzugeben.

Bei diesem Teilsieg schlug sich noch ein letztes Mal Bismarcks halbherzige Verbindung mit den liberalen und gemäßigt konservativen Fraktionen im Reichstag nieder. Aber 1878 war die Ära dieses ungewissen liberal-konservativen Kompromisses vorüber. Es folgte eine radikale innenpolitische Wende, die ein neues, konservativ fundiertes Gleichgewicht herbeiführen sollte.

Die Uhren werden wieder nachgestellt: Die große Wende 1878/79

Auf »Gründerboom« und »Gründerkrach« 1873 folgte eine lang anhaltende Wirtschaftsdepression, die rasch die Zusammenarbeit Bismarcks mit den Liberalen auf der Basis des »Gewähren-lassens« beenden sollte. Denn im Zeichen der Krise war nun nicht mehr ein Staat gefragt, der dem ›freien Spiel‹ der ökonomischen Kräfte ungehindert seinen Lauf ließ; der aktiv eingreifende, intervenierende Staat wurde nun gefordert, der mit Schutzzöllen ausländische Konkurrenz (vor allem billige Getreidelieferungen aus Rußland) fernhalten, mit Steuervorteilen und Subventionen Landwirtschaft und Industrie unter die Arme greifen sollte. Immer mehr Interessengruppen bildeten sich, die ihre Forderungen an den Staat artikulierten (siehe K: *Interessengruppen, Seite 27*). Großindustrielle forderten vorteilhafte Eisenbahn- und Kanaltarife für Exportgüter und Einfuhrbegünstigungen für Waren, die man für den Export weiterverarbeiten konnte. Auf der Basis bisheriger Politik war dies nicht zu machen, zumal seit 1874 die NLP stärkste Fraktion war und kein Interesse an einem derartigen Interventions-

Kulturkampf und Polenfrage 1873
Erinnerungen Otto v. Bismarcks

Der Beginn des Kulturkampfes war für mich überwiegend bestimmt durch seine polnische Seite. Seit [. . .] der Konsolidierung des Radziwillschen Einflusses auf den König und die Einrichtung der »katholischen Abteilung« im geistlichen Ministerium stellten die statistischen Data einen schnellen Fortschritt der polnischen Nationalität auf Kosten der deutschen in Posen und Westpreußen außer Zweifel, und in Oberschlesien wurde das bis dahin stramm preußische Element der »Wasserpolacken« polonisiert; Schaffranek wurde dort in den Landtag gewählt, der uns das Sprichwort von der Unmöglichkeit der Verbrüderung der Deutschen und Polen in polnischer Sprache als Parlamentsredner entgegenhielt. Dergleichen war in Schlesien nur möglich aufgrund der amtlichen Autorität der katholischen Abteilung. Auf Klage bei dem Fürstbischof wurde dem Schaffranek untersagt, bei Wiederwahl auf der Linken zu »sitzen«; infolgedessen stand dieser kräftig gebaute Priester fünf und sechs Stunden und bei Doppelsitzungen zehn Stunden am Tage vor den Bänken der Linken stramm wie eine Schildwache und brauchte nicht erst aufzustehen, wenn er zu antideutscher Rede das Wort ergriff. In Posen und Westpreußen waren nach Ausweis amtlicher Berichte Tausende von Deutschen und ganze Ortschaften, die in der vorigen Generation amtlich deutsch waren, durch Einwirkung der katholischen Abteilung polnisch erzogen und amtlich »Polen« genannt worden. Nach der Kompetenz, welche der Abteilung verliehen worden war, ließ sich ohne Aufhebung derselben hierin nicht abhelfen. Diese Aufhebung war also nach meiner Überzeugung als nächstes Ziel anzustreben [. . .].
Der Chef der katholischen Abteilung war damals Krätzig, der früher Radziwillscher Privatbeamter gewesen und dies im Staatsdienst wohl auch geblieben war. Der Träger des Radziwillschen Einflusses war der jüngre beider Brüder, Fürst Boguslav, auch Stadtverordneter von Einfluß in Berlin [. . .]. Die katholische Abteilung des Kultusministeriums, ursprünglich gedacht als eine Einrichtung, vermöge deren katholische Preußen die Rechte ihres Staates in den Beziehungen zu Rom vertreten sollten, war durch den Wechsel der Mitglieder nach und nach zu einer Behörde geworden, die inmitten der preußischen Bürokratie die römischen und polnischen Interessen gegen Preußen vertrat. Ich habe mehr als einmal dem König auseinandergesetzt, daß diese Abteilung schlimmer sei als ein Nuntius in Berlin. Sie handle nach Anweisungen, die sie aus Rom empfinge, vielleicht nicht immer vom Papste, und sei neuerdings hauptsächlich polnischen Einflüssen zugänglich geworden. In dem Radziwillschen Hause seien die Damen deutschfreundlich [. . .], aber in dem treibenden Elemente des Hauses, dem Fürsten Boguslav und den Geistlichen, sei das polnische Nationalgefühl stärker als jedes andere und werde gepflegt auf der Basis des Zusammengehns der polnischen mit den römisch-klerikalen Interessen. [. . .]
Auf die juristische Detailarbeit der Maigesetze würde ich nie verfallen sein [. . .], ich konnte als Ministerpräsident überhaupt nicht gleichzeitig den Dienst des Kultusministers tun, auch wenn ich vollkommen gesund gewesen wäre. Erst durch die

Praxis überzeugte ich mich, daß die juristischen Einzelheiten psychologisch nicht richtig gegriffen waren. Der Mißgriff wurde mir klar an dem Bilde ehrlicher, aber ungeschickter preußischer Gendarmen, die mit Sporen und Schleppsäbel hinter gewandten und leichtfüßigen Priestern durch Hintertüren und Schlafzimmer nachsetzten. Wer annimmt, daß solche in mir auftauchenden kritischen Erwägungen sofort in Gestalt einer Kabinettskrisis zwischen Falk [preußischer Kultusminister] und mir sich hätten verkörpern lassen, dem fehlt das richtige [. . .] Urteil über die Lenkbarkeit der Staatsmaschine. [. . .] Es war richtiger, einen Kampfgenossen von dieser Befähigung und Tapferkeit in dem Ministerium zu haben, als durch Eingriffe in die verfassungsmäßige Unabhängigkeit seines Ressorts die Verantwortlichkeit für die Verwaltung oder Neubesetzung des Kultusministeriums auf mich zu nehmen. Ich bin in dieser Auffassung verharrt, solange ich Falk zum Bleiben zu bewegen vermochte. Erst nachdem er gegen meinen Wunsch durch weibliche Hofeinflüsse [. . .] derart verstimmt worden war, daß er sich nicht halten ließ, bin ich an eine Revision seiner Hinterlassenschaft gegangen. [. . .] Falk unterlag der gleichen Taktik, die am Hofe gegen mich nicht mit demselben Erfolge, aber mit gleichen Mitteln in Anwendung gebracht worden war. [. . .] Die antiministerielle Tätigkeit der Kaiserin fand ihre ursprüngliche Quelle in der Unabhängigkeit des Charakters, welche es ihr erschwerte, mit einer Regierung zu gehn, die nicht in ihren eignen Händen lag, und welche ihr ein Menschenalter hindurch den Weg der Opposition gegen die jedesmalige Regierung anziehend machte.

Aus: Gedanken und Erinnerungen, Kap. 24. (O. v. Bismarcks Erinnerungswerk ist in weiten Teilen stark subjektiv gefärbt, geistvoll und polemisch zugleich, ein Spiegelbild seiner Persönlichkeit und Rechtfertigung seiner Politik.)

staat hatte. Ihre Wähler rekrutierten sich weitgehend aus mittlerem Besitz- und dem Bildungsbürgertum. Konsumgüterindustrie und chemische Industrie hielten in der Tradition des Wirtschaftsliberalismus nach wie vor am Freihandel fest.
Bei den Hochkonservativen (ostelbische Gutsherren und rheinische Schwerindustrielle) dagegen ließ die große Zahl der NLP-Abgeordneten im Reichstag wieder einmal das alte Trauma stärkerer Parlamentarisierung aufbrechen – man fürchtete das »rote Gespenst«, Bürgerliche und Arbeiter im Reichstag! Die Rechte sprach von Revolution – obwohl die Linke diese gar nicht im Sinn hatte. Anlaß für wachsende Besorgnis war vor allem der Zusammenschluß der beiden Arbeiterparteien in Gotha 1875 (siehe Seite 97), aber auch die verbale Solidarität des Sozialdemokraten August Bebel (* 1840, † 1913) mit den Revolutionären der Pariser »Commune« von 1871. Die innenpolitischen Lager waren gespalten wie nie, die Interessen gingen wie selten auseinander.
In diesem Klima versuchte Bismarck 1878 ein Gesetz durchzubringen, das vordergründig die »Sozialdemokratische Arbeiterpartei« (SAP) verbot, aber so dehnbar formuliert war, daß auch der linke Flügel der Liberalen (die »Fortschrittspartei«) von Einschränkungen bedroht war. Dieser »Kautschukparagraph« wurde im Reichstag deshalb mit 251 gegen 57 Stimmen abgelehnt.
Hätte nicht kurz darauf ein politischer Wirrkopf einige Schüsse auf den greisen Kaiser Wilhelm I. (1871–1888) abgegeben, wäre diese Vorlage damit ein für allemal gescheitert gewesen. Jetzt aber, nach dem Attentat, konnte Bismarck den Reichstag auflösen. Die Neuwahlen standen unter dem Eindruck des Attentats und systematisch angeheizter Furcht vor den Sozialisten, obwohl diese nachweislich nichts mit dem Anschlag zu tun hatten. Bei den Wahlen machten die beiden konservativen Parteien (»Deutsch-Konservative Partei« und »Reichspartei«) Gewinne, NLP, »Fortschrittspartei« und SAP verloren Mandate. Mit den Stimmen der Konservativen, der NLP und einiger Unabhängiger wurde am 18. Oktober 1878 das »Gesetz gegen die gemeingefährlichen Bestrebungen der Sozialdemokratie« angenommen, gegen die Stimmen von »Zentrum«, »Fortschrittspartei«, SAP und der Polen. Damit war die viertstärkste Partei im Reichstag landesweit verboten.
Zwar hatte sich in der Abstimmung die NLP gespalten, doch mit ihrem verbleibenden staatstreuen Rest konnten nun vor allem die anstehenden wirtschaftlichen Fragen im Sinne der Hochkonservativen mit Schutzzollpolitik, Finanzreform und einem *»Solidarprotektionismus« (K, Seite 32)* zwischen den Produzenten von Roggen und Eisen gelöst werden. Das Ende liberaler Wirtschaftspolitik war besiegelt, ein rechtsstaatliches Prinzip preisgegeben und das legale Weiterbestehen

Interessengruppen und Parteiungen in den Jahren 1873–1876

Verein für Socialpolitik (1873)	*Akademische Vertreter des Kathedersozialismus. Ziel: soziale Reformen ohne Umsturz der bestehenden Verhältnisse*
Verein deutscher Eisen- und Stahlindustrieller (1874)	*Beginnt 1875 die Kampagne für die Beibehaltung der Zölle. Für seine Politik ausschlaggebend ist seine rheinisch-westfälische Gruppe, die 1876 dem Centralverband deutscher Industrieller beitritt und eine Wiedereinführung der Roheisenzölle propagiert. Partei: NLP*
Zentralverein westpreußischer Landwirte (1875)	*Freihändlerisch orientiert. Partei: NLP*
Centralverband deutscher Industrieller zur Beförderung und Wahrung nationaler Arbeit (1876)	*Eisen- und Baumwollindustrielle für Beibehaltung und Wiedereinführung von Schutzzöllen. Partei: NLP*
Verein rheinisch-westfälischer Baumwollindustrieller (1876)	*Schutzzöllnerisch. Partei: NLP*
Verein der Steuer- und Wirtschaftsreformer (1876)	*Ostelbisch, schutzzöllnerisch. Partei: Deutsch-Konservative*
Verein selbständiger Handwerker und Fabrikanten Deutschlands (1873)	*Wirtschaftsreaktionär. Plädiert für Wiedereinführung des Zunftwesens, Restauration von Wettbewerbsbeschränkungen. Partei: Deutsch-Konservative*
Allgemeiner deutscher Maurer- und Steinhauerbund (1874)	*Gewerkschaft, Nachfolgeorganisation des 1874 verbotenen »Allgemeinen deutschen Maurer- und Steinhauervereins für Berlin«. Partei: SPD*
Innungsverband deutscher Baugewerksmeister (1875)	*Entstanden aus dem 1872 gegründeten »Allgemeinen Verband der deutschen Baugewerkenvereine«. Will das patriarchalische Verhältnis der Zunftzeit zwischen Meister und Geselle wieder herstellen. Partei: NLP*

»Sozialistengesetze«

Die von den Sozialdemokraten unter marxistischen Gesichtspunkten geforderten (revolutionären) Veränderungen der Besitz- und Herrschaftsverhältnisse mit dem Ziel einer Demokratisierung und sozialen Besserung des Lebens im Deutschen Reich mußte alle national-konservativen und monarchischen Kräfte auf den Plan rufen, an ihrer Spitze Bismarck, der in den auch international orientierten Sozialdemokraten »Reichsfeinde« ersten Ranges sah. Mit Zuckerbrot und Peitsche – Sozialgesetzgebung und Gesetzen gegen die Sozialdemokratie – versuchte er, ihrer Herr zu werden.
Auszüge aus dem »Sozialistengesetz«, dem »Gesetz gegen die gemeingefährlichen Bestrebungen der Sozialdemokratie«:
§ 1 Vereine, welche durch sozialdemokratische, sozialistische oder kommunistische Bestrebungen den Umsturz der bestehenden Staats- oder Gesellschaftsordnung bezwecken, sind zu verbieten.
Dasselbe gilt von Vereinen, in welchen sozialdemokratische, sozialistische oder kommunistische, auf den Umsturz der bestehenden Staats- oder Gesellschaftsordnung gerichtete Bestrebungen in einer den öffentlichen Frieden, insbesondere die Eintracht der Bevölkerungsklassen gefährdenden Weise zu Tage treten. [...]
§ 9 Versammlungen, in denen sozialdemokratische, sozialistische oder kommunistische, auf den Umsturz der bestehenden Staats- oder Gesellschaftsordnung gerichtete Bestrebungen zu Tage treten, sind aufzulösen.
Versammlungen, von denen durch Tatsachen die Annahme gerechtfertigt ist, daß sie zur Förderung der im ersten Absatze bezeichneten Bestrebungen bestimmt sind, sind zu verbieten. [...]
Den Versammlungen werden öffentliche Festlichkeiten und Aufzüge gleichgestellt. [...]

der SAP unmöglich. Ihre Vereine wurden verboten, ihre Zeitungen und Zeitschriften beschlagnahmt, ihre politisch profiliertesten Vertreter ins Exil gezwungen. Die SAP ging in den Untergrund. Es herrschte Ausnahmezustand, Spitzeln waren Tür und Tor geöffnet, polizeiliche Willkürakte gesetzlich erlaubt.
Aber man durfte die SAP noch wählen – angesichts jeglichen Versammlungs- und Propagandaverbots fast ein Zynismus: Und die Arbeiterpartei schaffte es in den zwölf langen Jahren, in denen sie verboten war, ihr Wählerreservoir stark zu vergrößern. Der wachsende Anteil der Industriearbeiter an der Gesamtgesellschaft war maßgeblich; dazu kam der lange Atem so integrer Persönlichkeiten wie August Bebel und Wilhelm Liebknecht, Begründer und Abgeordneter der SAP. Zerschlagen wurden durch das Sozialistengesetz auch die freien Ge-

§ 11 Druckschriften, in welchen sozialdemokratische, sozialistische oder kommunistische, auf den Umsturz der bestehenden Staats- oder Gesellschaftsordnung gerichtete Bestrebungen in einer den öffentlichen Frieden, insbesondere die Eintracht der Bevölkerungsklassen gefährdenden Weise zu Tage treten, sind zu verbieten.
Bei periodischen Druckschriften kann das Verbot sich auch auf das fernere Erscheinen erstrecken. [. . .]
§ 17 Wer an einem verbotenen Verein als Mitglied sich beteiligt oder eine Tätigkeit im Interesse eines solchen Vereins ausübt, wird mit Geldstrafe bis zu 500 Mark oder mit Gefängnis bis zu drei Monaten bestraft. [. . .]
§ 18 Wer für einen verbotenen Verein oder für eine verbotene Versammlung Räumlichkeiten hergibt, wird mit Gefängnis von einem Monat bis zu einem Jahr bestraft. [. . .]
§ 22 Dem Verurteilten [kann] der Aufenthalt in bestimmten Bezirken oder Ortschaften durch die Landespolizeibehörde versagt werden, jedoch in seinem Wohnsitz nur dann, wenn er denselben nicht bereits seit sechs Monaten innehat. Ausländer können von der Landespolizeibehörde aus dem Bundesgebiet ausgewiesen werden. Die Beschwerde findet nur an die Aufsichtsbehörden statt. [. . .]
Zuwiderhandlungen werden mit Gefängnis von einem Monat bis zu einem Jahr bestraft.
§ 23 Unter den in § 22 Abs. 1 bezeichneten Voraussetzungen kann gegen Gastwirte, Schankwirte, mit Branntwein oder Spiritus Kleinhandel treibende Personen, Buchdrucker, Buchhändler, Leihbibliothekare und Inhaber von Lesekabinetten neben der Freiheitsstrafe auf Untersagung ihres Gewerbebetriebes erkannt werden. [. . .]

werkschaften, die 1877 immerhin 50 000 Mitglieder in 1266 Orten hatten. Wie die SAP überlebte, überlebten auch die Gewerkschaften das Sozialistengesetz; trotz Streikverbot des Innenministers Robert von Puttkammer 1886 nahmen sie unaufhaltsam an Mitgliedern zu.

Das innenpolitische Klima nach der Wende

Schlag auf Schlag wurde nun im Geiste jener Allianz von »Roggen und Eisen«, die sich feinsinnig als »Kartell der schaffenden Stände« bezeichnete, außer der Wirtschaft auch das gesamte öffentliche Leben umorganisiert. Staatlicher Druck, aber auch persönliche Neigung und Schwäche ließen die verantwortlichen Journalisten, Künstler und

Innenpolitik im Spiegel zeitgenössischer Satire: Bismarcksche Doppelstrategie.
»Der Pfeil ist auf die Socialdemokraten gerichtet, wie aber, wenn er über das Ziel hinausfliegt?« »Kladderadatsch«, 1878.

Schriftsteller mitmachen: Presse und Kultur gerieten in den Bann des neuen Windes, der nun wehte – allerdings kannte man ihn ja schon aus früheren Tagen der »Reaktion und Restauration« (siehe Band 9). Konservative Gesellschaftspolitik fand vor allem in Preußen Rückhalt, wo ja noch immer Zensuswahlrecht bestand. Nach dortigem Muster wurden nun auch im Reich liberale Ministerien umbesetzt, konservative Wirtschaftsführer zur Staatslenkung zugezogen. Besonders entscheidend war die Beamtenpolitik des Kultus- und späteren Innenministers Robert Victor von Puttkammer (* 1828, † 1900): Er privilegierte den Adel noch stärker als bisher und erfüllte rigoros Bismarcks Forderung, die dahin ging, »Beamte, welche für regierungsfeindliche, revolutionäre Bestrebungen parteinehmen [. . .] durch zur Dispositionsstellung ihrer Ämter zu entheben«. Viele liberale Juristen fanden sich schnell zur Disposition gestellt. Bei Einstellungen wurde Adeligen, Reserveoffizieren und Korpsstudenten der Vorzug gegeben. Die Bürokratie in Preußen und im Reich wurde damit politisch einheitlicher als je zuvor, obwohl man stets von der politischen Neutralität der Beamten sprach.

Unruhe und Auflehnung – Symptome ungelöster Sozialprobleme im Kaiserreich.
Mehrfach kam es zu Attentatsversuchen auf Bismarck und Wilhelm I. Festnahme des Attentäters Hödel 1878. Zeitgenössischer Holzstich.

Noch stärker gelang es dem Militär, auch außerhalb der Exerzierplätze den Ton anzugeben. Denn die nach drei siegreich geschlagenen Schlachten sowieso schon hoch verehrte Armee erhielt durch staatliche Bevorzugung noch höhere Weihen. Daß dies auch eine Bevorzugung des Adels war, zeigen die Zahlen: 1885 waren 65 Prozent aller preußischen Offiziere Adelige. Die Armee wurde zur »Schule der Nation«.

Kriegervereine, paramilitärische Jugendverbände, die Schulen waren die großen Foren, in denen die vaterländischen und militärischen Grundanschauungen dieser »Schule der Nation« unter das Volk gebracht wurden: Fleiß, Ordnung, Gehorsam, Drill und preußischer Ehrenkodex. Und: Antisemitismus, Antisozialismus, Antiliberalismus, Demokratiefeindschaft. Eine tüchtige Armee, so meinte Kriegsminister von Roon, sei der »einzig denkbare Schutz gegen das rote und das schwarze Gespenst«. Deshalb wurde das Heer in zunehmendem Maße der Verfügungsgewalt des Reichstags entzogen, der ja nur über die Heeresausgaben mitbestimmen durfte.

Solidarprotektionismus

(lat. solidare = festmachen, lat. protegere = beschützen)

Protektionismus:	*Staatliche Maßnahmen (z. B. Zoll) zum Schutz der inländischen Wirtschaft oder Landwirtschaft vor billiger Konkurrenz aus dem Ausland.*
Solidarprotektionismus:	*Die nach 1878 erstmals gemeinsam, »solidarisch«, praktizierte Interessenbekundung der rheinischen Schwerindustrie und der ostelbischen Großlandwirtschaft. Die Großindustriellen verlangten nach staatlicher Unterstützung vor allem in Form von Rüstungsaufträgen, die Großagrarier ließen ihre Produkte durch staatliche Schutzzölle auf dem deutschen Markt konkurrenzfähig machen. (Ausländische Produkte wurden teurer.) Die Schwerindustrie hatte dagegen vor 1878 einen konsequent freihändlerischen Wirtschaftskurs verfochten.*

Die politische und soziale Geschlossenheit der Armeespitze und der Staatsführung erleichterte es, das Volk zu lenken und auch die kritischen, der SAP nahestehenden Kräfte unter den Soldaten in Schach zu halten, was wiederum nur den Grundkonflikt widerspiegelt, der die gesamte Gesellschaft des Deutschen Kaiserreichs bis 1918 bestimmte: den Riß zwischen Adel und Großbürgertum einerseits und der Masse des Volkes andererseits. Eine »Vermittlung« zwischen den feindlichen Lagern durch den Liberalismus, getragen vom mittleren Besitz- und Bildungsbürgertum, fand nicht statt.

»Ich kann kein Volk mir denken, das zerrissner wäre, wie die Deutschen« (Hölderlin)

Die große innenpolitische Wende vollzog sich vor allem zu Lasten der Arbeiter und Handwerker, teilweise zu Lasten des fortschrittlichen Bürgertums. Denn dessen parteipolitische Vertretung, die NLP, zerrieb sich in den zwölf Jahre dauernden Diskussionen um die Verlängerung des »Sozialistengesetzes«. Kleine Fraktionen (»Fortschrittspartei« und »Sezession-Partei«) bekämpften es vehement, die Mehrzahl der nationalliberalen Abgeordneten folgte letztendlich der Reichsregierung und schwenkte nach und nach ganz auf deren autoritären Kurs ein. Der Liberalismus in Deutschland hatte endgültig verspielt.

Mit der Ausschaltung der Liberalen allein war noch keine endgültige Disziplinierung erreicht, denn es mußten noch andere als die rein wirtschaftlichen Fragen gelöst werden. Die Bevölkerung des Deutschen Reiches setzte sich aus sehr unterschiedlichen Volksteilen zusammen: 2,4 Millionen waren Polen (das waren 10 Prozent der preußischen Bevölkerung!), 80000 Dänen, 60000 Litauer, 1,5 Millionen Elsässer und Lothringer. Ihre Reichstagsabgeordneten brachten keine Mehrheiten zusammen, weshalb die Interessen der nationalen Minderheiten unberücksichtigt blieben. So versuchte die Reichsregierung z.B. per Gesetzesvorschrift, Deutsch als alleinige Unterrichtssprache durchzusetzen. Daß mit einer derartig unsensiblen Germanisierungspolitik keine positiven Gefühle zu Kaiser und Reich erzwungen werden konnten, ist verständlich. Diese Politik paßte widerspruchslos zu herrschenden Vorurteilen, die in den »Pollaken« nur Menschen zweiter Klasse, billige Saisonarbeiter zu sehen vermochte.
Auch in den großenteils Französisch sprechenden und lange Jahre unter französischem Kultureinfluß lebenden Bewohnern des »Reichslands« Elsaß-Lothringen sah man in der Praxis keine gleichberechtigten Landsleute: In der Nationalliberalen Zeitung, einem Blatt, das als Bismarcks Sprachrohr galt, wurden sie als »widerspenstige, verwelschte Elemente« bezeichnet, die notwendig der »Umerziehung« bedürften. Daneben klingt die Versicherung, man wolle sie wie »Brüder« behandeln, nach blankem Hohn. Eine Liste mit ähnlichen Beispielen wäre lang, doch bereits dies eine Zitat belegt eine nationale Hybris ohnegleichen, die damals in weiten Kreisen gang und gäbe wurde und schon sechzig Jahre später in Erziehungs- und »Konzentrations«lagern ihre schreckliche Verwirklichung fand. Regelrechte staatliche »Kampagnen« flankierten diese nationalen Überheblichkeitsgefühle: Mehrfach titulierten Repräsentanten des Staates einzelne Bevöl-

Zabernaffäre

Die in Elsaß-Lothringen seit der deutschen Besetzung 1870/71 vielerorts unterschwellig vorhandene antideutsche Stimmung kam zum offenen Ausbruch, als sich die Bevölkerung von Zabern durch beleidigende Äußerungen eines preußischen Offiziers verletzt fühlte und daraufhin Garnisonsoffiziere belästigte. Übergehen der Zivilinstanzen und willkürliche Verhaftungen sowie Verurteilungen durch das Militär lassen symptomatisch die Selbstherrlichkeit der Militärführer erkennen, durch die die in diesem Fall an sich belanglose Vorgänge zu einem kräftigen Aufleben antideutscher Gefühle führten.

kerungsgruppen als Reichsfeinde: Welfen, Katholiken, Juden, nicht zuletzt alle »Roten«, also Sozialisten, Sozialdemokraten, Liberale, Fortschrittliche, Demokraten, Republikaner ...

Peitsche und Zuckerbrot
Verteufelung und Sozialversicherung

Die sogenannten staatserhaltenden Gruppen im Deutschen Reich brachten nur zu schnell die angeblich »staatsfeindliche Minderheit« (die zusammengezählt mindestens die Hälfte der Gesamtgesellschaft ausmachte!) in den Ruch der Reichsfeindschaft. Die Propagierung dieser Ideologie konnte dazu beitragen, das eigene Lager fester zusammenzuschmieden, indem man zugleich ein negatives Gegenbild zur Erhöhung des eigenen gesellschaftlichen und nationalen Selbstgefühls schuf. Zum anderen bestand die Hoffnung, durch Abqualifizieren des anderen »Lagers« dieses um Anhänger oder Wähler zu bringen. Das war zumindest im letzten Punkt ein Irrtum: Trotz des »Sozialistengesetzes« hielt die SAP ihre Mitgliederzahlen, ja sie gewann sogar neue Wähler: 1887 763 000, 1890 bereits 1,4 Millionen!
Dieses gute Ergebnis wäre ohne den Elan all derer nicht zustande gekommen, die in Arbeitersport- und Arbeitergesangsvereinen weitergearbeitet und in der »Roten Feldpost« heimlich die im Schweizer Exil gedruckten sozialistischen Schriften im Reich verteilt hatten. Der »Vorwärts«, illegal auf dünnem Papier gedruckt, kam meist in Kinderwagen versteckt über den Bodensee.
Nach 1879 halfen auch erhöhte Tabaksteuer und Schutzzölle, die die Lebenshaltungskosten der Normalverbraucher in die Höhe trieben, den Anhang der Sozialisten zu vergrößern.
Aber diese politischen Vorgänge waren nur Teil eines allgemeinen Prozesses: Deutschland begann sich zu einer hochtechnisierten Industrienation zu entwickeln. Die Zahl der Arbeiter nahm viel schneller zu, als man die zutiefst inhumanen Arbeitsbedingungen verbessern konnte oder wollte. Die Kehrseite der rapiden Industrialisierung waren miserable Verhältnisse in den Bereichen Wohnen, Gesundheit und Ausbildung der Arbeiter. Das Kleinbürgertum entwickelte Berührungsängste gegenüber der neuen Arbeiterklasse, die besonders in den städtischen Ballungszentren in extrem schlechten, oft slumähnlichen Verhältnissen lebte. Wer nur tüchtig und ehrgeizig sei, meinte man unter dem Einfluß liberalistischer Wirtschaftsdoktrin, könne sich ohne staatliche Hilfe aus diesen Lebensbedingungen befreien. Ein Irrtum. Und seit 1878 waren auch die Selbsthilfeorganisationen der Arbeiter

verboten, soweit sie unter dem Verdacht standen, sozialistisch orientiert zu sein. Und dies konnte schnell geschehen.
Da der Riß quer durch die Gesellschaft zu immer größeren Spannungen führte, andererseits Verbote allein keine Ruhe schaffen konnten, galt es auf andere Weise Abhilfe zu schaffen: Die Verhältnisse sollten möglichst ohne Aufwand verbessert und die Arbeiterklasse sollte dadurch mit dem bestehenden Staat versöhnt werden. Man hoffte, auch damit dem »roten Gespenst« Einhalt zu gebieten. Linke Liberale plädierten dafür, den Arbeitern volles Koalitions- und Streikrecht zu geben, damit sie selbst ihre Interessen vertreten könnten – angesichts der weiteste Kreise beherrschenden Revolutionsfurcht ein völlig unrealistischer Plan. Das christliche »Zentrum« favorisierte christliche Nächstenliebe statt Staatshilfe. Daneben gab es eine Reihe von Plänen, was der Staat zur Lösung der sozialen Frage (siehe Band 9) tun könne.
Bismarck befand keines dieser Programme als geeignet, da sein Hauptziel darin bestand, die Arbeiter aus dem Bannkreis der Sozialdemokratie zu brechen und fester an den Staat und dessen konservative Führung zu binden. Als Vorbild dienten ihm Methoden, mit denen der französische Kaiser Napoleon III. zeitweilig die Sympathie seiner Industriearbeiter gewonnen hatte: Um die deutschen Arbeiter für ihren Staat zu begeistern, sollten sie, ohne selbst Beiträge zu zahlen, gegen Arbeitsunfähigkeit *versichert* werden. Die Kosten würden nach des Kanzlers Plan Reich und Unternehmer gemeinsam tragen. Letztere sträubten sich heftig, dem Reich fehlte es an den Geldmitteln. Was dann verwirklicht wurde, ist ein Produkt dieser Konstellation: 1883 wurde eine Krankenversicherung eingeführt, deren Kosten Arbeiter und Unternehmer teilten; 1884 folgte eine Unfall-, 1889 eine Alters- und Invaliditätsversicherung. Keine Sozial*reform* also, kein Arbeiterschutz, keine Humanisierung der Arbeitswelt, keine Abschaffung der Frauen- oder Kinderarbeit, kein garantierter Mindestlohn, sondern eine vom Staat verordnete Rente, welche die »Anhänglichkeit« der Arbeiter »an die Regierung« sichern würde, wie Bismarck dem Reichstag erklärte. Zugleich sollte die Arbeitsfähigkeit erhalten werden.
Das also waren die zwei Seiten der Vorbeugemaßnahmen gegen Emanzipationskämpfe: »Sozialistengesetz« und »Sozialpolitik« zur Sicherung von Loyalität, damit »in der großen Masse der Besitzlosen die konservative Gesinnung erzeugt werde, welche das Gefühl der Pensionsberechtigung mit sich bringt«. So der Kanzler zur wohldosierten Verabreichung von Zuckerbrot und Peitsche. Der Staat als »fürstliche Versicherungsanstalt gegen Demokratie«, wie einer seiner vehementesten Gegner es nannte.
Dabei traf die Peitsche alle, das Zuckerbrot aber kam nur manchem,

und dann nur sehr dürftig zugute: Leistungen der Rentenversicherung waren äußerst gering, die Versicherten mußten ganze zwei Drittel der Krankenversicherungsbeiträge selbst bezahlen. Zwischen 1889 und 1900 wurden ca. 598000 Renten von durchschnittlich 155 Mark pro Jahr ausgezahlt. Davon konnte kein Rentner jemals sorglos, geschweige denn angenehm leben. Erst 1900 wurde die Unfall-, 1903 die Krankenversicherung erweitert, ab 1899 wurden die Invalidenrenten nach reichseinheitlichen Sätzen ausgeschüttet und humanisierende Maßnahmen kamen hinzu: 1891 Sonntagsarbeitsverbot und Begrenzung der Frauenarbeit auf täglich elf Stunden, Lohnschutz, 1903/1905 Kinderarbeitsschutz, 1911 Angestelltenversicherung.
War die deutsche Sozialpolitik für damalige Verhältnisse progressiv, so war sie doch nach Intention und Qualität das, was Wehler pointiert eine »Strategie der Konfliktvermeidung« der Reichsleitung nennt.

Neue »nationale« Aufgaben in Afrika: Kolonialpolitik als Spielart der Prestigepolitik

Deutschland könne aufgrund seiner Mittellage keine Weltpolitik machen – so jedenfalls ließ der Kanzler vernehmen, es sei denn *nach* einer aktiven Kolonialpolitik. Und doch hatte Bismarck es 1884 verstanden, die Gunst der außenpolitischen Konstellation auch für deutsche Weltpolitik zu nutzen: Englands Spannungen mit Rußland und Frankreich hielten die Kolonialmacht Nummer eins in Atem; der Kanzler konnte deshalb dem Drängen der Kolonialfreunde, seit 1882 im »Deutschen Kolonialverein« organisiert, nachgeben und den privaten Initiativen von Forschern und Kaufleuten staatliche Rückendeckung geben. Ein zweites Konjunkturtief im gleichen Jahr hatte den Ruf nach neuen Märkten laut werden lassen; bei Freihändlern und Schutzzöllnern, Industriellen und Landwirten galten sie in der Phase wirtschaftlicher Depression als letzte Rettung. So kam 1884 das im Vorjahr von dem Bremer Kaufmann Lüderitz (* 1834, † 1886) erworbene »Deutsch-Südwestafrika« (Namibia) und später die von dem Kolonialpolitiker und Afrikaforscher Carl Peters (* 1856, † 1918) erworbene Kolonie »Deutsch-Ostafrika« (Tanganjika) zum Deutschen Reich. Seiner Intention nach sollten diese Neuerwerbungen deutsche Handelsstützpunkte sein, nicht Siedlungsgebiete oder Erweiterung des deutschen Herrschaftsraums. Immerhin: der Kolonialbesitz übertraf das Mutterland schon bald um ein Fünffaches. Wirtschaftlich wenig ertragreich, hatte er für das erwünschte politische Klima des Deutschen Reiches eine unverzichtbare Funktion: Nachdem nämlich die Jubelfeier zur

Aus einer Rede Kaiser Wilhelms II. im Jahre 1890

[...] Würde ein Normalarbeitstag von 8 Stunden, ein Ausschluß jeder Frauenarbeit, die weitgehende Beschränkung der Kinderarbeit herbeigeführt werden, so ist in sittlicher Beziehung zu befürchten:
[...] daß der erwachsene *Arbeiter seine freie Zeit im Wirtshaus zubringt, daß er mehr als bisher an agitatorischen Versammlungen teilnimmt, mehr Geld ausgibt und, obwohl der Lohn derselbe bleiben wird, wie für den bisherigen Arbeitstag, doch nicht zufrieden ist;*
[...] daß die heranwachsenden Kinder, insbesondere die halbwüchsigen Burschen und Mädchen, *sich außerhalb des Hauses herumtreiben und sittlich verwahrlosen und verwildern.*
[...] In wirtschaftlicher Beziehung ist zu erwägen, daß durch eine zu weitgehende Arbeiterschutzgesetzgebung eine unverhältnismäßige Belastung der deutschen Industrie gegenüber der ausländischen herbeigeführt und die erstere in dem Wettbewerb im Weltverkehr beeinträchtigt wird. Schon jetzt ist die deutsche Industrie infolge der Arbeiterversicherungsgesetze mehr belastet als die ausländische. Wird auf dieser Bahn weiter fortgeschritten und kann Deutschland nicht mehr die Konkurrenz des Auslandes vertragen, so tritt mit der Schädigung der Industrie auch eine Schädigung im Verdienst der Arbeiter ein.
Nichtsdestoweniger kann unter Einhaltung der gedachten Gesichtspunkte noch viel in Deutschland zum Schutze der Arbeiter geschehen, nämlich
1. Das Verbot der Sonntagsarbeit.
2. Das unbedingte Verbot der Nachtarbeit *und der* Arbeit unter der Erde *für Frauen und Kinder.*
3. Ein Verbot der Frauenarbeit *während der letzten drei Wochen der* Schwangerschaft *und den ersten drei Wochen nach der Entbindung.*
4. Eine Unterbrechung der Frauenarbeit *während des Tages zur Besorgung* häuslicher Geschäfte.
5. Das Verbot oder eine Beschränkung der Frauenarbeit *in einzelnen besonders schädlichen* Industriezweigen.
6. Die Einschränkung der Arbeit von Kindern bis zum 14. Jahre *als Regel, jedoch unter Zulassung von Ausnahmen für die besonders gearteten Industriezweige mit Genehmigung des Bundesrats und unter Einhaltung der schon nach der Gewerbeordnung bestehenden Grenzen.*
Zu der Herstellung des sozialen Friedens zwischen Arbeitgebern *und* Arbeitnehmern *würde es erheblich beitragen, wenn die sogenannten Fabrikordnungen nicht einseitig von den Arbeitgebern erlassen, sondern in Gemeinschaft mit Vertretern der Arbeiter vereinbart würden. Um den sozialdemokratischen Einfluß von den letzteren fernzuhalten, dürfen diese Ausschüsse weder nach [...] Bezirken noch nach Fachvereinen gewählt werden.*

Reichsgründung vorüber war und nur noch der 4. September, der Jahrestag der Schlacht bei Sedan, als nationales Ereignis dienen konnte, hatte der Reichsbürger wenig, worauf er aus national empfindendem Herzen heraus so richtig stolz sein konnte. Statt freudigem Reichsbewußtsein herrschte in den klein- und mittelbürgerlichen Schichten eher Unsicherheit im Hinblick auf den sozialen Status, Angst vor dem Absinken ins proletarische Milieu. Dies machte sie in besonderem Maße anfällig für ›große‹ Politik, die Prestige und Geltung verschaffte: für Weltpolitik also. Und Prestige ging vom Besitz ferner, exotischer Erdteile allemal aus – auch wenn man selbst wenig davon hatte und »das Reich« zu einem Zeitpunkt dort auftrat, als schon fast alles verteilt war. Trotzdem spielte die Reichsregierung im Kolonialkonzert mit. Bismarck erklärte die Gründe: weil »die Kolonialfrage aber schon aus Gründen der inneren Politik eine Lebensfrage für uns ist [. . .], der kleinste Zipfel von Neu-Guinea oder Westafrika, wenn derselbe objektiv auch ganz wertlos sein mag, gegenwärtig für unsere Politik wichtiger als das gesamte Ägypten und seine Zukunft« sein muß.

Hellsichtigen Geistern entging allerdings nicht, daß das, was die Regierung als den kolonialen Ertrag versprach – nämlich Reichtum und Wohlstand für alle, Abhilfe gegen angebliche Überbevölkerung und Schaffung von Arbeitsplätzen –, von den Kolonien nicht abgeworfen wurde.

Deutschlands außenpolitische Stellung in Europa: Vom Friedensschluß 1871 zum »Drei-Kaiser-Abkommen« 1873

Spätestens seit dem Ende des »Deutsch-Französischen Krieges« im Mai 1871 war klar, daß Politik in Europa von nun an unter radikal verändertem Vorzeichen stand. Die Friedensbedingungen, Folge der Niederlage, bedeuteten das Ende der französischen Vorherrschaft auf dem westlichen europäischen Kontinent. Mit Preußen-Deutschland war durch die drei siegreichen Schlachten von 1864, 1866 und 1870/71 ein neuer Machtfaktor entstanden, von dem die außenpolitischen Beobachter Europas mißtrauisch die Fortsetzung dieser kriegerischen Risikopolitik erwarten mußten. Zunächst war nicht abzusehen, ob die Deutschen mit dem Erreichten zufrieden waren oder ob sie weiteren Gebietserwerb planten, um aus der »halb-hegemonialen« (wie der Historiker Georg Dehio es nennt) Stellung ihres Staates eine hegemoniale zu machen. Bismarcks Äußerung nach 1871, Deutschland sei »saturiert«, seine Interessen seien befriedigt, nahm damals niemand wörtlich. Denn es gab genügend gegenteilige Äußerungen in der

Versuch der Stabilitätssicherung und Überbrückung politischer Gegensätze: *»Drei-Kaiser-Treffen« (Deutschland–Rußland–Österreich-Ungarn) in Berlin 1873. Empfang Kaiser Franz Josephs durch Wilhelm I. und Bismarck.*

Presse, wonach entschlossen weitergekämpft und eine Art Endsieg sichergestellt werden sollte.
Aber welche realistischen Möglichkeiten boten sich einem Staat, der an Fläche, Bevölkerung, Wirtschaftskraft und Militärstärke Österreich und Frankreich bereits übertraf? Im Sinne des herkömmlichen »Konvenienzprinzips« (siehe *K Seite 41*) konnten Interessensphären abgegrenzt werden, um Konflikte mit konkurrierenden Mächten bei der eigenen Machtausdehnung auszuschalten. Zweitens konnte man dabei die Interessen der anderen Staaten gegeneinander ausspielen oder Konflikte aus Europa hinaus an die Peripherie, also auf den Balkan oder in die Kolonialgebiete, verlagern. Drittens – und dies war der von hohen Militärs gegen Bismarck favorisierte Kurs – konnten mögliche Gegner durch schnelle Präventivschläge ausgeschaltet und drohende Koalitionen zerschlagen werden.
Ein intimer Kenner der Bismarckschen Außenpolitik, der Kölner Historiker Andreas Hillgruber, fand heraus, daß Bismarck zwischen 1871 und 1875 prinzipiell alle drei Möglichkeiten offengelassen hat und an-

fangs sich nicht auf den erreichten politischen Status beschränken wollte.
Wie war die außenpolitische Konstellation nach 1871? Welche Bündnisse waren möglich, ohne daß das geschlagene Frankreich gleich ein Gegenbündnis schloß? England und Rußland hatten trotz vorheriger Einigung immer noch genügend Interessengegensätze auf dem Balkan, um als Bündnispartner für Deutschland auszufallen: schloß Deutschland mit einer von beiden Mächten ein Abkommen, trieb dies die andere in die Arme Frankreichs. England und Österreich-Ungarn hingegen hatten durch die gemeinsame Gegnerschaft zu Rußland auf dem Balkan so viel gemeinsam, daß ein Bündnis zwischen ihnen nicht völlig utopisch schien. Der außenpolitische Manövrierraum für Deutschland war also beschränkt, ein Ausgleich mit Frankreich durch die politisch äußerst ungeschickte Annexion Elsaß-Lothringens langfristig unmöglich, und von Frankreich war stets die militärische Rückgewinnung dieses Gebietes zu erwarten.
Um ein Bündnis mit England bemühte sich Bismarck niemals ernsthaft, denn er fürchtete das Eindringen liberaler Staats- und Gesellschaftsanschauungen in die deutsche Innenpolitik und dadurch eine ungesunde Beeinflussung des politischen Klimas. Diese Bedrohung schien damals besonders vom Sohn Kaiser Wilhelms I., Friedrich III. (* 1831, † 1888), auszugehen, der mit einer englischen Prinzessin verheiratet war. Von ihm erwartete man stärkere Parlamentarisierung und Demokratisierung. Da er erst 1888 als todkranker Mann auf den Thron kam, herrschte er nur ganze 99 Tage, die ausreichten, Bismarcks Befürchtung als unbegründet erscheinen zu lassen. Mit dem englischen Walfisch ein Bündnis zu schließen, wurde aus innenpolitischen Bedenken heraus nicht versucht. Wie aber sah es mit dem russischen Bären aus?
Schon seit den polnischen Teilungen (siehe Band 9), mehr aber noch seit Rußlands stillschweigender Duldung der preußischen Annexionen 1866 und 1870 war die Freundschaft mit dem großen östlichen Nachbarn erprobt. Lehnte sich das Deutsche Reich aber zukünftig allzu ausschließlich an Rußland an, würde es in die englisch-russische Interessenkollision hineingezogen und damit eine gegnerische Allianz der Besiegten von 1866 und 1871, Österreich-Ungarn und Frankreich, heraufbeschwören. Bei einem Freundschaftsabkommen mit dem habsburgischen Vielvölkerstaat hingegen wäre ein Bündnis der Flügelmächte Rußland und Frankreich die sichere Folge gewesen.
Fast wie die Quadratur des Kreises muß Bismarcks außenpolitisches Ziel deshalb erscheinen: eine Verbindung nämlich mit Österreich-Ungarn *und* Rußland. Er brachte sie über eine ideologische Gemeinsam-

Begriffe

Bourgeoisie *(franz.): Bürgertum, insbesondere das selbstgefällige Besitzbürgertum des 19. Jahrhunderts, in Gegnerschaft zum Proletariat gesehen.*

Dogma, dogmatisch *(griech. = Meinung, Verordnung, Lehrsatz): Als unumstößlich geltende Lehre, insbesondere Glaubenslehre, Anschauung, Glaubensbekenntnis.*

Föderalismus, föderalistisch *(lat. foedus, foederatus = Treueverhältnis, Bündnis, verbündet): Streben nach einem Bund von Staaten oder Staatenbund, in dem die Einzelstaaten größte Mitsprache und Entscheidungsfreiheit behalten.*

Hegemonie *(griech. = vorangehend): politische Vormachtstellung.*

Hierarchie, hierarchisch *(griech. hieros = heilig und archein/arche = anfangen, herrschen/Herrschaft): Rangordnung, Stufenfolge; Herrschaft mit strenger Rangordnung.*

Konvenienzprinzip *(franz. convenance = Übereinstimmung, Zuträglichkeit): Übereinstimmung zweier Gruppen oder Staaten zu Lasten dritter.*

Liberalismus *(lat. liberalis = freiheitlich): Freiheitliche, mitunter demokratische Vorstellung und Gestaltung des staatlichen, gesellschaftlichen und wirtschaftlichen Lebens (siehe auch Band 9).*

Manchesterliberalismus: *Extremer Wirtschaftsliberalismus, der jede staatliche Beeinflussung ablehnt und völligen Freihandel fordert, ohne Rücksicht auch auf soziale Folgen. Entstanden in der Baumwollindustrie von Manchester.*

Partikularismus, partikularistisch *(lat. particula = Teilchen): Bestreben, Einzelinteressen (kleiner Länder gegen Bundesstaat) durchzusetzen.*

Phobie, Germanophobie *(griech. phobos = Furcht): Zwanghafte Furcht vor etwas, zum Beispiel vor den Deutschen (Germanophobie).*

Pragmatisch *(griech. pragmatikos = praktisch handelnd): Unter Berücksichtigung von Lebenserfahrungen dem (vermeintlichen) praktischen Nutzen dienend handeln.*

Präventivschläge *(franz. préventif = vorbeugend): Vorbeugende Maßnahme, vorbeugender Angriffskrieg.*

Proletariat *(lat. proletarius = Bürger unterster Klasse, Kinderreiche): Besitzlose Lohnarbeiterklasse (nach marxistischem Verständnis), Träger des Klassenkampfes.*

Rechte – Linke: *Wahrscheinlich auf die Nationalversammlung der Französischen Revolution zurückgehende Einteilung in fortschrittliche Parteiungen (links vom Präsidenten sitzend) und mehr konservative (rechts sitzend).*

Unitarisch, Unitarismus *(lat. unitas = einig, Einheit): Nach einem Einheitsstaat oder Bundesstaat mit Verzicht der Selbständigkeit der Einzelstaaten strebend.*

keit zuwege, klug in seiner vorbereitenden Argumentation außenpolitische Interessen – die ja zwischen Rußland und Österreich gegenläufig waren – vermeidend und die Abwehr republikanischer und antimonarchischer Kräfte und Mächte als aktuelle politische Notwendigkeit in den Mittelpunkt stellend. Die Verhandlungen waren erfolgreich, die drei Kaiser von Rußland, Österreich-Ungarn und Deutschland besiegelten 1873 die monarchische »Solidarität«. Sie hatte sich bereits 1853 (siehe Band 9) in der »Heiligen Allianz« bewährt. Das »Drei-Kaiser-Abkommen« von 1873 sollte Frankreich isolieren, Rußland und Österreich-Ungarn einander annähern, um Deutschland eine einseitige Entscheidung zu ersparen. Beide Zwecke erfüllte es mangelhaft, wie sich schon bald zeigte.

1875 – Neuer Krieg in Sicht?

Als 1875 die Schlagkraft der französischen Armee erhöht wurde, dachte man nicht an einen unmittelbar bevorstehenden Revanchekrieg. Bismarck dagegen ließ diesen im Deutschen Reich weitaus häufiger geübten Vorgang in einigen von ihm beeinflußten Zeitungen dahingehend darstellen, als drohe tatsächlich ein Angriff von Frankreich. Als einige seiner Mitarbeiter dann noch laut vor ausländischen Gesandten über einen deutschen Präventivkrieg zur Abwendung der Kriegsgefahr aus Frankreich nachdachten, gab es englischen und russischen Protest in Berlin. Hätte man in Rom nicht gerade erbitterte Kämpfe gegen den Kirchenstaat geführt und in Bismarcks Kulturkampf eine willkommene flankierende Maßnahme erblickt, hätte auch Italien in Berlin gegen deutsche Präventivkriegspläne protestiert. So aber war es der italienischen Regierung eher recht, daß der klerikal gesonnenen französischen Regierung die Zähne gezeigt wurden. Andreas Hillgruber sieht in der Bismarckschen Pressepolitik dieser Phase einen »Test der Koalitionen«. Dieser brachte ein klares Ergebnis, das die Außenpolitik bis zu Bismarcks Rücktritt 1890 bestimmen sollte: Ein Bündnis zwischen England, Frankreich und Rußland entstünde sofort, wenn Deutschland nach ›ganzer‹ Vorherrschaft in Europa strebte. Die Flügelmächte würden in diesem Fall militärisch den Status quo garantieren. Damit bliebe zur Machterweiterung nur noch Krieg.

Bismarck agierte deshalb von nun ab entsprechend der Devise, die deutschen Interessen seien schon saturiert.

Ständiger Begleiter allen außenpolitischen Geschehens in Europa waren im 19. Jahrhundert die Vorgänge im Osmanisch-Türkischen Reich,

Verständigung der europäischen Großmächte auf dem »Berliner Kongreß« 1878. *Rußlands Einlenken auf dem Balkan beruhigt die Lage, führt aber zu Spannungen zwischen Deutschland und Rußland. Gemälde von A. v. Werner, 1881.*

dessen Fortbestand durch Autonomiebestrebungen vieler Volksgruppen und deren Streben nach eigenen Nationalstaaten höchst unsicher war. Zugleich hofften besonders Rußland, Österreich-Ungarn und England, den »kranken Mann« am Bosporus nach dessen Ableben zu beerben. Deutschland hatte an den verwickelten Vorgängen in Bosnien, der Herzegowina, in Serbien und Bulgarien nur insoweit ein Interesse, als Rußland 1876 militärische Aktionen gegen die Türkei plante und dabei einen Zusammenstoß mit Österreich für unvermeidbar hielt. Deshalb ließ die russische Regierung in Berlin diplomatisch anfragen, ob man dann mit deutschem Stillhalten rechnen könne.
Bismarck erklärte rundheraus, daß ihm vor allem an der Erhaltung des europäischen Gleichgewichts und damit an der Unversehrtheit der österreich-ungarischen Doppelmonarchie gelegen sei. Rußland könne lediglich mit deutscher Neutralität bei einer Auseinandersetzung mit der Türkei rechnen – quasi als Gegenleistung für die russische Neutralität 1870/71.
1877 begann der »Türkisch-Russische Krieg«, der mit einer derartigen

Niederlage der türkischen Armee endete, daß Rußland die Friedensbedingungen diktieren konnte: Der »Frieden von San Stefano« 1878 aber verletzte zugleich englische und österreichische Interessen erheblich.
England schickte deshalb sofort eine Flotte ins Marmara-Meer, der österreichische Außenminister Andrâssy verlangte nach einem europäischen Kongreß, auf dem die Friedensbedingungen unverzüglich rückgängig gemacht werden sollten.
Bismarck bot sich, da Deutschland auf dem Balkan keine Interessen verfolgte, als »ehrlicher Makler« an, um zwischen den Großmächten einen Ausgleich zu schaffen. Leitgedanken seiner geplanten Strategie legte er für die Mitarbeiter im Auswärtigen Amt schriftlich im sogenannten »Kissinger Diktat« 1877 nieder (der Kanzler verbrachte in Bad Kissingen/Rhön einen Kuraufenthalt): Englische und russische Interessen sollten erfüllt und ausgeglichen, insgesamt der europäische Frieden gesichert werden – und zwar durch Rivalität zwischen den Mächten, die damit auf Deutschland angewiesen blieben bzw. gehindert würden, sich gegen Deutschland zusammenzuschließen. Des Kanzlers Ziel war nach klarer Analyse der Lage »eine politische Gesamtsituation, in welcher alle Mächte außer Frankreich unserer bedürfen und von Koalitionen gegen uns durch ihre Beziehungen zueinander nach Möglichkeit abgehalten werden«.
Die Vermittlungsbemühungen Bismarcks hatten auf dem »Berliner Kongreß« am 13. Juni 1878 großen Erfolg. Der große Krieg fand nicht statt, aber das »orientalische Geschwür war offen« gehalten: Zwar war das russisch-deutsche Verhältnis belastet, weil an den Bedingungen von San Stefano nicht festgehalten wurde, dafür aber war das Mißtrauen Englands und Frankreichs gegenüber Deutschland weitgehend gewichen.
Geschickt hatte man gleichzeitig vom konservativ regierten Berlin aus liberale Reformen in Rumänien unterstützt und nicht zuletzt damit eine Allianz Rußland–Frankreich unmöglich gemacht. Denn die französische Republik konnte sich keinen dort erzreaktionär handelnden Bündnispartner leisten. Trotzdem: Ein Bündnis Österreich-Ungarn–England–Deutschland war nicht zu realisieren. Auf diesbezügliche Anfragen im englischen Außenministerium hatte man von dort nur die Zusage bekommen, daß England im Fall eines deutsch-russischen Krieges nur Italien und Frankreich »neutral halten wolle«. Darauf Bismarck in einer Randnotiz: »sonst nichts?« Er verfolgte diese Möglichkeit nicht weiter, zumal ab 1880 in England die Liberalen unter Außenminister William Gladstone wenig Neigung zeigten, mit konservativen Staaten zu paktieren.

***»Die besorgte Erzieherin«** mit den ›Damen‹ Österreich und Italien. Karikatur auf den »Dreibund«, ein geheimes Verteidigungsbündnis zwischen Deutschland, Österreich-Ungarn und Italien 1882. Aus: »Nebelspalter« von 1889.*

Briefliche ›Ohrfeige‹ aus Rußland und das geheime »Zweibund-Militärabkommen mit Österreich-Ungarn

Daß die russischen Gesandten nicht sehr befriedigt vom »Berliner Kongreß« im Sonderzug nach Hause reisten, ist leicht vorstellbar. Wenn man die etwa gleichzeitige Kursänderung der deutschen Wirtschaftspolitik bedenkt (siehe Seite 23), die mit ihren Schutzzöllen die Einfuhr russischen Getreides mit extrem hohen Steuern belegte und damit die russischen Landwirte in eine Absatzkrise stürzten, ist es kein Wunder, daß der Zar persönlich Wilhelm I. brieflich eine Ohrfeige verpaßte, indem er sich vor allem über den Kanzler in scharfen Worten beklagte. Rußland war ernsthaft verstimmt, kündigte prompt das »Drei-Kaiser-Abkommen« und näherte sich besonders in wirtschaftlicher Hinsicht Frankreich. Die russischen Aktien fielen, und Frankreichs Banken nutzten die Chance, billig einzukaufen. Stellt man noch in Rechnung, daß Bismarck durch Verlautbarungen in ›seiner‹ Presse die antideutschen Kreise in Rußland vehement provozierte,

stellt sich die Frage, wieso er diesen unter den bereits beschriebenen Grundlagen seiner Bündnispolitik eigentlich völlig sinnwidrigen Kurs überhaupt steuerte. Er verprellte damit ja wider alle Vernunft und Vorsicht einen lange Jahre treuen Partner.
Die innenpolitische Konstellation im Deutschen Reich mag Bismarck zu der heute zunächst schwerverständlichen Politik gezwungen haben: Die ostelbischen Agrarier hatten über die russische Konkurrenz geklagt – also wurden 1885 die deutschen Agrarzollsätze verdreifacht und 1887 noch einmal um fast das Doppelte angehoben. Dieser deutsche »Agrarprotektionismus« entfachte in Rußland eine ökonomisch motivierte Germanophobie, fast schon einen Deutschenhaß, der wiederum den deutschen Verfechtern der Präventivschlagstrategie Zündstoff für ihr Drängen lieferte, Rußland in einem »Winterfeldzug« eine empfindliche Schlappe beizubringen und Deutschland doch noch die *ganze* hegemoniale Stellung in Europa zu verschaffen. Allenthalben wurde über diese mögliche Machtvergrößerung laut nachgedacht. Der Reichskanzler wollte diesen Aufforderungen keinesfalls nachgeben, weil er an den siegreichen Ausgang eines derartigen Krieges nicht glaubte. Durch einen Finanzkrieg hoffte er, die Spitze der Präventivkriegsforderung abzustumpfen. Daß die in der Bevölkerung entfachte Kriegspsychose dazu beitragen konnte, im gleichen Jahr im Reichstag eine Heeresvermehrung durchzudrücken, war innenpolitisch jedenfalls ein Erfolg.
Parallel zu diesen Maßnahmen auf wirtschaftlichem Sektor wurde, diplomatischen Gepflogenheiten gemäß, weiterverhandelt. *Ein* Ergebnis des »Berliner Kongresses« war es ja gewesen, daß ein deutsch-österreichisches Bündnis möglich schien, weil der österreichische Außenminister einen angemessenen Preis zu zahlen bereit war: Artikel V des »Prager Friedens« von 1866 sollte gestrichen werden. Er hatte – im Sinne Österreichs – eine Volksabstimmung in Nord-Schleswig vorgesehen, nach der dieses Gebiet dann eventuell von Preußen an Dänemark zurückzugeben war. Der deutsch-österreichische »Zweibund« konnte nach Regelung dieser Frage am 7. Oktober 1879 ratifiziert werden: ein geheimes Defensivbündnis, das Hilfe zusagte, wenn ein Partner von Rußland angegriffen werden sollte. Für Österreich war der Bündnisfall *auch* gegeben, wenn Frankreich mit russischer Unterstützung Deutschland angreifen würde. Damit hatte Bismarck nun doch eine Option für *ein* Land abgegeben – eine vertragliche Bindung, die allerdings begrenzt war, da sie lediglich ein Militärbündnis und noch dazu ein geheimes war. Der alte Kaiser zögerte lange, seine Unterschrift zu geben, da die Tendenz gegen den treuen russischen Bundesgenossen auf der Hand lag. Bismarck konnte ihn unter Hinweis auf

Panslawismus
(griech.-lat. Neubildung: ›Allslawentum‹)

Zunächst eine literarisch-kulturelle Bewegung zur Weckung eines Gemeinschaftsgefühls unter den zahlreichen slawischen Völkern, die im 19. Jahrhundert verschiedenen Nationen angehörten (Rußland, Österreich-Ungarn, Osmanisches Reich). Ab 1848 politische Forderung nach Einigung aller Slawen.

Hindernisse:	*Spannungen zwischen Russen und Polen und der Verdacht, daß der russische Panslawismus nur eine verdeckte Form des russischen Imperialismus auf dem Balkan sei.*
Auswirkungen:	*Panslawistische Kreise in Rußland tendierten stets zum Freundschaftspakt mit Frankreich und erschwerten damit die offizielle politische Zusammenarbeit zwischen Rußland und Deutschland.*
Historische Forschung:	*Wie stark sich der russische Panslawismus auf die deutsche Rußlandpolitik ausgewirkt hat, ist äußerst umstritten.*

den mächtiger werdenden russischen *Panslawismus (K oben),* die »slawische Revolution«, umstimmen.
Der Historiker Karl Erich Born betont, daß der Zweibund »nicht als Abschluß einer politischen Entwicklung«, sondern als »Grundlage eines weiter auszubauenden Vertragssystems« gedacht war. Entsprechend gingen die Verhandlungen im Stil geheimer Kabinettspolitik auch weiter – mit Rußland!

Verflechtungen und Widersprüche – Ein Netz von Bündnissen

So paradox es klingen mag: Der harte antirussische Wirtschaftskurs des Deutschen Reiches führte tatsächlich dazu, daß ein russischer Gesandter am 29. September 1879 im Auftrag des Zaren Rußlands Interesse an der Wiederbelebung des »Drei-Kaiser-Abkommens« signalisierte! Da am gleichen Tag die unbefriedigende Antwort des englischen Premierministers Disraeli auf das deutsche Bündnisangebot eingetroffen war, setzte Bismarck wieder voll auf das russische Pferd. Trotzdem mußten erst langwierige Verhandlungen geführt und russische und österreichische Interessen ausbalanciert werden, bis am 18. Juni 1881 der sogenannte »Drei-Kaiser-Vertrag« in Kraft treten konnte. Er verpflichtete Österreich-Ungarn, Rußland und Deutschland zu »wohlwollender Neutralität«, wenn eine von diesen Mächten mit einer vierten Krieg führen sollte. Damit war Deutschland und Österreich Rückenfreiheit garantiert für den Fall eines Krieges mit Italien oder Frankreich, Rußland war für einen Kriegsfall mit England gedeckt. Obwohl von Anfang an die russisch-österreichische Rivalität auf dem Balkan wertmindernd war, verlängerten die drei Mächte 1884 den Vertrag.

Dieses Bündnisnetz wurde in den Folgejahren ausgebaut: Als Frankreich Tunesien besetzte, suchte Italien – obwohl Österreich-Ungarn noch Gebiete mit italienischer Bevölkerung besaß – Anschluß an den »Zweibund«, der 1882 so zum »Dreibund« erweitert wird. Seinem Charakter nach rein defensiv, sollte er französische Angriffe auf Italien und Deutschland abwehren. Er wurde zwar 1887 verlängert, war aber bedeutungslos, da er Österreich nur vor italienischen Grenzrevisionen schützte und Italien Kompensationen im Fall österreich-ungarischer Erwerbungen auf dem Balkan zusicherte. Dies konnte aber nur geschehen, solange England, das mit Italien seit diesem Jahr in der »Mittelmeerentente« verbunden ist, stillschweigender Partner im Hintergrund blieb.

Welche außenpolitischen Alternativen boten sich in dieser politischen Phase dem Deutschen Reich: Es konnte entweder stärker mit dem »Dreibund« kooperieren und damit tendenziell *mit* England oder stärker mit dem »Drei-Kaiser-Vertrag« und damit tendenziell gegen England. Eine wenigstens teilweise antibritische Tendenz hatte Bismarcks Politik in dieser Zeit sowieso, da er französische Kolonialinteressen gegen England durchzusetzen half. Langfristig aber blieb dieses außenpolitische Taktieren zugunsten Frankreichs problematisch, denn in Frankreich sammelten sich zwischen 1886 und 1887 um den amtierenden Kriegsminister Boulanger Gruppen, die dem deutschen Sieger von Sedan wenig freundliche Gefühle entgegenbrachten und lieber heute als morgen Elsaß-Lothringen zurückerobert hätten. »Revanche« war die Devise der französischen Patriotenliga, die allerdings real weniger Einfluß hatte, als ihr konservative Kreise in Deutschland in taktischer Absicht nachsagten: Im Hochspielen der Kriegsgefahr hatte man eine Begründung, den Wehretat erneut höher zu setzen. Allerdings wollte die Reichstagsmehrheit Bismarcks diesbezüglichen Plänen nicht zustimmen. Auflösung des Reichstags und Neuwahlen unter massiver Beeinflussung der Wähler war die Antwort des Kanzlers. Die Wähler hielten es angesichts der hochgespielten Kriegsgefahr für sinnvoll, die konservativen Parteien zu favorisieren. Diese verbündeten sich mit der NLP zum »Kartell« und verabschiedeten zusammen mit

Propaganda auf der Basis des »Dreibunds« (»Triple-Allianz«). *Franzosen und Russen heizen der Allianz ein, können aber das festgefügte Mauerwerk des Bündnisses nicht zum Platzen bringen. Aus: Kladderadatsch, Berlin 1883.*

einigen Zentrumsabgeordneten, die direkt von der römischen Kurie ermutigt wurden, das neue Heeresgesetz. Es sah – genauso wie die Reichstagsmehrheit – so aus, wie der Kanzler es gewünscht hatte.

»Rückversicherung«
»Verzweifelte, wenn auch geniale Aushilfen«

Bereits zwischen 1885 und 1887 tritt die Problematik von »Zweibund« und »Drei-Kaiser-Vertrag« zutage: Das Deutsche Reich bindet sich zu eng an den Vielvölkerstaat Österreich-Ungarn. Die Annäherung an England ist innenpolitisch und seit dem Beginn der deutschen Kolonialpolitik nicht mehr möglich. Seit dem Sturz des französischen Ministerpräsidenten Ferry 1885 geht außerdem die reibungslose deutsch-französische Kolonialpolitik ihrem Ende entgegen: unsichere Verhältnisse nach Westen, aber auch nach Osten.
1885/86 verzichten Rußland und Österreich anläßlich erneuter Bal-

Aus dem »Dreibund-Vertrag« vom 20. Mai 1882

Artikel I: Die Hohen Vertragschließenden Parteien sagen sich gegenseitig Frieden und Freundschaft zu und werden keine gegen einen ihrer Staaten gerichtete Allianz oder Verpflichtung eingehen. [. . .]
Artikel II: Im Falle, daß Italien ohne unmittelbare Herausforderung seinerseits von Frankreich gleichviel aus welchem Grunde angegriffen werden sollte, sind die beiden anderen Vertragschließenden Parteien gehalten, der angegriffenen Partei mit allen ihren Kräften Hilfe und Beistand zu gewähren. Die gleiche Verpflichtung trifft Italien für den Fall eines nicht unmittelbar herausgeforderten Angriffs Frankreichs gegen Deutschland.
Artikel III: Wenn eine oder zwei der Hohen Vertragschließenden Parteien, ohne unmittelbare Herausforderung ihrerseits, angegriffen werden und sich in einen Krieg mit zwei oder mehreren Großmächten verwickelt sehen sollten, die nicht Signatare des gegenwärtigen Vertrages sind, so tritt der Bündnisfall gleichzeitig für alle Hohen Vertragschließenden Parteien ein.
Artikel IV: Im Falle, daß eine Großmacht, die nicht Signatar des gegenwärtigen Vertrages ist, die Sicherheit der Staaten einer der Hohen Vertragschließenden Parteien bedrohen sollte und die bedrohte Partei sich dadurch gezwungen sehen würde, sie zu bekriegen, verpflichten sich die beiden anderen, ihrem Verbündeten gegenüber wohlwollende Neutralität zu wahren. Jede behält sich in diesem Falle vor, wenn sie dies für angebracht halten sollte, am Kriege teilzunehmen, um gemeinsame Sache mit ihrem Verbündeten zu machen.
Artikel V: Wenn der Friede einer der Hohen Vertragschließenden Parteien unter den in den vorstehenden Artikeln vorgesehenen Umständen bedroht werden sollte, so werden sich die Hohen Vertragschließenden Parteien zu gegebener Zeit über die für ein etwaiges Zusammenwirken nötigen militärischen Maßnahmen verständigen. Sie verpflichten sich, hinfort in allen Fällen gemeinsamer Beteiligung an einem Krieg nur auf Grund einer gemeinsamen Übereinkunft Waffenstillstand, Frieden oder einen Vertrag zu schließen. [. . .]

Nach: Auswärtige Politik des Deutschen Reiches Bd. I, S. 182ff.

Der »Rückversicherungsvertrag«

Artikel I
»Für den Fall, daß eine der vertragschließenden Parteien sich mit einer dritten Großmacht im Krieg befinden sollte, wird die andere eine wohlwollende Neutralität bewahren und ihre Sorge darauf richten, den Streit örtlich zu begrenzen. Diese Bestimmung soll auf einen Krieg gegen Österreich und Frankreich keine Anwendung finden, falls dieser Krieg durch einen Angriff einer der hohen vertragschließenden Parteien gegen eine dieser beiden Mächte hervorgerufen ist.«

»Ganz geheimes« Zusatzprotokoll
Artikel I: *»Deutschland wird wie bisher Rußland beistehen, in Bulgarien eine geordnete und gesetzmäßige Regierung wiederherzustellen. Es verspricht, in keinem Fall seine Zustimmung zur Wiedereinsetzung des Prinzen von Battenberg zu geben.«*
Artikel II: *»In dem Falle, daß seine Majestät der Kaiser von Rußland sich in die Notwendigkeit versetzt sehen sollte, zur Wahrung der Rechte Rußlands selbst die Aufgabe der Verteidigung des Zugangs zum Schwarzen Meer zu übernehmen, verpflichtet sich Deutschland, seine wohlwollende Neutralität zu gewähren und die Maßnahmen, die seine Majestät für notwendig halten sollte, um die Schlüssel seines Reiches in der Hand zu behalten, moralisch und diplomatisch zu unterstützen.«*

kanquerelen auf die Verlängerung des »Drei-Kaiser-Abkommens«. Rußlandfreundliche Bekundungen, sofort in die deutsche Presse lanciert, um die Situation zu entspannen, konnten nicht verhindern, daß Bismarcks viel zitierter »Alptraum« real zu werden schien: eine russisch-französische Annäherung und damit ein Krieg, den Deutschland an zwei Fronten auszufechten hätte. Revanchekrieg im Westen, Krieg mit den russischen Panslawisten im Osten. Deshalb wird in Deutschland wieder einmal das Heer verstärkt, und Bismarck nimmt diplomatischen Kontakt zu Rußland auf, mit dem Ziel, diesem aus seiner isolierten Stellung im Orient herauszuhelfen und zugleich den frankophilen Russen ein vertragliches Hindernis in den Weg zu legen gegen eine Annäherung an Frankreich. Das gelingt Bismarck mit dem »Rückversicherungsvertrag« vom 18. Juni 1887. Der Vertrag verpflichtet Deutschland und Rußland zur Neutralität im Falle österreichischer Angriffe auf Rußland bzw. französischer auf Deutschland und ermuntert – in einem »ganz geheimen« Zusatzprotokoll – die russische Orientpolitik. Damit widerspricht er dem »Zwei- und Dreibund«, stellt aber kurzfristig die europäische Balance wieder her – eine, wie Karl

Erich Born sagt, »verzweifelte, wenn auch geniale Aushilfe«, die nur kurzfristig die seit den Schutzzöllen von 1879, 1885 und 1887 belasteten Beziehungen zu Rußland verbessern kann und, wie Bismarcks Sohn Herbert kommentierte, im Fall einer russisch-französischen Allianz Deutschland die »Russen doch wohl sechs bis acht Wochen länger vom Halse« halten würde.
Dieser letzte Schachzug des Kanzlers und Reichsaußenministers stieß allenthalben auf Kritik: Friedrich von Holstein z. B., Mitarbeiter im Auswärtigen Amt, bald darauf an Bismarcks Sturz beteiligt und nach 1890 unheilvoller Ratgeber der Politiker des »Neuen Kurses«, hielt den »Rückversicherungsvertrag« für wertlos. Besser sei eine klare Option für Österreich-Ungarn *und* England mit eindeutig antirussischer Spitze, am besten mit englischer Unterstützung ein Winterfeldzug gegen Rußland, solange die russischen Sümpfe gefroren seien.
Holsteins Kalkül war allerdings falsch. Denn England behandelte schon das Angebot eines deutsch-englischen Verteidigungsbündnisses gegen eventuelle französische Angriffe abweisend, das Bismarck 1889 (quasi als allerletzte außenpolitische Aushilfe) ins Spiel brachte. Um wieviel weniger wäre es dann erst Deutschland gegen Rußland zu Hilfe geeilt?

Bilanz

Offene Fragen bleiben am Ende einer Ära fast genialer Außenpolitik, die am Anfang jedenfalls mehrere Wege gehen konnte. 1889 gibt es keine Wahl mehr, weil England, erste Welt- und Seemacht, für sich von einem Bündnis mit dem Deutschen Reich nichts erwartet. Damit bleibt dem Deutschen Reich nur das immer komplizierter werdende Zusammengehen mit Rußland *und* Österreich-Ungarn. Ob Bismarck, mit allen Wassern gewaschen, auf diplomatischer Ebene klug und wendig wie kein zweiter, diesen riskanten Kurs noch lange hätte durchhalten können, kann nur vage beantwortet werden. Sicher hätte er aber noch eine Weile verhindert, was seine Nachfolger in ihrer naßforschen Art sofort heraufbeschworen: das Bündnis Frankreich–Rußland (das die Deutschen im Ersten Weltkrieg zu einem Krieg an zwei Fronten zwang). Vermieden hätte er wahrscheinlich auch jene risikoreiche Weltpolitik, die von der überheblichen Annahme geprägt wurde, man säße am längeren Hebel und brauche ein englisches Bündnisangebot lediglich abzuwarten, könne es sich sogar leisten, England durch Flottenbau und antibritische Verlautbarungen in der Öffentlichkeit zu provozieren.
Eindeutiger läßt sich die Innenpolitik der späten 1880er Jahre beurtei-

Der Reichstag im Banne Bismarcks. *Kurz vor dem Tod Wilhelms I. am 9. 3. 1888 steht Bismarcks Stern im Zenit einer von komplizierten Bündnissystemen gekennzeichneten Politik. Das Reich scheint gesichert.*

len: Im Reichstag war das katholische »Zentrum« zur stärksten Fraktion geworden und stimmte von Fall zu Fall mit den beiden konservativen Parteien für die Regierung. Fast regierungstreu war auch die NLP geworden, mittlerweile allerdings auf ein Drittel ihrer ehemaligen Stärke zusammengeschmolzen und sich nur nach !inks scharf abgrenzend. Auf diesem Flügel hatte sich 1880 eine Gruppe um die Manchesterliberalisten Theodor Mommsen, Ludwig Bamberger und Wolfgang Kapp abgespalten, hatte die »Sezession« gegründet, die 1884 mit der linksliberalen »Fortschrittspartei« zur »Deutschfreisinnigen Partei« zusammenging. Hier saß nun in den Augen der Konservativen der Reichsfeind Nummer eins, der auf parlamentarischem Weg die Republik errichten wollte! Denn die von den Sozialdemokraten erwartete Revolution würde bei den Deutschen auf so wenig Gegenliebe stoßen, daß man zumindest sie nicht mehr fürchten mußte.
Am 9. März 1888 war Kaiser Wilhelm I. gestorben. Sein Sohn Friedrich III. regierte todkrank ganze 99 Tage. Ihm folgte sein Sohn Wilhelm II. (1888–1918) auf dem Thron, schneidig, selbstbewußt und wild

Dienst bei Bismarck 1878
Erinnerungen Christoph von Tiedemanns

Der Dienst in der Reichskanzlei begann spät und endete spät. Damals [. . .] erhob sich der Fürst erst gegen Mittag. Von 12 bis 6 Uhr wurde rastlos gearbeitet und dann wieder von 9 Uhr bis tief in die Nacht. Vor 1 Uhr verließ ich selten mein Bureau. – Es war nicht ganz leicht, dem Fürsten Vortrag zu halten. Er verlangte bei jeder Sache einen suszitierenden Extrakt, wie er es nannte, und behauptete, es gäbe keine noch so verwickelte Angelegenheit, aus der nicht der Kern mit wenigen Worten herausgeschält werden könne. Man gewöhnte sich allmählich daran, im Lapidarstil zu sprechen, und ich habe schließlich über Gesetzentwürfe von mehr als hundert Paragraphen in zehn Minuten referiert. Die Vorbereitung auf einen solchen Vortrag hatte freilich dann Stunden gekostet. – Sobald der Vortrag beendet war, gab der Fürst, ohne sich einen Moment zu besinnen, seinen Bescheid. Es war erstaunlich, mit welcher Sicherheit er immer sofort die Punkte herausfand, auf die es ankam. Niemals habe ich irgend ein Schwanken in der Entscheidung bei ihm bemerkt. Er wußte immer sofort, was er wollte. Freilich, wenn ihn eine Sache nicht näher interessierte, sagte er auch wohl: »Machen Sie, was Sie wollen.«
Jede Nummer mußte in der Regel in 24 Stunden erledigt werden. Reste gab es nicht in der Reichskanzlei. Es kam aber auch vor, daß der Fürst schon nach einer halben Stunde ein Konzept verlangte, für dessen Ausarbeitung ein gewöhnlich Sterblicher mindestens zwei Stunden Ruhe beanspruchte. Ruhe aber war ein rarer Artikel in der Reichskanzlei. Der Fürst sorgte dafür, daß man beständig in Bewegung gehalten wurde: bald verlangte er eine Auskunft, bald gab er einem einen Auftrag an irgendeinen Minister, der sofort erledigt werden mußte [. . .], bald wünschte er dies oder jenes in den stenographischen Berichten nachgeschlagen zu haben usw. Es ist vorgekommen, daß ich vielleicht zehnmal in einer Stunde zu ihm gerufen worden bin (die Kanzleidiener liefen stets im Trab durch den Saal), und dabei brannte mir unter den Fingern ein Bericht an den Kaiser oder ein Erlaß an einen Staatssekretär, der auf das schleunigste fertiggestellt werden mußte. Das eben war das Aufreibende des Dienstes, daß alles im Galopp ging, und daß für keine Arbeit die erforderliche Muße vorhanden war. Selbst die stärksten Nerven gingen dabei allmählich in die Brüche. Man hat viel davon erzählt, daß der Fürst gegen seine Räte im dienstlichen Verkehr häufig heftig und ausfallend geworden sei. Ich habe nie etwas derartiges bemerkt. [. . .]
Mit ähnlicher Präzision wie in Berlin gestaltete sich der Dienst in Varzin und Friedrichsruh, wenn ich den Fürsten dorthin begleitete. Nur daß wir dort ein etwas sonderbares Leben führten, indem wir die Nacht zum Tage machten. Morgens um 11 Uhr, bis dahin schlief ich, brachten mir die Diener die eingegangenen Postsachen ans Bett, die ich öffnete, las und in verschiedenen Aktendeckeln auf einem Nebentisch unterbrachte. Dann kleidete ich mich an und begab mich ins Frühstückszimmer. [. . .] Zwischen 12 und 1 erschien der Fürst. Während er mit großem Appetit frühstückte, hielt ich meine Vorträge. Ebenso wie in Berlin notierte ich mir am Rande der eingegangenen Sachen seine Entscheidungen. [. . .]

Folgt der Bericht über das Privatleben am Nachmittag.
Um 9 Uhr zog sich der Fürst in sein Arbeitszimmer zurück, und nun begann für mich die Zeit der Arbeit. Die beim Frühstück vorgetragenen Sachen mußten bis Mitternacht erledigt werden. [. . .] Etwa um Mitternacht war Postschluß. Die Diener erschienen, um die Briefe und sonstigen Postsachen zu kuvertieren und zu siegeln. Um halb 1 Uhr war die Tagesarbeit getan. Es folgte die Teestunde im Zimmer der Fürstin, die sich gewöhnlich noch auf Stunden ausdehnte. [. . .]
Seiner Geisteskraft entsprach sein Selbstbewußtsein. Er konnte sich alles zutrauen, tat es aber auch. Dagegen wurde es ihm nicht leicht, ein fremdes Verdienst anzuerkennen. An den Leistungen seiner Ministerkollegen namentlich übte er eine Kritik, die nicht gerade den Charakter nachsichtigen Wohlwollens an sich trug. Sein Selbstbewußtsein, gepaart mit einer starken Dosis Menschenverachtung, verleitete ihn nicht selten, Freunde und Feinde zu unterschätzen. Er sah in den Freunden dann nur willenlose Werkzeuge seiner Pläne [. . .], in seinen Feinden nur Schurken und Dummköpfe. Ich habe nie gefunden, daß er einem Gegner volle Gerechtigkeit hat widerfahren lassen. [. . .] Jeder, auch der kleinste Angriff reizte ihn zur Gegenwehr, und er war stets bereit, einen Nadelstich mit einem Degenstoß zu vergelten. Daß er bei dieser Freude am Kampfe bisweilen mit Kanonen auf Spatzen geschossen hat, läßt sich nicht leugnen.

Aus: »Erinnerungen an Bismarck« von Christoph von Tiedemann. (Der 1836 geborene Jurist war von 1878–1880 Chef der Reichskanzlei, danach Regierungspräsident in Bromberg und später Abgeordneter. Er starb 1907.)

»Der Lotse verläßt das Schiff«. *Nichts konnte die Lage des Deutschen Reiches nach Bismarcks Entlassung durch Wilhelm II. am 20. 3. 1890 trefflicher kennzeichnen als diese Karikatur des Londoner »Punch«.*

entschlossen, dem Deutschen Reich einen »Platz an der Sonne« notfalls militärisch zu erkämpfen. Für ihn waren Prestige des Reichs und monarchisches Prinzip Kehrseiten ein und derselben Medaille. Im Reichstag und in den Parteien konnte er lediglich lästige Einzelinteressen und leidigen Fraktionsgeist sehen. Anders als sein Großvater wollte er allerdings mit dem Kanzler verfahren: »Sechs Monate will ich den Alten verschnaufen lassen, dann regiere ich selbst.« Seine Untertanen hatten nichts dagegen, denn der »Alte« war wenig beliebt. Aber kampflos wollte er sich das Heft trotzdem nicht aus der Hand nehmen lassen.

Keine Trauer an Bord: Der Lotse geht

Bis zur Jahrhundertwende war ein Drittel der reichsdeutschen Bevölkerung in der Industrie tätig. Trotzdem *verringerte* sich der Anteil der Arbeiter am Volkseinkommen zwischen 1870 und 1890 um ganze 55

Prozent. Von der Seite der Besitzenden her gesehen bedeutete diese »Disparität in der Entwicklung der Einkommensverteilung«, wie der Wirtschaftshistoriker Wolfram Fischer vornehm formuliert: die Reichen wurden reicher, den Besitzlosen blieb immer weniger. Unzufriedenheit war an der Tagesordnung, Streiks mit großer Beteiligung nicht selten (z. B. im Mai 1889 im Ruhrgebiet ein großer Bergarbeiterstreik). Die »soziale Frage« (siehe auch Band 9) brachte den schwelenden Konflikt zwischen Kaiser und Kanzler zum Ausbruch. Beide hatten kein Interesse an einer realen Besserstellung der Arbeiter. Aber Wilhelm II. wollte sein sozialpolitisches Programm propagandistisch ausschlachten, auch wenn es lediglich graduelle Verbesserungen im Zusammenhang mit der Frauen- und Kinderarbeit vorsah. Es sollte auf pompösen Kundgebungen des jungen Kaisers Ruhm mehren – in den

Stichworte und Thesen zur Bismarck-Ära

Revolution von oben: Nicht demokratischer Entschluß der Wähler, sondern Übereinkunft der Fürsten führen zur Gründung des preußisch-deutschen Kaiserreichs (1871–1918).

Revolutionsfurcht und Parlamentarisierungstrauma der herrschenden adeligen und großbürgerlichen Eliten werden auf die klein- und mittelbürgerlichen Schichten propagandistisch übertragen und lassen den zunehmenden Machtverlust des Reichstags als gerechtfertigt erscheinen.

Reichsfeindkampagnen: Gegen angebliche Feinde von Kaiser und Reich gibt es Diskriminierungs- und Gesetzeskampagnen (gegen Lothringer, Elsässer, Polen, Welfen, Katholiken, Sozialisten, liberale Intellektuelle, Juden).

Imperialismus: Das Ziel, innenpolitische Spannungen durch Prestige, Arbeitsplätze und Gewinne aus den Kolonien zu entschärfen, schlägt fehl.

Gründerboom, Gründerkrach und langanhaltende Wirtschaftsdepression von 1873–1890 sind bestimmende Faktoren des politischen und sozialpolitischen Handelns.

Innenpolitik im Banne der gesellschaftlichen Klassengegensätze: Extreme Unterschiede von Besitz, Bildung und Macht sollen durch betont prestigeorientierte Außenpolitik überdeckt werden.

Außenpolitische Konstanten: Russisch-englischer und russisch-österreichischer Gegensatz (Balkan, Türkei, Mittelmeer) gefährdet die deutsch-russische Freundschaft; anfängliche außenpolitische Isolierung Frankreichs, das aber bald auf dem Sprung in wichtige, tendenziell antideutsche Bündnisse ist. Zur Friedenssicherung in Europa spielt Bismarck zeitweilig erfolgreich die Rolle des »ehrlichen Maklers«.

Augen des Kanzlers waren derartige Spektakel nur geeignet, die Sozialisten zu ermutigen.

Noch viel konfliktträchtiger war die 1890 fällige Verlängerung des »Sozialistengesetzes«. Der Reichstag lehnte es vor allem aufgrund des umstrittenen Ausweisungsparagraphen mehrheitlich ab – eine Schlappe par excellence für Bismarck, die er nicht mehr mit den sonst erfolgreichen Mitteln auswetzen konnte: Die Auflösung des Reichstags und Neuwahlen verhalfen diesmal nämlich der bisherigen Opposition zu einer deutlichen Mehrheit. Das »Zentrum« bekam 106, die »Freisinnige Volkspartei« 66 und die SPD 35 Sitze! (Obwohl die SPD mit 1,5 Millionen Wählern die meisten Anhänger hatte, erhielt sie durch ein ausgeklügeltes System nur wenige Parlamentsmandate). Damit hatten die Wähler ihre Unzufriedenheit mit der bisherigen Politik dokumentiert, Bismarck fand keine parlamentarische Mehrheit mehr für seine Pläne.

Der Staat sollte seiner Auffassung nach so handeln, als sei er in Notwehr, ein scharfer Kampfkurs gegen alle, die den Staat anders regieren wollten als er, schien ihm nötig. Dazu gehörten die mehrfache Reichs-

Literatur

Bartel, Horst/Engelberg, Ernst (Hrsg.): Die großpreußisch-militaristische Reichsgründung, 2 Bände, Berlin (O.) 1971

Böhme, Helmut (Hrsg.): Probleme der Reichsgründungszeit 1848–1879, Köln/Berlin 1968

Hillgruber, Andreas: Bismarcks Außenpolitik, Freiburg 1972

Rosenberg, Hans: Große Depression und Bismarckzeit. Wirtschaftsablauf, Gesellschaft und Politik in Mitteleuropa, Frankfurt/Main 1967

Schieder, Theodor/Deuerlein, Ernst (Hrsg.): Reichsgründung 1870/71, Stuttgart 1970

Stürmer, Michael: Regierung und Reichstag im Bismarckstaat 1871–1880, Düsseldorf 1974

Wehler, Hans-Ulrich: Das Deutsche Kaiserreich 1871–1918, Göttingen 1975

Wehler, Hans-Ulrich (Hrsg.): Krisenherde des Kaiserreichs 1871–1918, Göttingen 1970

Zechlin, Egmont: Die Reichsgründung, Frankfurt/Main 1974 (Leicht verständlich geschriebenes Taschenbuch)

Zorn, Wolfgang: Wirtschafts- und sozialgeschichtliche Zusammenhänge der deutschen Reichsgründungszeit 1850–1879. In: Historische Zeitschrift 197, 1963 tagsauflösung, Neuwahlen unter massiver Propaganda, ein neues Wahlrecht, das die konservativen Parteien noch stärker begünstigte und – wenn all dies nicht helfen sollte – die Auflösung des gesamten Reiches, seine Neugründung auf der Grundlage absolutistischer Prinzipien (siehe Band 7 und 8). Wilhelm II. war zunächst mit diesen geplanten Kampfmaßnahmen einverstanden, wollte bald darauf aber den Anfang seiner Regierung nicht gleich mit innenpolitischen Konflikten belasten und pfiff den Kanzler zurück. Nachfolgende Reibereien über die Gestaltung der monarchischen »Prärogative« (lat., Vorrechte) und über die Informationspflichten des Kanzlers gegenüber dem Kaiser führten zum endgültigen Bruch. Bismarck reichte sein Entlassungsgesuch ein.

Damit verschwand ein Mann von der politischen Bühne, der von den europäischen Diplomaten als Garant einer gewissen »balance of power«, eines Kräftegleichgewichts geschätzt, von vielen Deutschen wegen seiner zutiefst demokratiefeindlichen Haltung aber wenig geliebt wurde. Seine blinde Verherrlichung von Kaiser, Preußentum und »Ruhe im Lande« hatte eine devote Untertanenmentalität gefördert, ein Klima entstehen lassen, in dem der frische Geist von Toleranz, Diskurs und freier Rede nur wenig gedeihen konnte.

ROLAND VOCKE

Die deutschen Fürstentümer 1871–1918

Ein Bund aus 25 Einzelstaaten – Der bundesstaatliche Charakter der Reichsverfassung – Die »Zaunkönige« im ›Zweiten Reich‹ – Sonderrechte für die größeren Bundesstaaten – Selbstdarstellung der Fürsten.

Was ist des Deutschen Vaterland? ist's Preußenland? ist's Schwabenland? [. . .] ist's Baierland? [. . .] ist's Pommerland?« heißt es in einem einst vielgesungenen patriotischen Lied von Ernst Moritz Arndt aus der Zeit der Befreiungskriege; und der Verfasser, selbst Vertreter des deutschen Nationalstaates, gibt auf diese und andere rhetorische Fragen am Ende die Antwort, »das ganze Deutschland soll es sein!«, wobei er nicht nur an ein gemeinsames – übrigens auch Österreich einschließendes – Reich dachte, sondern auch an die Überwindung des fürstlichen Partikularismus.

Doch als im Jahre 1871 das Reich gegründet wurde, da geschah es in der Form eines Bundes zwischen souveränen Fürsten. Das neue Reich war ein Bundesstaat aus 25 Einzelstaaten, darunter 22 monarchisch regierte Staaten und drei republikanische Stadtstaaten. Hinzu kam noch das sogenannte »Reichsland Elsaß-Lothringen«. Eine Revision der deutschen Landkarte fand also nicht statt; vielmehr übernahm Bismarck, wenigstens der Form nach, die Tradition einer fast tausendjährigen Geschichte, nämlich den fürstlichen Partikularismus.

Der bundesstaatliche Charakter der Reichsverfassung

Dem trug auch die Verfassung des neuen Reiches Rechnung, die am 1. Januar 1871 in Kraft trat. Inhaber der Souveränität war nicht der Kaiser, auch nicht das Volk, repräsentiert im Reichstag. Inhaber der Souveränität waren vielmehr die verbündeten Fürsten und die Senate der drei Freien Städte zusammen. Ihre Vertreter traten im »Bundesrat« zusammen, um dort an der Reichsgesetzgebung teilzunehmen. Das Übergewicht Preußens bei der Stimmenverteilung im »Bundes-

rat« fand wohl, um die kleineren Bundesmitglieder nicht vor den Kopf zu stoßen, keine gebührende Berücksichtigung: Von 58 Stimmen entfielen auf Preußen nur 17; d.h. Preußen konnte ohne weiteres überstimmt werden, was aber in der Praxis kaum eine Rolle spielte.
Gänzlich dem Zugriff des Reiches entzogen waren die meisten Dinge, die den Alltag der Bürger direkt betrafen: Polizei und Justiz, Bildung und Gesundheitswesen, das Wahlrecht bei den Länderwahlen und ein nicht unwesentlicher Teil der Finanzverwaltung blieben den Bundesstaaten. Auf die Sonderrechte, die einzelnen Staaten eingeräumt wurden, soll später eingegangen werden (siehe Seite 64).
Begreiflich, daß mancher liberale Politiker oder Publizist, der vom einheitlichen Nationalstaat geträumt hatte, mit der Neuordnung nicht ganz einverstanden war; begreiflicher noch, wenn wir die deutsche Staatenwelt im einzelnen Revue passieren lassen und sehen, welch eigenartige Gebilde sich bis ins 20. Jahrhundert hielten. Da gab es neben den vier Königreichen Preußen, Bayern, Sachsen und Württemberg die sechs Großherzogtümer Baden, Hessen, Mecklenburg-Schwerin, Mecklenburg-Strelitz, Oldenburg und Sachsen-Weimar-Eisenach. Es folgten fünf Herzogtümer, nämlich Anhalt, Braunschweig, Sachsen-Meiningen, Sachsen-Altenburg und Sachsen-Coburg-Gotha; und ferner sieben Fürstentümer: Reuß ältere Linie, Reuß jüngere Linie, Schwarzburg-Rudolstadt, Schwarzburg-Sondershausen, Lippe, Schaumburg-Lippe und Waldeck. Die ehrwürdigen Hansestädte Hamburg, Bremen und Lübeck (letzteres Schauplatz des Untergangs der »Buddenbrooks« am Ende des 19. Jahrhunderts) kamen als nichtmonarchische Bundesmitglieder noch hinzu.
Eine Sonderstellung nahm Elsaß-Lothringen ein, das keinem Fürstentum angegliedert wurde, sondern als sogenanntes »Reichsland« von Statthaltern regiert wurde. Erst mit der Zeit erhielt es praktisch die Rechte eines Bundeslandes. Aber es gelang der deutschen Verwaltung nicht, die Herzen der Bevölkerung ganz für das Deutsche Reich zu gewinnen, wofür auch die gelegentlich plumpe Ungeschicklichkeit der deutschen Behörden verantwortlich zu machen ist.

Die »Zaunkönige« im ›Zweiten Reich‹

Gewiß waren nach der radikalen Bereinigung der deutschen Landkarte zur Zeit Napoleons nur die größeren Staaten übriggeblieben, doch auch unter denen, die 1871 als Bundesmitglieder dem Deutschen Reich beitraten, gab es noch Gebilde, die, verglichen mit Bayern, Sachsen oder Mecklenburg-Schwerin, von Preußen ganz zu schweigen,

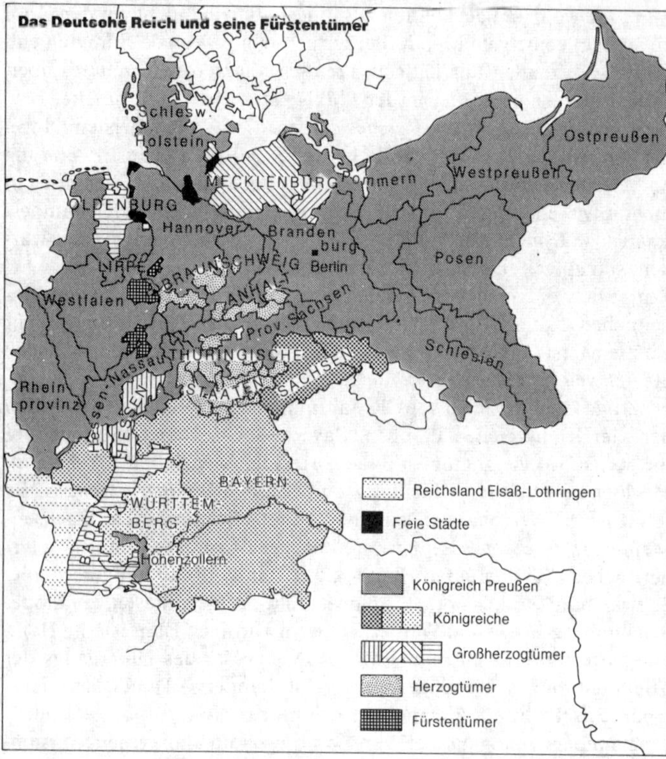

winzig erschienen. Ihnen galt das Witzwort von den »Zaunkönigen«, das ein Diplomat gegen Ende des 19. Jahrhunderts prägte.
Wir nennen als Beispiele etwa die Fürstentümer Reuß jüngere und ältere Linie, die nur 827 bzw. 316 Quadratkilometer umfaßten, oder das Herzogtum Sachsen-Altenburg mit seinen 1323 Quadratkilometern. Hinzu kam, daß manche Kleinstaaten keineswegs ein geschlossenes Staatsgebiet bildeten, sondern vielfach zerrissen und miteinander verzahnt waren, so daß man, um von einem Landesteil in den anderen zu kommen, erst ›fremdes‹ Staatsgebiet durchqueren mußte. Als Beispiel sei hier das Herzogtum Sachsen-Coburg-Gotha vorgestellt, das in mehrere, höchst ungleiche Teile zerfiel. Der Landesteil Gotha mit seiner thüringischen Bevölkerung war ringsum von Preußen umschlossen; das fränkische Coburg, rund 100 Kilometer entfernt, hatte eine lange gemeinsame Grenze mit Bayern. Königsberg in Franken mit ei-

Wissenschaft huldigt dem Fürstenhaus: *Eine Deputation der Leipziger Universität beglückwünscht das sächsische Königspaar zur Goldenen Hochzeit am 7. 11. 1872.*

nem Umland von 15 Kilometern in der Ost-West-Ausdehnung und dazu zwei Parzellen an den Haßbergen waren Exklaven im bayerischen Gebiet.

Merkwürdig zerrissen waren etwa auch die Lande des Großherzogs von Oldenburg, der nicht nur über das Kerngebiet Oldenburg gebot, sondern auch über ein Stückchen Oldenburg in Holstein vor den Toren Lübecks und über ein weit entferntes Fetzchen Land inmitten preußischen Territoriums südlich der Mosel. Übrigens hatte auch das Königreich Bayern mit seiner Pfalz einen Landesteil, der mit der Hauptländermasse keine geographische Verbindung besaß.

Daß die einzelnen Fürstentümer von höchst unterschiedlicher Wirtschaftskraft und Leistungsfähigkeit waren, überrascht weniger als die Tatsache, daß die Bewohner auch höchst unterschiedliche politische Rechte hatten. In vieler Hinsicht noch konservativer als in Preußen war man in den beiden Mecklenburg, wogegen sich die Oldenburger der fortschrittlichsten Verfassung im ganzen Deutschen Reich erfreuten. Das Wahlrecht zum Reichstag war für alle Länder verbindlich.

Zwar hatten die »Zaunkönig«-Reiche, also die 17 allerkleinsten Staaten, zusammen auch 17 Stimmen im Bundesrat, d.h. genausoviel wie Preußen und mehr als die Königreiche Bayern, Württemberg und Sachsen gemeinsam. Aber von einem einheitlichen Handeln, gar in Opposition zu Preußen, konnte selbstverständlich keine Rede sein. Umfang, Bevölkerungszahl, wirtschaftliche Bedeutung, dazu die Personalunion zwischen Kaiser und preußischem Monarchen, die fast ununterbrochene Personengleichheit von Reichskanzler und preußischem Ministerpräsidenten: dies und anderes trug dazu bei, daß in der Praxis die preußische Hegemonie nicht in Frage gestellt wurde. Kaiser Wilhelm II., auch darin anders als sein Großvater Wilhelm I., ließ die kleinen Bundesfürsten die Überlegenheit Preußens nicht selten auch taktlos fühlen.

Sonderrechte für die großen Bundesstaaten

Den größeren süddeutschen Staaten wurde der Beitritt zum Deutschen Reich durch die sogenannten »Reservatrechte« erleichtert, die ihnen bei der Reichsgründung durch Bismarck eingeräumt wurden. So verfügte Bayern über eine eigene Post-, Telegraphen- und Eisenbahnverwaltung und durfte auf den Briefmarken seinen König oder den Prinzregenten Luitpold abbilden. Außerdem gebot, was manche Kritik erregte, der bayerische Souverän, wenigstens in Friedenszeiten, über seine eigene Armee. Der Kaiser, oberster Kriegsherr des Reiches, durfte sich nur von der Einsatzfähigkeit des bayerischen Heeres überzeugen. Ferner schmeichelte es dem bayerischen Prestigebedürfnis, daß das Königreich auch ein paar eigene diplomatische Vertretungen im Ausland unterhielt. Auch das benachbarte Königreich Württemberg genoß gewisse, wenn auch bescheidenere Privilegien, die den Staaten des früheren »Norddeutschen Bundes« (siehe Band 9) nicht zugestanden wurden. Im übrigen erfreuten sich sämtliche süddeutsche Staaten des Vorzugs, die Bier- und Branntweinsteuer selbst erheben zu dürfen.
Mit besonderer Rücksicht behandelte Bismarck den bayerischen König Ludwig II. Als Ludwig noch zögerte, den preußischen König Wilhelm als künftigen Kaiser zu akzeptieren, wandte sich Bismarck brieflich an den »Allerdurchlauchtigsten Großmächtigsten König«, um ihm den Vorschlag zu unterbreiten, dem preußischen König in einem von Bismarck selbst entworfenen Brief die Kaiserwürde anzutragen. Der bayerische König Ludwig II. stimmte dem neuen Kaisertum allerdings erst zu, nachdem Bismarck auch etwas für die Privatschatulle

des baulustigen Königs getan hatte. Der König erhielt nämlich beträchtliche Beträge aus dem sogenannten »Welfenfond«, dem anno 1866 beschlagnahmten Vermögen des vertriebenen hannoverschen Königshauses – ›Schmiergelder‹, mag man einwenden, und nicht zu Unrecht, denn wenig später war Ludwig II. in der Lage, »einen entscheidenden Schritt zugunsten der nationalen Sache tun zu können«, wie er im Brief vom 2. Dezember 1870 an Bismarck hervorhebt. Er gibt aber auch seiner Hoffnung Ausdruck, »daß Bayern seine Stellung fortan erhalten bleibt, da sie mit einer treuen, rückhaltlosen Bundespolitik wohl vereinbarlich ist und verderblicher Zentralisation am sichersten steuert«.

Fürst Heinrich XXII. Reuß ältere Linie

Nicht mit allen Fürsten mußte sich Bismarck so viel Mühe machen wie mit dem Bayernkönig; nicht alle, genauer gesagt: die wenigsten waren aber auch so wichtig wie der Bayer; nicht alle fanden sich auch so rasch mit dem Wandel der Verhältnisse und mit dem Verlust der früheren Fürstenherrlichkeiten ab.

Fürst Heinrich XXII. Reuß ältere Linie, in Witzblättern der Zeit auch Heinrich »der Unartige« genannt, konnte sich Zeit seines Lebens nicht mit der Reichsgründung versöhnen. Sein Widerstand gegen die Zentralgewalt mußte sich allerdings darauf beschränken, daß er den einen Bevollmächtigten seines Landes im »Bundesrat« anwies, gegen alle Gesetze zu stimmen, die der Vereinheitlichung des Reiches dienten, und wenn es nur ein Gesetz zum Schutz gewisser Vogelarten war. Bei den Reichstagswahlen 1877 ließ er durchblicken, daß er es lieber sähe, wenn seine Dienerschaft den sozialdemokratischen Kandidaten wähle als den nationalliberalen, dessen Partei den einheitlichen Nationalstaat vertrat.

Fürst Heinrich XXII. Reuß ältere Linie galt auch in seinem eigenen Land als Sonderling. Wegen seiner zurückgezogenen Lebensweise brachte er es nie zu der Popularität, die andere Fürsten genossen. Aber man schätzte seinen aufrichtigen Charakter und ehrte ihn als Landesvater.

Aus dem Leben an den kleinen Höfen

In keinem der deutschen Kleinstaaten, von den großen ganz zu schweigen, fehlte es an einer eindrucksvollen Selbstdarstellung des fürstli-

chen Hauses durch eine mehr oder weniger aufwendige Hofhaltung und ein sorgsam gehütetes höfisches Zeremoniell, das den Zweck hatte, die Person des regierenden Fürsten und die Angehörigen seines Hauses über die nicht-höfische Welt hinauszuheben bzw. sie fernzurücken. Pyramidengleich baute sich die Rangfolge der fürstlichen Diener von den livrierten Lakaien bis zu adeligen Würdenträgern auf, und noch auf den bescheidensten Diener des Hofes fiel ein Strahl höfischen Glanzes. Peinlich genau wurde auf Rangunterschiede geachtet, wie es auch im schriftlichen Verkehr zwischen den Gekrönten wichtig war, ob man den gleichrangigen mit »Bruder« oder auch »Vetter« anredete, den höher gestellten aber mit »Durchlauchtigster, Großmächtigster König und Herr«, den Kaiser aber mit »Allerdurchlauchtigster Großmächtigster Kaiser und König«.
Der Fürst und die fürstliche Familie bevorzugten in ihren Residenzen in der Regel ein unprätentiöses, ein maßvolles Auftreten, ohne daß allerdings, und zwar wegen der Abschirmung durch die höfische Hierarchie, eine wahrhafte Volksnähe erreicht wurde. Dem »Landesvater« und der »Landesmutter« brachte man Achtung, auch Sympathie entgegen, aber man trat ihnen nicht nahe.
Immerhin hatte die Öffentlichkeit im neuen, d.h. im 20. Jahrhundert durch die Presseberichterstattung am höfischen Leben Anteil. Vorher war Hofberichterstattung wenig üblich gewesen. So erfuhr man durch den Bericht des Journalisten und Dichters Hermann Löns am 21. 1. 1901, daß am Hofball in Schaumburg-Lippe 300 Gäste teilgenommen hatten und daß das Fest »allerliebst zwanglos und heiter anregend« verlaufen sei. Ein reizvolles Bild von einer kleinen Residenzstadt dieser Zeit gibt Thomas Mann in seinem Roman »Königliche Hoheit«.
Militärisches Gepränge gehörte selbstverständlich zum Leben auch in kleinsten fürstlichen Residenzen. Auch dabei spielten Repräsentation und höfisches Zeremoniell eine wichtige Rolle. So hatte in Oldenburg die Schloßwache vor allen fürstlichen Personen des großherzoglichen Hauses zu präsentieren und »Marsch zu schlagen«, nicht aber an Sonn- und Feiertagen, wenn in der benachbarten Kirche Gottesdienst stattfand. In Bückeburg wurden die nichtkonfirmierten Prinzen von der Wache mit geringeren Ehren empfangen als die konfirmierten. Ferner hatten in Bückeburg Personen, die Tabak rauchten, überhaupt keinen Zutritt zum Schloßplatz.
Fragt man, wie die Fürsten, groß oder klein, ihren Aufwand bestritten, dann hört man auch von zähen Verhandlungen und Streitigkeiten zwischen dem Fürstenhaus und der Volksvertretung im Königreich Bayern wie im Fürstentum Lippe um die Einkünfte aus den Staatsdomänen. Bisweilen verfügte der Fürst uneingeschränkt über diese Ein-

Wahlrecht in den Bundesstaaten des Kaiserreiches
Nur für Männer
Königsberg
Danzig
ohne allgem. Wahlrecht
Hamburg
Stettin
Bremen
Berlin
Posen
Münster
Magdeburg
Dortmund
Duisburg
Köln
Kassel
Breslau
Dresden
Chemnitz
Frankfurt
Darmstadt
Nürnberg
Karlsruhe
München
Wahl zum Reichstag des Deutschen Reiches nach allgemeinem und gleichem Wahlrecht
Starkes Eintreten für allgemeines gleiches Wahlrecht
Allgemeines gleiches Wahlrecht
ohne Einschränkung
mit Zweitstimmen für ältere Bürger
nur für Zahler direkter Steuern
mit indirekter Wahl
Allgemeines ungleiches Wahlrecht
mit direkter geheimer Wahl
mit indirekter geheimer Wahl
mit öffentlicher indirekter Wahl

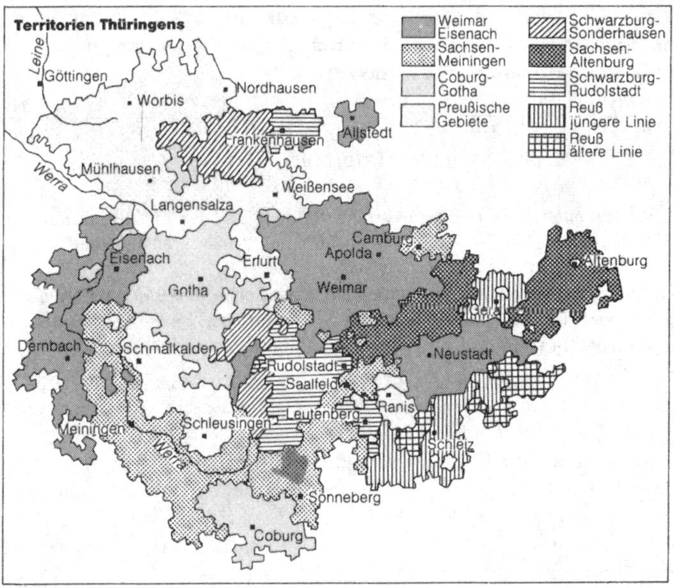
Territorien Thüringens
Weimar Eisenach
Sachsen-Meiningen
Coburg-Gotha
Preußische Gebiete
Schwarzburg-Sonderhausen
Sachsen-Altenburg
Schwarzburg-Rudolstadt
Reuß jüngere Linie
Reuß ältere Linie
Leine
Göttingen
Worbis
Nordhausen
Frankenhausen
Allstedt
Werra
Mühlhausen
Weißensee
Langensalza
Camburg
Apolda
Altenburg
Eisenach
Erfurt
Gotha
Weimar
Gera
Dernbach
Schmalkalden
Neustadt
Rudolstadt
Saalfeld
Ranis
Leutenberg
Meiningen
Schleusingen
Schleiz
Werra
Sonneberg
Coburg

künfte, wie der Großherzog von Mecklenburg-Strelitz; im Fürstentum Lippe erhielt der Fürst diese Einkünfte, zahlte aber einen gewissen Betrag an den Staat. In anderen Fällen zog der Staat die gesamten Einkünfte an sich und zahlte dem Fürsten eine »Zivilliste«, aus der er seinen Aufwand zu bestreiten hatte.

Wohl dem Fürstenhaus, dem es gelang oder gelungen war, durch reiche Heiraten seine Einkünfte zu mehren, wie das Weimarer Fürstenhaus, oder über eigenen Grundbesitz zu verfügen, wie die Fürsten von Schaumburg-Lippe, die im Jahre 1910 auf 500 Millionen Goldmark geschätzt wurden.

Die höfische Welt zerstob, als das Deutsche Reich im Jahre 1918 in die Niederlage und in die Revolution steuerte. Die wenigsten, auch nicht die maßgeblichen sozialdemokratischen Politiker, rechneten damit, daß die deutschen Throne so rasch und ohne großen Lärm wanken und stürzen würden; daß sich kaum eine Hand für die Fürstenhäuser erheben werde und daß die Fürsten selbst ohne ernsthaften Widerstand die Throne räumen würden. Den Anfang machte der bayerische König Ludwig III., der seine Hauptstadt verließ, und dann sanken die Throne dahin vom kaiserlichen Berlin bis zum kleinsten Hauptstädtchen in Thüringen. Immerhin: es rollten keine Köpfe, und in den meisten Fällen trennte man sich ohne Groll und persönlichen Haß. Für diese Fälle dürfte das verbürgte Abschiedswort des sehr unkonventionellen sächsischen Königs Friedrich August III. gegolten haben: »Meine Dresdner tun mir nichts.«

Literatur

Reichhold, Helmut: Bismarcks Zaunkönige. Duodez im 20. Jahrhundert. Eine Studie zum Föderalismus im Bismarckreich, Paderborn 1977

Sante, Georg Wilhelm: Geschichte der deutschen Länder, Territorien-Ploetz, 2. Band: Die Länder vom Wiener Kongreß bis zur Gegenwart, Würzburg 1971

MARGARETE SCHWIND

Zwischen Demokratie und Kanzlerdiktatur Das deutsche Volk im Kaiserreich

Wandel der Bevölkerungsstruktur – Interessen und politische Ideen im Kaiserreich – Soziales Gefüge – Vom Ständestaat zur Klassengesellschaft – Eliten: Adel und Militär – Bürokratie – Der Geist des Militärs im bürgerlichen Alltag – Untertanenmentalität, Nationalgefühl und Pflichtbewußtsein – Deutsche Tugenden?

Der Titel vereint Unvereinbares. Denn Diktatur und Demokratie schließen sich aus wie absolutistische Adelsherrschaft und moderner Industriestaat. Im kaiserlichen Deutschland sollte beides nebeneinander bestehen: Reichstag und monarchisches Prinzip, grundbesitzende adelige Führungseliten und rasch wachsendes Industrieproletariat. Zwischen Unbeweglichkeit und industrieller Dynamik, bürgerlicher Modernität und adeliger Rückständigkeit hätte vielleicht die zahlenmäßig stärkste Wählergruppe, Proletariat und Kleinbürgertum zusammen, mehr Demokratie durchsetzen können. Nicht das preußische *»Dreiklassenwahlrecht« (K, Seite 70)* allein ist jedoch verantwortlich zu machen, daß die Realität anders aussah.

Die Männer zackig, den Schnurrbart nach oben gezwirbelt. Neben ihnen Frauen in üppig formenden Roben aus Taft, rauschend und raschelnd auf der Promenade. Kinder im Matrosenanzug, behütet von Spreewälder Ammen oder Gouvernanten. Sehen und gesehen werden, vielleicht sogar einen Blick des Kaisers auffangen, der »Unter den Linden« ebenfalls seinen großen Sonntagsauftritt hat. Autoritär die Erziehung in Elternhaus und Schule, Drill auf den Kasernenhöfen, gesellschaftliches Leben und Umgangsformen nach strenger Etikette, Vorurteile gegenüber Frauen, Ausländern, Minderheiten. National bis zum Chauvinismus, loyal zu Kaiser und Reich, respektvoll gegenüber jeglicher Obrigkeit, Parlament und Parteien verachtend: Der bürgerliche Untertan im deutschen Kaiserreich – wer glaubt nicht, ihn zu kennen, nach der Lektüre von Heinrich Manns »Untertan«, aus den Karikaturen des »Simplicissimus«? Bierernst und bieder, gehorsam und unkritisch sehen wir ihn in den Ersten Weltkrieg marschieren, fast bis zum Ende siegesgewiß. Der deutsche Bürger, ist er wirklich nicht mehr als dieses kleinbürgerliche Klischee?

»Dreiklassenwahlrecht«

Bei diesem Wahlrecht wurden die Stimmen nach dem Einkommen der Wähler gewichtet: Entsprechend ihren Steuerabgaben waren alle Wahlberechtigten in drei Klassen unterteilt. Jede dieser Klassen repräsentierte ein Drittel des Gesamtsteueraufkommens, so daß die wenigen Höchstverdienenden genau so viele Wahlmänner stellten wie die Mittelschicht und die große Zahl der Arbeiter. Damit war von vornherein eine starke Benachteiligung der Wenigverdienenden, Besitzlosen und Arbeitslosen, also der Kleinhandwerker, Arbeiter, Landbevölkerung gegeben. Die Mehrheit des Volkes unterlag im ›Parlament‹ dem Willen der Minderheit. Mit Recht wurde im westlichen Ausland dieses Wahlrecht als Sinnbild der Reaktion bezeichnet. Das seit 1850 bestehende Dreiklassenwahlrecht galt bis 1918 vor allem in Preußen, aber auch in einigen anderen deutschen Landtagen und Provinzialvertretungen.

Er hatte Zeitgenossen, weniger laut und säbelrasselnd, die andere, wenngleich auch deutsche Traditionen verkörperten: Aufklärung, Liberalismus und Demokratie, Forscher- und Erfindergeist, die Tugend, Fragen zu stellen und Fremdes vorurteilsfrei betrachten zu können. Es gab sie auch, die ›guten‹ Deutschen. Aber eher im Hintergrund: an Universitäten, in gelehrten Zirkeln, bei Zeitungen und Verlagen. Das öffentliche Leben konnten sie aber nur zum geringen Teil prägen, für die politische Kultur waren Adel, Militär und industrielles Großbürgertum tonangebend.

Unvereinbare Verhaltensweisen, unterschiedliche Traditionen und ganz verschiedene Einkommen hielten die Gräben zwischen den großen Fronten offen, wie die Strukturskizze der preußisch-deutschen Gesellschaft zeigt:

Nicht-Seßhafte, Bettler, sozial Deklassierte, Arbeitslose: Existenz nur durch unregelmäßige Zuwendung von privater oder kirchlicher Seite gesichert.

Industriearbeiter und Landarbeiter: Wählen SPD, besonders im katholischen Süden »Zentrum«, denn beide Parteien haben sozialreformerische Ziele. Zuwachs durch »abgesunkene« Handwerker.

Gewerblicher Mittelstand und freie Berufe: Besonders betroffen durch Industrialisierung und Große Depression. Soziales Absinken wird dem Proletariat und dem Großkapital angelastet. Materieller Niedergang sei nur durch staatliche Schutzmaßnahmen aufzuhalten. Politische Heimat: Linksliberalismus.

Mittlere und untere Beamte, Bildungsbürgertum: Geprägt durch Teil-

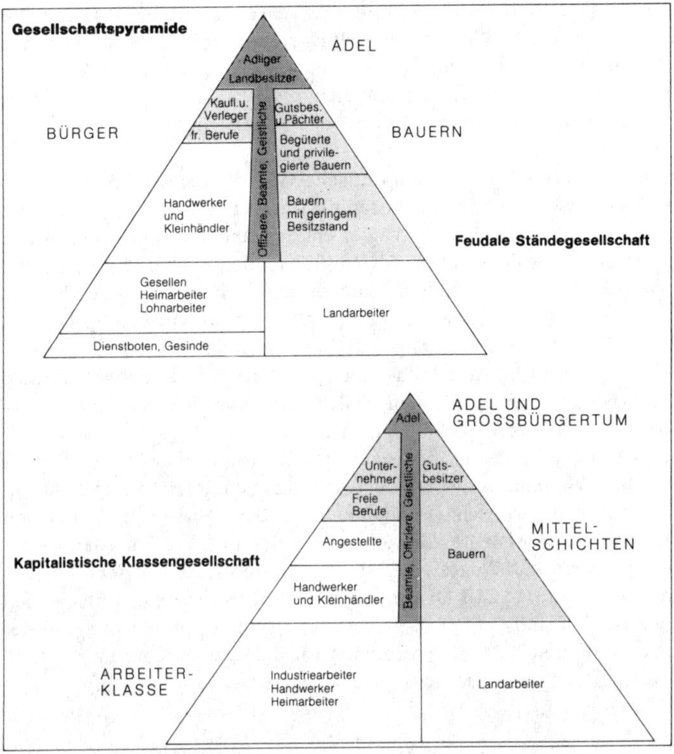

habe an der staatlichen Machtfülle. Orientiert an Lebensformen der Aristokratie, wählen NLP (= Nationalliberale Partei).
Hohe Beamte, Hochschullehrer: Durch ihr hohes gesellschaftliches Ansehen scharf nach unten abgegrenzt. Aufgrund fehlender Geldmittel und adelig-großbürgerlicher Vorbehalte von der Gesellschaftsspitze getrennt. Wählen NLP oder konservativ.
Militär: Höchstes Sozialprestige, frei von parlamentarischer Kontrolle, auf Kaiser (nicht auf Verfassung!) vereidigt; frei auch von öffentlicher Kontrolle (durch eigene Gerichtsbarkeit): Staat im Staate, Distanz zur Bevölkerung, Kastendenken, wählt konservativ.
Adel: Stellt die Mehrheit in den Ersten Kammern der Landtage, bekleidet die Führungspositionen in Politik und Verwaltung, stellt Minister, Diplomaten, Regierungspräsidenten und Landräte. Rechtliche und faktische Privilegierung.

»Spitze« der Gesellschaft: Mittelpunkt ist der kaiserliche Hof, um den sich Aristokratie, Diplomaten, Minister und hohe Militärs scharen. Zugang hat nur noch der reiche ›Jungadel‹, d.h. die geadelten Industrie-, Handels- und Finanzmagnaten, die allmählich den preußischen Landadel ablösen, für den die höfische Repräsentation zunehmend zu teuer wird.
Dieser Überblick zeigt drei politische Grundströmungen. Sie nähern sich in dem Maße Liberalismus und Konservativismus an, wie sich die materiellen Interessen der Wähler entsprechen. Zwischen den beiden Fronten der Besitzenden und Nichtbesitzenden steht eine Vielzahl von Menschen, die nicht eindeutig zuzuordnen sind, weil sie sich ab- oder aufgestiegen fühlen: ehemalige Handwerker, in Konkurs gegangene Kaufleute, verarmte Adelige, kleinste und allerkleinste »Kapitalisten«, selbständig Arbeitende, auch wenn sie in ihrer Lebensführung, Sprache und Mentalität dem proletarischen Milieu nahestehen, von dem sie sich abzugrenzen versuchen.
Das Bewußtsein dieser »Zwischenschichten« war von Angst und Ehrfurcht nach oben, Angst vor dem Absturz nach unten geprägt. *Sie* hätten das demokratische Fundament abgeben können, die zahllosen kleinen Geschäftsleute, Gewerbetreibenden und Werkmeister, niederen Beamten und Angestellten, Polizisten und Unteroffiziere, Facharbeiter, Verkäufer und Dienstmädchen. Aber autonomes Entscheiden bei Wahlen und genügend Selbstbewußtsein gegenüber den von der nächsthöheren Schicht verordneten Idealen waren keine Lernziele in den Schulen des kaiserlichen Deutschland.

Kleine Bevölkerungsstatistik
Binnenwanderung und Verstädterung

Zwischen 1871 und 1914 wuchs die deutsche Bevölkerung von 41 auf 65 Millionen – zugleich Folge *und* Begleiterscheinung der Industrialisierung. Da anfänglich zu wenige Arbeitsplätze vorhanden waren, mußten zwischen 1871 und 1890 2,3 Millionen Deutsche auswandern. Erst ein Konjunkturaufschwung in den neunziger Jahren machte die ja meist als schicksalhaft-hart empfundene Emigration überflüssig. Mit der Hochkonjunktur wird aus dem Auswanderungs- ein Einwanderungsland: Jährlich kommen nun etwa eine Million Saisonarbeiter aus Italien, Polen und Rußland, nach 1905 leben Ausländer in dieser Anzahl ständig in Deutschland.
Seit der Jahrhundertwende hatte man Vollbeschäftigung. Und seit diesem Zeitpunkt spätestens war Deutschland ein Industrieland. 1871

Geborgen in den Normen bürgerlichen Wohlbefindens: *Oben links: Deutsches Ehepaar, Hamburger Atelierfoto um 1900. – Rechts oben: Entzücken der ›höheren Tochter‹ hinter der Salontür: Der Husarenoffizier hält bei den Eltern um ihre Hand an. Genrebild von K. Eckwall (1880). Unten: Göttinger Burschenschafter um 1900.*

war das Verhältnis der in der Landwirtschaft Beschäftigten zu den in Industrie, Verkehr, Handel, Banken und Versicherungen Beschäftigten 8,5 zu 5,3 Millionen gewesen; 1880 bereits 9,6 zu 7,5 Millionen und 9,6 zu 10 Millionen im Jahr 1890. Und die Industrie sollte auch weiterhin größere Bevölkerungsanteile aufnehmen.
Welch ein Unterschied zur Reichsgründungszeit um 1871: Knapp zwei Drittel der Bevölkerung lebten damals auf dem Land, lediglich 36,1 Prozent in städtischen Gemeinden; es gab nur acht Städte mit mehr als hunderttausend Einwohnern. Im Verlauf von vier Jahrzehnten drehte sich dieses Verhältnis um: 60,1 Prozent der Deutschen lebten und arbeiteten nun in Städten, von denen 33 mehr als hunderttausend Einwohner hatten. Die schlesischen, mitteldeutschen und südwestdeutschen Städte waren vor allem durch Zuzug aus der ländlichen Umgebung gewachsen. Dagegen stammten die Neubürger in Berlin seit 1860 und im Ruhrgebiet seit 1880 aus Pommern, Ost- und Westpreußen, den Provinzen Posen und Schlesien. Eine Folge dieser Binnenwanderung und Verstädterung war: Das Wirtschafts- und Bevölkerungsschwergewicht verschob sich grundlegend von Ost nach West. Die preußischen Ostprovinzen wurden ärmer.

Gründerboom und Gründerkrach

Die Folgen der Reichsgründung (Wegfall der Zollschranken, Reparationen aus Frankreich) hatten die seit 1866 andauernde Phase der Hochkonjunktur günstig beeinflußt. Der Optimismus dieser Jahre zeigte sich in der raschen Gründung zahlloser Fabriken und Aktiengesellschaften, Banken und Versicherungen. Kühne Börsenspekulationen und wagemutige Geldgeschäfte brachten vielen unerwarteten Reichtum. Ökonomischer und gesellschaftlicher Aufstieg war möglich geworden. Aber der Traum vom großen Geld endete 1873 jäh mit Bankenkrach und Börsensturz. Bis 1879 hielt dann eine schwere Wirtschaftsdepression an. Die Angst des Besitzbürgertums vor einer drohenden Sozialrevolution mußte wachsen: denn die Kehrseite des blitzartig anwachsenden Reichtums auf der einen Seite waren Streiks auf der lohnabhängigen anderen Seite: 631 Streiks allein in den ersten drei Jahren! Nach dem Ende der optimistischen Wirtschaftsentwicklung reagierten die Fabrikbesitzer mit Lohnkürzungen, Entlassungen oder Kurzarbeit und produzierten eine dumpfe Atmosphäre aus Unzufriedenheit, Aussichtslosigkeit und Angst. Nur Alkohol und triviale Lesestoffe waren erschwinglich und verhalfen zur Flucht aus dem trostlosen Arbeitsalltag. Der Geist der Revolution steckte nicht in den Köp-

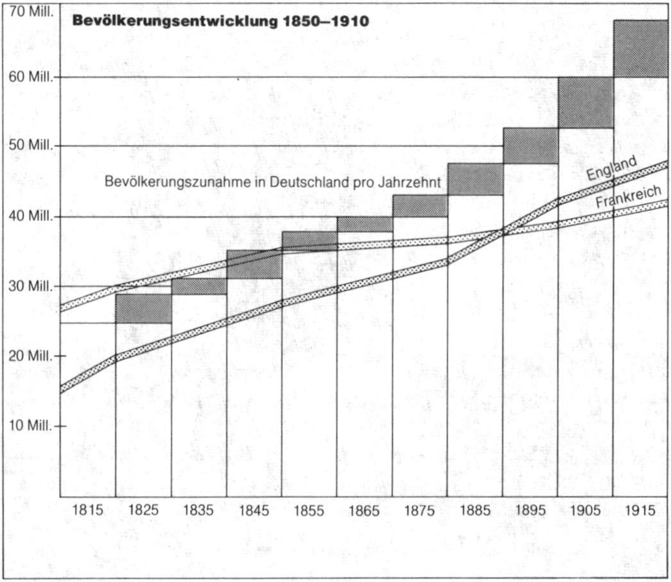

fen der Arbeiter, auch wenn in bürgerlichen Gazetten kein Tag verging, ohne daß von ihm die Rede war.
Das Deutsche Reich war durch die Finanz- und Bankenkrise 1873 endgültig zu einer Klassengesellschaft geworden, in der nicht mehr Herkunft oder Stand darüber entschieden, welcher gesellschaftlichen Gruppe jemand angehörte, sondern wo zunehmend Vermögen und Besitz die Chancen des einzelnen und sein gesellschaftliches Ansehen bestimmten.

Viel Besitz, wenig Bildung: Eliten im Kaiserreich

Noch 1917 stellte Walther Rathenau, als AEG-Chef in Personalfragen beschlagen wie wenige, fest: »Die Sonderung der Stände ist bei uns so scharf, daß ich nur *einmal* in dreißig Jahren den Fall erlebt habe, daß ein Arbeiter und Arbeitersohn zu einer hohen bürgerlichen Stellung aufstieg.« Mit der vertikalen Mobilität, dem Aufstieg von unten nach oben, war es also nicht weit her, obgleich ja einige den Sprung zum Fabrikbesitzer geschafft hatten, »vornehm« und vermögend geworden waren. Wo plötzlich noble Villen gebaut, Fronten mit pompösem

Leben im Spannungsfeld zwischen Armut und Reichtum.
Links: Arbeiterfamilie im Hof Brauerknechtsgraben 23 (»Langer Jammer«), Hamburg, um die Jahrhundertwende. – Oben: Parochialstraße, Berlin. – Unten: Borsig-Palais Berlin, Wilhelm-Platz/Ecke Voss-Straße, 80er Jahre des vorigen Jahrhunderts.

Aus der »Gartenlaube« 1893: Am Theetisch

Die Damen hatten im Boudoir der Generalin gespielt, im Salon war der Theetisch gedeckt worden, neben welchem Martin in dienstlicher Haltung wartend stand. Es war noch eine Excellenz vorhanden, aber eine von allerneuestem Datum, deren Adel zudem erst in der dritten Generation bestand – mit den Guttenbergs also gar nicht zu vergleichen! Man gruppierte sich unter peinlichster Wahrung des Ranges um den Theetisch, Martin servierte tadellos. Frau Generalmajor von Bienenfeld, die älteste Freundin des Hauses, gab der »neuen Excellenz« flüsternd einige Weisungen – diese wünschte zu wissen, wo in aller Welt die liebe, theure Excellenz Guttenberg diesen Neffen her habe. »Nicht wahr?« fragte die Generalin, die alles gehört hatte, leise, »er kann sich immerhin sehen lassen? Ich versichere Sie, er wirkt sogar im Salon unter meinen Offizieren, er macht eine so gute Figur, und ich kann es meiner verstorbenen Kousine noch heute nicht verzeihen, daß sie den hübschen, aufgeweckten Jungen nicht ins Kadettenhaus gab. Er hätte wirklich Anlagen zum Offizier gehabt und könnte jetzt in kurzer Zeit Major sein, wenn mein Vetter Guttenberg sich für ihn interessiert hätte. Statt dessen nun [. . .] Gott, ja, ein Professor ist nichts Schlechtes, es hätte schlimmer kommen können – aber glauben Sie, liebe Excellenz, er ist zu meiner Gesellschaft zu haben? Kein Gedanke! War zweimal da, wurde gut behandelt, ich möchte sagen bevorzugt von meinen Offizieren – sie haben ja nun 'mal ein Monopol auf die tadellosesten Manieren, unsere Herren! – aber wer nicht wiederkam, war mein Herr Neffe. Na, schließlich ist es sein eigner Schade, wenn er nicht in die besten Kreise hinein will!« Excellenz von Rosen holte ihren Zwicker hervor und sah sich den merkwürdigen Menschen, der solch ein Glück verschmähen konnte, unverwandt an. Der Professor fand dies Anstarren unpassend, er neigte sich ein wenig gegen die Dame vor und sagte in verbindlichem Ton: »Excellenz befehlen?« – »Ich, o, nichts!« Die Generalin ließ das Augenglas fallen und wandte sich lebhaft an ihre Nachbarin. »Liebste Frau Oberst, wir sprachen vorhin von dem entzückenden Menschen, dem kleinen Geyer – wo ist er doch geblieben?« – »Zu den rothen Husaren nach Straßburg versetzt!« – »O, o, meine beste Frau Oberst!« ließ sich Excellenz Guttenberg in strafendem Ton vernehmen. »Wie können Sie die rothen Husaren nach Straßburg bringen? Die stehen ja in Rathenow!« Beschämt sah die Frau Oberst diesen bösen Irrthum ein. »Der kleine Geyer hat neuerdings wieder geerbt. Sein Vetter George ist beim Derbyrennen mit dem Pferde gestürzt, und Ulrich war der nächste Anverwandte.« – »Was Sie sagen! Ueberdies heißt es, der Kleine soll demnächst Bräutigam werden – die schwarze Lulu F . . . Sie wissen! Wirklich kolossal!« – »Wenn es wahr ist!« – »Ich pflege aus sehr guten Quellen zu schöpfen.« Excellenz Guttenberg richtete sich noch steifer im Rücken auf als bisher. »Ich stehe ja im Briefwechsel mit der Tante des kleinen Geyer.«

»Wer ist denn eigentlich dieser kleine Geyer?« fragte der Professor dazwischen, den das lange Gespräch über eine ihm gänzlich unbekannte Persönlichkeit verdroß. Seine Tante fand den nachlässigen Ton dieser Frage unstatthaft. »Ein sehr distinguierter junger Mann aus vorzüglichem Haus. Die Geyers von Geyerstein

sind eine sehr alte Familie – verschwägert mit den Grafen Trutzberg, nahe verwandt mit den Falkenaus – Ulrichs Mutter ist eine Komtesse Falkenau –« – »Von der Wartenburgischen Linie«, schaltete die neue Excellenz ein, um ihre Kenntnisse zu beweisen. Die alte Excellenz sah sie mitleidig an. »Von der Hillsdorfischen Linie, Beste, ich weiß es genau!« – »Sollte ich mich da irren? Verzeihung, liebe, liebe Excellenz, aber ich fürchte, diesmal behalte ich recht!« Die Generalin hatte nur ein mildes, überlegenes Lächeln. »Martin – holen Sie den Gothaer! Sie wissen, wo er liegt, dicht neben der Rang- und Quartierliste!« – »Befehl, Excellenz!« Eine feierliche Pause. Der Gothaische Almanach wurde gebracht, mit kundiger Hand blätterte die alte Excellenz nach. »Geyer – Geyer-Trutzberg, Geyer-Falkenau . . . bitte, wollen Sie sich überzeugen: hier – Falkenau-Hillsdorf, da haben Sie es Schwarz auf Weiß!« Die neue Excellenz murmelte eine demüthige Entschuldigung.

Aus der Novelle »Um meinetwillen« von Marie Bernhard

Stuck verziert, Räume mit Möbeln nach barockem und gotischem Vorbild repräsentativ gestaltet wurden, war meist schon beträchtlicher Besitz dagewesen. Mit dem neuen Reichtum wurden adelige Lebensformen nachgeahmt: Man erwarb Rittergüter im Ostelbischen, verheiratete die Töchter mit Adeligen, schlüpfte in Formen adeliger Etikette wie in eine zweite Haut. Dieser äußeren »Verkleidung«, der Abkehr von der Bescheidenheit der Biedermeierzeit, entsprach die Veränderung des politischen Bewußtseins: Hatte das Besitzbürgertum der 1860er Jahre tapfer liberale Errungenschaften *gegen* den König verteidigt, hatte es sich wie seine bildungsbürgerlichen Mitstreiter die staatliche Einheit nicht anders vorstellen können als versehen mit allen parlamentarischen Errungenschaften bürgerlicher Emanzipation – so drehte es spätestens seit den Bismarckschen Erfolgen auf den Schlachtfeldern von Königgrätz (1866) und Sedan (1870) die Parole um: Es paktierte mit dem konservativen Gegner und forderte von ihm, er solle nur erst die staatliche Einheit schaffen, ganz gleich wie, mit der Zeit werde dann auch die parlamentarische Freiheit kommen. Auch der pointierte Antiklerikalismus war seither passé: im Schatten des Bündnisses von Thron und Altar ließ es sich hochmoralisch leben, fernab jeglicher Gefährdung durch »freisinnige« Gedankengänge.

1866 hatte der Liberalismus abgewirtschaftet. Die Mehrheit des Bürgertums unterstützte die konservative Wandlung der NLP um so lieber, als die offizielle Politik bis 1878 seinen freihändlerisch-liberalistischen Wirtschaftsinteressen entgegenkam. Trotzdem wäre es heute falsch zu behaupten, nur ökonomische Erfolge hätten den Ideenwandel im Bürgertum bedingt. Bereits in der frühen Phase der Industrialisierung nach 1850 war der Standpunkt aufgegeben worden, wonach politisches Handeln ideellen Prinzipien zu folgen hätte! Bismarck war auch nicht der »Erfinder der Realpolitik«, sondern eher ihr Vollstrekkungsgehilfe.

Schlagkraft nach außen und innen: Die Armee

Die größten rechtlichen und sozialen Privilegien genoß der Adel in der Armee. Um 1865, beispielsweise, waren 65 Prozent aller preußischen Offiziere adelig, 1913 immerhin noch 30 Prozent. Insgesamt galt die Faustregel »je höher der militärische Rang, desto größer der Anteil des Adels; je niedriger der Rang, desto größer der Anteil der Bürgerlichen«.

Dazu kam: Nicht nur, daß der Adei eine Sonderstellung im Heer hatte

– die Armee hatte eine Sonderstellung im Staat. Sie war weitgehend der Kontrolle des Reichstags entzogen. Vor allem die Frage, wieviele Männer im Frieden unter Waffen zu stehen hatten, entschied, wie im 18. Jahrhundert, ganz allein der Kaiser. Und die Armeestärke erhöhte sich zwischen 1880 und 1913 um fast 100 Prozent. Dabei steigerten sich gegen den Willen des Reichstags, der den Haushalt nur beschränkt mitbestimmen durfte, die Ausgaben für die Armee gewaltig, nämlich um 360 Prozent!

Unterstützung fanden die häufigen Heeresverstärkungen beim industriellen Großbürgertum, das an ihnen gut verdiente. Je mehr es zu Geld kam, desto nachdrücklicher identifizierte es sich mit dem Adel und dessen gesellschaftspolitischen Vorstellungen. Auch Bürgersöhne wählten den Offiziersberuf, die Väter bemühten sich bei Hofe um Titel, Orden und Adelsprädikate. Großbürgertum und Adel wurden zur Führungsschicht, ideologisch auf Abwehr von Sozialismus und Liberalismus, wirtschaftlich auf *Solidarprotektionismus (K, Seite 32)* eingeschworen.

Gewandelt hatten sich im Sog der gesellschaftlichen Hochschätzung von Militär und militärischen Wertmaßstäben auch Bildungsbürgertum und gewerbetreibender Mittelstand. Sie hatten im Vormärz und während der Revolution 1848 selbstbewußt für Demokratie, Frieden und Freiheit gekämpft (siehe Band 9). Als »Zivilisten« fühlten sie sich nun unterlegen, erst das »Reserveoffizierspatent« war für sie so etwas wie eine Ersatznobilitierung. Noch 1910 wird im »Hauptmann von Köpenick« gesagt: »Der Mensch fängt erst beim Oberst an.« Und der Schwarm aller Bürgertöchter blieb über dieses Datum hinaus der schmucke Leutnant.

Man dachte sich allmählich nicht mehr viel dabei, daß alle Reichskanzler im Reichstag Uniform trugen, fand es selbstverständlich, daß an der königlichen Tafel der Reichskanzler und Major Bethmann Hollweg unterhalb der Obersten und Generale Platz zu nehmen hatte, und man wich tagtäglich bereitwillig aus, wenn man irgend jemandem in Uniform auf der Straße begegnete. Die bewußte Abschließung des Militärs zur Kaste wurde weithin akzeptiert und für richtig befunden. Denn nur »durch Bildung einer festen Gemeinschaft des Offiziersstandes« könne man die Armee für den Kampf der »Besitzlosen gegen die Besitzenden« schlagkräftig halten, d.h. garantieren, daß die Armee »bedenkenlos die Kanaille zusammenschießt«. So Graf von Waldersee, Nachfolger Moltkes, ein Mann, der wußte, welchen Ängsten er Ausdruck verlieh: der Angst vor der »roten Gefahr«, die nur zu mildern war, wenn das Heer auch als schlagkräftiges Kampfinstrument nach innen einsetzbar war. Damit schließt sich der Kreis: notorische

Text der Zeit

Verhaltensregeln für den Reserveoffizier (1911)
Anleitungen durch Max Menzel

[. . .]die Standesehre und ihr Hochhalten ist auch im »Beurlaubtenstand« eine Notwendigkeit für den Offiziersstand [. . .], um diesen zu befähigen, seine hohen Aufgaben, Verteidigung von Thron und Vaterland gegen äußere und innere Feinde, mit Erfolg lösen zu können. [. . .] Der Anzug im bürgerlichen Leben muß der Würde des Offiziersstandes entsprechen; er ist standesgemäß, wenn er die Uniform eines anderen Kameraden neben sich verträgt, ohne Mißklang hervorzurufen. Ganz ungewöhnliche Trachten wollen sich nicht recht mit der Würde des Standes vertragen.
Solider Lebenswandel muß von den Reserveoffizieren verlangt werden; Ausschweifungen aller Art sind zu vermeiden. Der Offizier übe vor allen Dingen Selbstbeherrschung; mit der Herrschaft über sich selbst beginnt die Befähigung zum Befehlen. [. . .]
Der Offizier soll ein wahrer Christ [. . .] sein und dieser Gesinnung auch durch den Kirchenbesuch öffentlich Ausdruck verleihen. Der Reserveoffizier, der als Gutsbesitzer, als Assessor, als Steuerbeamter die Kirche besucht, wirkt auf seine Leute, auf die Bauern,[. . .] die Unterbeamten, kurz auf seine Umgebung in demselben Sinne günstig ein und erfüllt auf diese Weise zugleich auch eine hohe aktive Standespflicht neben seiner ihm obliegenden Christenpflicht. [. . .]
Daß der Reserveoffizier zu den staatserhaltenden, königstreuen Parteien gehört, ist wohl selbstverständlich; denn ein andrer Standpunkt verträgt sich schlechterdings nicht mit dem Fahneneide. Ein Reserveoffizier, der die Kühnheit besäße, als Führer oder Mitglied einer Partei aufzutreten, die die Königstreue ableugnet, muß seiner Offizierswürde entkleidet werden!
Das Gehenlassen von ehedem hat doch einer gesünderen Regung Platz gemacht, man verlangt heutzutage vom Reserveoffizier als Betätigung seiner Standespflicht nicht nur persönlich eine königstreue Wahl, sondern auch in gewisser Beziehung politischen Einfluß. Wenn mir ein Staatswesen Stellung, Ansehen und Würde gibt, die mich aus der Masse herausheben, so bin ich auch politisch zu einer Gegenleistung verpflichtet. Nur Mattherzige oder Nichtdeutsche mögen anders denken!

Aus: Max Menzel: Der Infanterie-Einjährige und Offizier des Beurlaubtenstandes. Berlin 1911

Angst der bürgerlichen Kreise vor Übergriffen der »Proleten« auf ihr Hab und Gut, Ruf nach dem starken Staat, sichtbar im starken Heer, Übernahme des militärischen Wert- und Normenkodex.

Das eiserne Netz der Bürokratie

»Gleich dem Heere«, dekretierte Heinrich von Treitschke (* 1834, † 1896), politischer Publizist und Reichstagsabgeordneter, »ist auch unser Beamtentum eine wesentliche Stütze der Monarchie.« Und weil das Beamtenverhältnis nicht bloß ein Arbeitsvertrag sei, sondern ein »Treuevertrag«, der die ganze Person umfasse (durch den Eid beschworen), waren sozialdemokratische Beamte für ihn und andere eine Unmöglichkeit.

Der Soziologe Max Weber (* 1864, † 1920), der vier Jahrzehnte preußisch-deutsche Verwaltungsgeschichte unmittelbar miterlebt hatte, charakterisierte sie so: Schematisch geregelte Organisationsabläufe, Rationalität und Berechenbarkeit bei Planung, Kontrolle und Korrektur, geregelter Instanzenzug, deutliche Trennung und Zuweisung der Kompetenzen, feste Hierarchien; verbindliche Kriterien regelten Ausbildung, Prüfung und Qualifikation, desgleichen Beförderung und allgemeine Rangordnung für den einzelnen Beamten; krisensichere Gehälter, Pensionen und rechtliche Vorzüge sicherten die Treue der »Staatsdiener« zu ihrem Arbeitgeber, förderten selbst beim kleinsten Postbeamten das Gefühl, in Uniform ein Quentchen Staatsmacht zu vertreten.

Wie Max Weber auch herausfand, garantierte die bürokratische Organisation allerdings nicht den höchsten Grad an Effizienz: Laufbahndenken und Dünkel nach außen bei angepaßtem Verhalten gegenüber Vorgesetzten verhinderten eher Erfindungsreichtum und Spontaneität, blockierten bewegliches Reagieren auf Unvorhersehbares. Zähes Festhalten an standardisierten Dienstvorschriften war die Regel, das Image der Beamten nicht zuletzt deshalb bei denen, die sie verwalteten, schlecht. Pünktlichkeit, Unbestechlichkeit und diszipliniertes Verhalten konnten es nicht aufbessern. Obwohl die Zeiten der offenen Bestechlichkeit längst vorüber waren, konnten die Beamten subtilere Formen der Bevorzugung nicht vermeiden: Vor den Schranken der Justiz wurden Adelige und Militärs gleicher als gleich, entsprechend ihrer traditionellen rechtlichen und faktischen Privilegierung behandelt. Es ist nicht verwunderlich, daß der gesellschaftlichen Elite die Unterwürfigkeit der Bürokratie behagte, obwohl der Staat durch eine selbstbewußtere und autonome Bürokratie besser bedient gewesen wäre.

Die »Schule der Nation«.
Oben: Durch die Straßen von Berlin zur Kaserne marschierende Rekruten – noch in Zivil, aber schon im Gleichschritt und unter Führung von Unteroffizieren. (1909). –
Unten: Ausbildung der »Berliner Jugendwehr« (1901).

Drill, Gehorsam, Ordnung und Disziplin.
Oben: Ausbildung an Mörsern der Feldartillerie (um 1910). –
Unten: Mannschaftsraum der »Neuen Wache« in Berlin (1901). –
Militarisierung des Lebens, aber auch Ausbildungsmöglichkeiten und das Erlebnis der Gemeinschaft bestimmten für viele das Bild des Soldatenlebens.

»Michel und sein Beschützer«:
Karikatur auf die Rolle des ›verhätschelten‹ Militärs und des wachsenden Militarismus. Aus: »Der wahre Jacob«, Stuttgart.

Der Geist der Zeit

Staaten und Epochen sollten nicht nach der Effizienz ihrer Verwaltungen beurteilt werden, sondern eher nach der *politischen Kultur,* d.h. nach dem Grad der persönlichen Freiheit für die Staatsbürger und deren mündigem politisch-sozialem Handeln und Denken.
Hier ist es nötig, ein wenig über Epochengrenzen hinauszugreifen, um die Weiterentwicklung der untersuchten Strukturen zu erkennen. Das Bismarck-Reich war durch Verfassung und parlamentarische Einrichtungen demokratischer als die einzelstaatlichen Regierungen der vorausgehenden »Reaktionszeit«. Die Mentalität der Reichsbürger war von diesem Prozeß der Demokratisierung seltsam unberührt geblieben. Nicht emanzipierte Staatsbürger begegnen uns bei der Rückschau, sondern häufig Menschen, die den in Schule, Beruf und Familie gültigen autoritären Normen fast enthusiastisch Beifall zollten. Sich-Fügen fiel ihnen leichter als Protest.
Zäh hielten sich überkommene Vorurteile, die durch Aussagen prominenter Politiker und angesehener Wissenschaftler neue Nahrung bekamen. Bismarcks Satz »Haut doch die Polen, daß sie am Leben verzagen« oder die pseudowissenschaftlichen, ungemein populären »Analysen« über den »physiologischen Schwachsinn des Weibes« sind nur zwei Markierungen aus der Geschichte der Vorurteile, die überall da praktisch wurden, wo gesellschaftlichen Gruppen bürgerliche Rechte vorenthalten wurden: den Polen und Dänen im Reich das Recht auf

Der »Alldeutsche Verband«

Als Antwort auf den als schmachvoll empfundenen Austausch der deutschen Kolonie Sansibar gegen das unter englischer Herrschaft stehende Helgoland kam es unter maßgeblicher Initiative Hugenbergs zur Gründung des »Allgemeinen Deutschen Verbandes«. Nach Zusammenschluß mit dem ebenfalls nationalistischen »Carl-Peters-Kreis« entstand 1894 der »Alldeutsche Verband«, der sich als Hüter deutscher Interessen verstand. Aus den Zielsetzungs-Mitteilungen des Verbandes zu seiner Gründung:
»1. Belebung des vaterländischen Bewußtseins in der Heimat und Bekämpfung der nationalen Entwicklung entgegengesetzten Richtungen.
2. Pflege und Unterstützung deutsch-nationaler Bestrebungen in allen Ländern, wo Angehörige unseres Volkes um die Behauptung ihrer Eigenart zu kämpfen haben, und Zusammenfassung aller deutschen Elemente auf der Erde für diese Ziele.
3. Förderung einer tatkräftigen deutschen Interessenpolitik in Europa und Übersee, insbesondere auch Fortführung der deutschen Kolonialbewegung zu praktischen Ergebnissen.
Deutsche in der Heimat und in der Fremde! Indem wir Euch einladen, an diesen Arbeiten teilzunehmen, sind wir durchdrungen von der Überzeugung, daß unser Volk, indem es die Erhaltung und Ausbreitung deutschen Geistes auf der Erde betreibt, damit am wirksamsten auch den Bau der Weltgesittung fördert. Denn unsere deutsche Kultur bedeutet den idealen Kern menschlicher Denkarbeit, und jeder Schritt, welcher für das Deutschtum errungen wird, gehört demnach der Menschheit als solcher und der Zukunft unseres Geschlechts.«

Ein Beispiel für rassistische Tendenzen in den »Alldeutschen Blättern«. Aus einem Beitrag von K. F. Wolff (1913):
»Die rassenbiologische Weltanschauung sagt uns, daß es Führerrassen und Folgerassen gibt. Die politische Geschichte ist nichts weiter als die Geschichte zwischen den Führerrassen. Insbesondere sind Eroberungen stets ein Werk von Führerrassen; die Folgerassen, die an Menschen stets viel reicher sind, werden nur mitgeschleppt. Wo in aller Welt steht geschrieben, daß die erobernde Führerrasse die Verpflichtung hat, den Besiegten nach einiger Zeit politische Rechte zu gewähren? Bildet nicht die Ausübung politischer Rechte einen Vorzug, der eben den Führerrassen biologisch zukommt? [...] Solche Menschen können erobern, dürfen erobern, sollen erobern! Und sie sollen auch Herren sein, sich und den anderen zu Nutz und Frommen! Das gilt für die Neuzeit genau so gut wie für das Altertum. Denn nicht Vernichtung, sondern Höherentwicklung bedeutet das Hereinbrechen einer hochgesinnten Edelrasse; sie dient dem Herrn der Heerscharen, und was sie tut, ist ein Erlöserwerk.«

eigene Kultur und Sprache, den annektierten Elsässern das Recht auf politische Mitwirkung, den Frauen das Recht auf Bildung und Gleichberechtigung, den kolonialisierten Völkern jegliches Menschenrecht. Lesbische Frauen und homosexuelle Männer wurden strafrechtlich verfolgt. Psychisch Kranke, Zigeuner und Farbige waren nicht nur beliebte Sujets von Herrenwitzen. Viel schlimmer war, daß sie stigmatisiert wurden und gegen ihren Willen am Rand der Gesellschaft leben mußten. Frauen hatten weder aktives noch passives Wahlrecht, sie besaßen keine Unterschriftsberechtigung, mußten den Ehemännern sogar die Verwaltung des eingebrachten Vermögens überlassen. Nicht genug, daß sie auf die Mutter- und Hausfrauenrolle beschränkt waren, wurden sie dazu erzogen, männliche »Überlegenheit« anzuerkennen und zu begrüßen. Gesellschaftlich repräsentierte die Frau den Rang des Mannes, hatte so aufzutreten, daß er sich mit ihr »sehen lassen« konnte. Weil der Mann »draußen« kämpfte, fiel ihr die Gestaltung des gemütlichen Heims zu. Hier konnte er so, mit sich selbst identisch, die Pantoffeln anziehen und das ablegen, was die Öffentlichkeit von ihm forderte: Unterordnung und Respekt vor jeglicher Obrigkeit.
Die Untertanenmentalität des späten 19. Jahrhunderts ruhte fest auf den autoritären Strukturen von Familie, Schule und Arbeitsplatz und erhielt täglich ihre Nahrung aus öffentlich propagierten Feindbildern. Neger, Juden und Zigeuner, aber auch Politiker und Intellektuelle, Liberale und Sozialisten, der »Erbfeind« Frankreich und überhaupt »das Ausland« gehörten damals dazu. Nationalistische Überheblichkeit nährte das Kolonialfieber und den Imperialismus der Wilhelminischen Zeit, beflügelte die Träume der »Alldeutschen« und fand schließlich seine entsetzliche Steigerung in den Weltmachtplänen Hitlers.

Literatur

Claessens, Dieter und Claessens, Karin: Kapitalismus als Kultur, Frankfurt/Main 1979

Hamann, Richard/Hermand, Jost: Epochen deutscher Kultur. Von 1870 bis zur Gegenwart. Band 1: Gründerzeit, Frankfurt/Main 1977

John, Hartmut: Das Reserveoffizierskorps im Deutschen Kaiserreich 1890–1914, Frankfurt 1981

Ritter, Gerhard A. (Hrsg.): Das Deutsche Kaiserreich 1871–1914. Ein historisches Lesebuch, Göttingen 1977

Sternberger, Dolf: Panorama oder Ansichten zum 19. Jahrhundert, Frankfurt/Main 1974

CHRISTIAN ROEDIG

Die Arbeiterbewegung als Emanzipationsbewegung der sozialen Unterschichten

Die Industriearbeiterschaft – »Solidarität« und »Arbeiterverbrüderung« – Politische Isolierung der Arbeiterpartei – Unterdrückung als kollektive Erfahrung – Formen des Kampfes zwischen Lohnarbeit und Kapital – Die deutsche Sozialdemokratie zwischen Verweigerung und Anpassung.

Ich glaube an die soziale Revolution auf evolutionistischem Wege. Ich bin Optimist von Natur und hoffe nicht, ich weiß. Ob es für mich besser wird im grob materiellen Sinn, weiß ich nicht. Das ist auch nebensächlich. Aber die moderne Arbeiterbewegung beglückt mich und alle meine Freunde durch den wachsenden Strahl der Erkenntnis. Wir begreifen, daß wir nicht mehr Amboß, sondern Hammer sind, die unserer Kinder Zukunft schmieden, und dieses Gefühl wiegt Gold nicht auf.«

Der Mann, der sich selbstbewußt als geschichtsmächtige Kraft begreifen konnte, war ein dreiunddreißigjähriger schlesischer Bergarbeiter, der von Montag bis Samstag zehn Stunden und mehr schwer arbeitete, um mit einem Wochenverdienst von 21 Mark eine Familie mit acht Kindern zu ernähren. Generationen von Arbeitern, die sich unterdrückt und ausgebeutet fühlen konnten, gab die Arbeiterbewegung ein ähnliches Selbstwertgefühl, das die alltägliche Erfahrung der Machtlosigkeit überwinden half: Zu den kollektiven Erfahrungen der Arbeiter gehörten die Lohnarbeit in der materiellen Abhängigkeit vom Fabrikherrn, aber auch die Verweigerung voller staatsbürgerlicher Gleichheit und der in Staat und Gesellschaft erfahrene »Klassenkampf von oben«. Als »vaterlandslose Gesellen« und »Reichsfeinde« sozial geächtet, in der Zeit des *»Sozialistengesetzes«* *(s. Seite 28)* und darüber hinaus politisch verfolgt und unterdrückt, ausgeschlossen von der Mitverantwortung des 1871 neu geschaffenen Nationalstaates, setzte sich in der Arbeiterschaft das Bewußtsein einer eigenständigen gesellschaftlichen Klasse durch. Die Befreiung aller Teile der Bevölkerung aus dem Zustand politischer Ohnmacht und sozialer Diskriminierung war das Ziel der Arbeiterbewegung, die sich als Bildungs- und Kulturbewegung, gewerkschaftliche Organisation und politische Partei, also als alle Lebensbereiche umfassende Emanzipationsbewegung, formierte. Für viele Arbeiter, die durch die Industrialisierung aus ihren alten sozialen Bindungen vertrieben worden waren, wurde die Arbeiterbewegung auch eine »Heimat«, in der sie sich neu verwurzeln konnten.

Die deutsche Sozialdemokratie – Schutz durch Solidarität

Der Organisationserfolg der deutschen Arbeiterbewegung war beispiellos. 4,25 Millionen Deutsche (= 34,8 Prozent der Wähler) gaben der deutschen Sozialdemokratie 1912 ihre Stimme bei der Reichstagswahl. Ungefähr 13 000 Sozialdemokraten waren als Abgeordnete in den Parlamenten tätig, vom Reichstag bis zu den Gemeinderäten. Die Partei besaß rund 1 Million Mitglieder. Halb scherzhaft, halb im Ernst verglich August Bebel (* 1840, † 1913), der Führer der Sozialdemokratie durch vier Jahrzehnte, die Partei mit der preußischen Armee, wenn er ihre disziplinierte Organisation den Herrschenden drohend vor Augen hielt.

Die Partei besaß 80 Tageszeitungen, eigene Verlage und Druckereien,

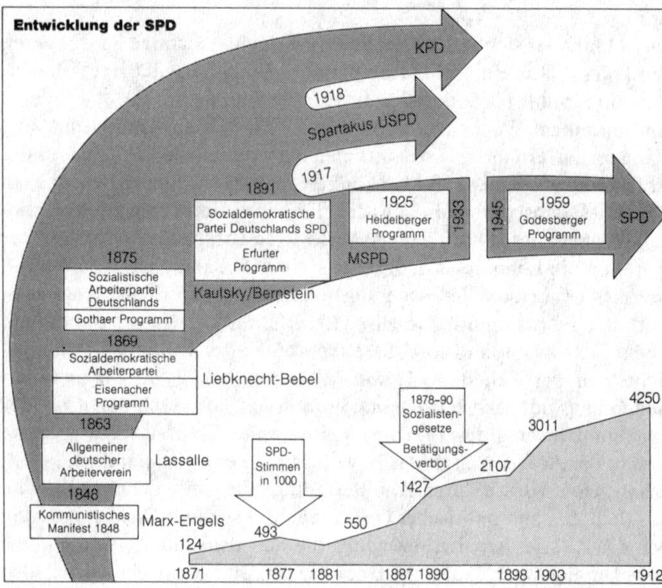

Arbeiterbibliotheken und Bildungsvereine. Ein lückenlos ausgebautes Netz von Vereinen und Verbänden umfaßte »von der Wiege bis zur Bahre« nahezu alle Lebensbereiche des Arbeiters. Vom sozialdemokratischen Kindersportverein bis zur sozialdemokratischen Beerdigungskasse. Da gab es sozialdemokratische Jugend- und Frauenvereine, Turn- und Sportverbände, den Arbeiterradfahrerbund »Solidarität« und den Touristenverein »Die Naturfreunde«, den »Arbeiter-Sängerbund« und auch einen »Deutschen-Arbeiter-Abstinenten-Bund«. Daneben existierten die »Konsumgenossenschaften«, die ihre Mitglieder mit preisgünstigen Lebensmitteln versorgten, nicht zuletzt die sozialistischen Freien Gewerkschaften, die Interessenvertretung von 2,5 Millionen Arbeitnehmern, die über eigene soziale Hilfsleistungen verfügten. All dies schuf ein eigenes, von der Umwelt abgekapseltes Sozialmilieu, das im Solidaritätserlebnis Schutz und Hilfe gewährte.

In der Gemeinschaft mit Gleichgestellten und Gleichgesinnten fand der deutsche Arbeiter Ersatz für die soziale Anerkennung, die ihm von der bürgerlichen Gesellschaft vielfach verwehrt wurde. Ein »Staat im Staate« entstand, der eigene Umgangsformen, Denkhaltungen und soziale Rangstufen entwickelte.

Entstehung der Industriearbeiterschaft

Als das Deutsche Reich 1871 gegründet wurde, war die Durchbruchsphase der Industrialisierung, die nach 1850 einsetzte, fast beendet. Die Zusammensetzung der Industriearbeiterschaft, die sich in dieser Zeit herausbildete, war alles andere als homogen. Sie unterschied sich nach Herkunft, beruflicher Qualifikation und auch nach den Zukunftsvorstellungen, die der einzelne Arbeiter mit der Fabrikarbeit verband.

Für den ruinierten handwerklichen Kleinmeister, der im Extremfall bis zum Tagelöhner absinken konnte, bedeutete die Lohnarbeit eine soziale Deklassierung. Ein Geselle, der kein »zünftiges« Auskommen mehr fand, mochte demgegenüber auf ein berufliches Fortkommen hoffen, zumal qualifizierte, technisch begabte Facharbeiter gefragt und relativ gut bezahlt waren. In die Fabriken drängten auch frühere Heimarbeiter und Manufakturarbeiter, Tagelöhner und Handlanger, weil sie sonst keine Existenz mehr besaßen. Skrupellose Ausnutzung durch den Fabrikherrn charakterisierte vor allem die Lage der in Überzahl vorhandenen, ungelernten Arbeiter. Meist waren es verarmte Bauern und Landarbeiter, die sich in diese »industrielle Reservearmee« einreihten.

Arbeitswelt der Industrie. *Oben: Das Fabrikimperium Borsigs in Berlin-Moabit (um 1900) mit Villa und Fabrikhallen. – Rechts oben: Dampfhammer der Borsig A. G. Berlin-Tegel. – Rechts unten: Streikende, Ruhrrevier 1912.*

Häufiger Stellenwechsel durch Saisonarbeit und Anpassungsschwierigkeiten an die industrielle Arbeitswelt, ein unstetes Leben, das jeder herkömmlichen Sicherheit entbehrte, soziale Entwurzelung und vorzeitige Auszehrung der Arbeitskraft waren der Preis, den viele Arbeiter zahlten, wenn sie nur Arbeit und Brot fanden. Aber nicht die Industrialisierung hat, wie man vermuten könnte, das Elend und die Besitzlosigkeit breiter, überwiegend ländlicher Bevölkerungsschichten geschaffen. Die von den Zeitgenossen als »Pauperismus« (von lat. pauper = arm) bezeichnete Massenarmut war ein Phänomen schon der vorindustriellen Gesellschaft, das erst allmählich durch wirtschaftliches Wachstum und technischen Fortschritt beseitigt werden konnte.
Bedeutete die »soziale Frage« in der ersten Hälfte des 19. Jahrhunderts vor allem, das Problem der Verelendung der Massen zu lösen und ihnen Arbeit und Brot zu schaffen, so entstanden nun neue Fragen, die sich aus der Eingliederung der rasch anwachsenden Arbeiterschaft in die werdende Industriegesellschaft ergaben. Während die Arbeiter um 1870 nur etwa ein Fünftel des deutschen Volkes ausmachten,

betrug ihr Anteil 1882 bereits ein Viertel, 1907 gar ein Drittel. Je mehr der Kampf um die bloße Existenzsicherung zurücktrat, desto stärker drängten die politischen Forderungen der Arbeiter in den Vordergrund.

Ursprünge der deutschen Arbeiterbewegung

Bereits im Februar 1848, am Vorabend der europäischen Revolution, erschien in London eine Flugschrift, die später weltberühmt werden sollte: das »Manifest der Kommunistischen Partei«. Sie war in einer mitreißenden, kämpferischen Sprache verfaßt und sollte eine Epoche des proletarischen Klassenkampfes verkünden. Aber in Deutschland erreichte die Kampfschrift, deren Autoren Karl Marx (* 1818, † 1883) und Friedrich Engels (* 1820, † 1895) waren, zunächst nur die kleine Anhängerschar des »Bundes der Kommunisten«, einer radikalen Geheimorganisation, die kaum politischen Einfluß gewann.
Für die Organisation der Arbeiterschaft bedurfte es nicht des Anstoßes aus London. Teile der Arbeiterschaft, vor allem die handwerklich geprägten Gruppen, bei denen ein berufsständisches Bewußtsein fortlebte, gerieten frühzeitig in eine soziale Protesthaltung, weil sie die Fabrikarbeit als sozialen Abstieg empfanden. Handwerkergesellen und qualifizierte Facharbeiter standen an vorderster Front auf den Barrikaden, als im März 1848 auch in Deutschland die Revolution ausbrach. In Berlin tagte der erste deutsche Arbeiterkongreß (23. August–3. September 1848), auf dem der Schriftsetzer Stephan Born (* 1824, † 1898) die »Arbeiterverbrüderung« ins Leben rief, in der bis zu 15000 Mitglieder in 170 Ortsvereinen organisiert waren.
Die Gesellen und Facharbeiter, die sich in der Mitte des 19. Jahrhunderts in den Arbeitervereinen organisierten, wollten keine klassenkämpferischen Proletarier im Sinn von Marx sein, sondern gleichberechtigte Staatsbürger in einer »sozialen Demokratie«. Ihre Hoffnungen richteten sich auf die Frankfurter »Nationalversammlung«, aber die bürgerlichen Liberalen, die hier den Ton angaben, standen den Bestrebungen nach politischer und sozialer Gleichberechtigung ohne Verständnis gegenüber.

Politische Entfremdung zwischen Arbeiterschaft und Bürgertum

Die Angehörigen des liberalen Bürgertums arrangierten sich in der Folgezeit mit dem preußischen Obrigkeitsstaat, weil er ihre ökonomi-

Stichworte zur Lehre des Marxismus

*Karl Marx (*1818, †1883) / Friedrich Engels (*1820, †1895)*
Die einflußreichsten Werke: Marx/Engels: Kommunistisches Manifest, 1848; Marx: Zur Kritik der politischen Ökonomie, 1859; Das Kapital 1867.

Historischer Materialismus

Auf den materiellen ökonomischen Grundlagen (»Basis«) errichtet die herrschende Klasse die »Ideologie« (Überbau = Staat, Recht, Religion usw.), die für sie nutzbringend ist. Staat ist Unterdrückungsmittel der herrschenden Klasse. Innerhalb der Basis entwickeln sich »dialektisch«, d. h. in Widersprüchen, die sich auf einer höheren Ebene aufheben, die »Produktivkräfte« (Werkzeuge, menschliche Arbeitsfertigkeit) und die »Produktionsverhältnisse« (Eigentumsordnung).

Entfremdung

Kennzeichnend für die kapitalistische Produktionsweise ist der Besitz der »Produktionsmittel« in der Hand der »Bourgeoisie«, die das besitzlose »Proletariat« zwingt, seine »Arbeitskraft« als Ware gegen Lohn zu verkaufen. Der Charakter der Arbeit als Ware führt zur Entfremdung des Menschen vom Produkt seiner Arbeit.

Mehrwerttheorie

Arbeit wird als Ware vom Unternehmer zu dem Wert gekauft, der für ihre Erhaltung und Fortpflanzung notwendig ist. Der Arbeiter schafft aber mehr Wert, als er in Form von Lohn erhält. Der »Mehrwert« wird von dem Unternehmer in »Kapital« umgewandelt und angehäuft (Akkumulation). Gelingt es dem Unternehmer die zur Erstellung einer Ware notwendige Arbeitszeit zu senken, erzielt er einen zusätzlichen Mehrwert, die Ausbeutung der Arbeitskraft steigt. Die Löhne sinken, da durch die Freisetzung von Arbeitskräften ein Überangebot entsteht. Die Folgen sind: 1. Verelendung des Proletariats 2. Überproduktion durch sinkende Nachfrage 3. Konzentration des Kapitals durch verschärften Wettbewerb 4. »Proletarisierung« des Mittelstandes 5. Wirtschaftskrisen bis hin zum Zusammenbruch. Innere Widersprüche, die sich in Klassenkämpfen manifestieren, treiben den Kapitalismus bis in die soziale Revolution. Es ist die Aufgabe des Proletariats, diese soziale Umwälzung voranzutreiben und zu vollziehen. Das Proletariat wird zum Subjekt der Geschichte, weil es 1. ausgebeutet und daher zu revolutionärem Bewußtsein erwacht, 2. zahlenmäßig so übergroß wird, daß sein Interesse mit dem der Gesamtgesellschaft zusammenfällt, 3. keine Bindung an die bestehende Klassenordnung besitzt. Sein Interesse ist die Überwindung von Ausbeutung und Entfremdung auf dem Wege der Vergesellschaftung der Produktionsmittel, die durch die revolutionäre Diktatur des Proletariats verwirklicht werden soll, wobei Gewalt notwendig und legitim ist. Ziel: Errichtung der klassenlosen kommunistischen Gesellschaft, in der sich das Streben des Menschen nach Selbstverwirklichung erfüllt.

schen Interessen mitvertrat; sie identifizierten sich vor allem mit dessen Armee, die den alten Traum von der deutschen Einheit mit Waffengewalt verwirklichte. Der Drang nach dem Titel des »Reserveoffiziers« symbolisierte diese Unterwerfung weiter Teile des Bürgertums unter die Werte der antidemokratischen Militärmonarchie.

Die organisierte Arbeiterschaft konnte diesen Schritt nicht nachvollziehen, weil Bismarcks Reichsgründung »von oben« offenkundig keinen Raum für die Emanzipation der zu politischer Mitsprache und sozialen Fortschritten drängenden Arbeiter ließ. Entsprechend verstand sich die sozialdemokratische Arbeiterbewegung, die sich in den sechziger Jahren als reine Arbeiterpartei formierte, als Erbe der gescheiterten Revolution von 1848/49. Sie geriet so vorzeitig in eine politische Isolierung, aus der sie bis zum Vorabend des Ersten Weltkrieges nicht herauskam.

Radikale Ideologien beflügelten die Absonderung der Arbeiterbewegung von der bürgerlichen Gesellschaft. Die Loslösung vom Liberalismus, dessen Parolen ursprünglich viele Arbeiter Glauben schenkten, war das erklärte Ziel von Ferdinand Lassalle (* 1825, † 1864), der 1863 den »Allgemeinen Deutschen Arbeiterverein« gründete, die erste deutsche Arbeiterpartei. Zum vorrangigen Kampfziel erklärte er die Errichtung des allgemeinen, gleichen und geheimen Wahlrechts, weil er hoffte, den Staat mit friedlichen Mitteln erobern zu können. Er war sogar zu einer begrenzten Kooperation mit dem preußischen Obrigkeitsstaat bereit. So nahm er geheime Kontakte mit Bismarck auf, dem er – eine naive Überschätzung der eigenen Kräfte – die Arbeiterpartei als Bündnispartner gegen das liberale Bürgertum anbot.

Lassalles agitatorische Waffen waren die Ideen von Karl Marx, als dessen Schüler er sich verstand. Wie Marx ging er von der unausbleiblichen Verelendung des Proletariats aus, die er aus dem »ehernen Lohngesetz« ableitete, wonach die Löhne immer »auf die in einem Volke gewohnheitsmäßig zur Fristung der Existenz und zur Fortpflanzung erforderlichen Lebensnotdurft« beschränkt blieben. Dies ändere sich nie, da jede Verbesserung der Lage zu einer Vermehrung der Bevölkerung führe, damit zu einem größeren Angebot an Arbeitskräften, welches den Lebensstandard wieder herabdrücke. Lassalles Theorie war wissenschaftlich unhaltbar, weshalb sie Marx auch mit beißender Ironie bedachte, aber sie brachte den Marxismus auf eine eingängige, propagandistisch verwertbare Formel. Diese sollte den Arbeitern ihre Klassenlage bewußt machen, sie soweit radikalisieren, daß sie bereit waren, den Bruch mit dem Bürgertum zu vollziehen. Seine Endzielvorstellung war kommunistisch, die politische Arbeit bestritt Lassalle aber mit Forderungen, die auf den Staat als Mittel der Emanzipation

der Arbeiterklasse verwiesen. So forderte er Staatskredite für die Gründung von Produktivgenossenschaften, die das Privateigentum an den Produktionsmitteln einschränken, schließlich aufheben sollten.
Lassalles »Staatssozialismus« war bei den meisten Arbeitervereinen, vor allem in Mittel- und Süddeutschland, unpopulär. Hier war man betont antipreußisch, antibismarckisch und im Gegensatz zu den kleindeutschen Lassalleanern auf eine großdeutsche Lösung der nationalen Frage eingeschworen, die zudem »von unten« her, durch eine demokratische Volksbewegung, errungen werden sollte. Im übrigen mißtraute man Lassalles diktatorischem Führungsstil.
Doch auch bei den Gegnern Lassalles machte sich – wenn auch zögernd – Enttäuschung über die bürgerlichen Liberalen breit. 1869 gründeten August Bebel und Wilhelm Liebknecht (* 1826, † 1900) in Eisenach die »Sozialdemokratische Arbeiterpartei«. Der Streit, welche der rivalisierenden Arbeiterparteien die »marxistische« gewesen sei, der lange Zeit Historiker beschäftigte, übersieht, daß die Vorstellungen von »Sozialismus« und »Kommunismus« in beiden Lagern zunächst verschwommen, häufig utopisch und mit religiösen Elementen durchsetzt waren. Selbst führende Männer kannten, wie der Parteitheoretiker Karl Kautsky (* 1854, † 1938) festhielt, bis in die achtziger Jahre die Schriften von Marx und Engels nur sehr oberflächlich. Bereits 1864 war in London eine »Internationale Arbeiter-Assoziation« gegründet worden, in der Sozialisten, Demokraten und auch Anarchisten vertreten waren. Die »Internationale«, deren Wortführer Karl Marx war, gewann zwar nie den politischen Einfluß, den ihr die Gegner zusprachen, um mit dem Gespenst einer weltweiten Verschwörung jede Opposition zu unterdrücken. Für das Selbstverständnis der Sozialdemokratie als revolutionäre Klassenpartei gewann die Idee einer Verbrüderung des internationalen Proletariats jedoch große Bedeutung.
Beide deutschen Arbeiterparteien, »Lassalleaner« und »Eisenacher«, wurden Mitglieder der »Ersten Internationale«, die sich nach 1870 – heillos zerstritten – auflöste. 1875 erfolgte in Gotha die Vereinigung der beiden Parteien zur »Sozialistischen Arbeiterpartei«. Die Gründung des Deutschen Reiches hatte alte Kontroversen hinfällig werden lassen. Seit 1890 nannte sich die Partei »Sozialdemokratische Partei Deutschlands« (SPD). Sie wurde Mitglied der 1889 in Paris gegründeten »Zweiten Internationale«, die den Nationalstaat und die Unabhängigkeit der Mitgliedsparteien ausdrücklich anerkannte, im Kampf gegen Wettrüsten und Krieg eine historisch bedeutsame Rolle spielte, ohne den Ersten Weltkrieg verhindern zu können, der dann zu ihrer Auflösung führte.

AUGUST BEBEL

In Köln als Sohn einer in ärmlichen Verhältnissen lebenden preußischen Unteroffiziersfamilie am 22. Februar 1840 geboren und früh verwaist, wuchs Bebel bei Verwandten auf und erlernte das Drechslerhandwerk. Nach Wanderjahren in Süddeutschland und Österreich ließ er sich 1860 in Leipzig nieder, wo er es ab 1864 als Kleinunternehmer zu Wohlstand brachte.

1860 kam Bebel mit dem Leipziger »Arbeiterbildungsverein« in Kontakt, dessen Vorsitzender er ab 1865 wurde. Hier lernte er Wilhelm Liebknecht kennen, unter dessen Einfluß er sich den Sozialisten anschloß. Bebel folgte zuerst den Ideen Lassalles, wurde aber in der zweiten Hälfte der sechziger Jahre Marxist. Als solcher glaubte er an die rasche Selbstzerstörung der bürgerlichen Gesellschaft und lehnte die Reformgedanken der Revisionisten ab. Andererseits beteiligte sich Bebel an der Gründung von Gewerkschaften und vertrat gegen Liebknecht die Beteiligung an der parlamentarischen Arbeit. Für seine politische Überzeugung ging er mehrmals ins Gefängnis.

1866 gründete Bebel zusammen mit Liebknecht die großdeutsche, radikaldemokratische und antipreußische »Sächsische Volkspartei«. 1867 wurde er für sie in den Reichstag gewählt, dem er als sozialistischer Abgeordneter bis zu seinem Tode am 13. 8. 1913 angehörte. Im selben Jahr wurde Bebel Vorsitzender des unpolitischen »Verbandes der deutschen Arbeitervereine«, 1868 lenkte er ihn in marxistisches Fahrwasser. 1869 beteiligte er sich in Eisenach an der Gründung der »Sozialdemokratischen Arbeiterpartei« und war bald der anerkannte Führer der Arbeiterbewegung.

Bebel schuf die erste moderne Arbeiterpartei, organisierte in der Zeit der »Sozialistengesetze« (1878–90) das Überleben der Partei, und schließlich führte er die SPD, trotz all seiner revolutionären Grundideen, auf einen evolutionären Weg. Neben der organisatorischen Leistung hat Bebel durch umfangreiche schriftstellerische Tätigkeit gewirkt (Hauptwerk: Die Frau und der Sozialismus). *(G. Sch.)*

Folgen des Sozialistengesetzes

Die Sozialdemokraten wurden im Kaiserreich als »vaterlandslose Gesellen« und »Reichsfeinde« geächtet, weil sie nicht dem nationalen Taumel erlagen, den die Gründung des Deutschen Reiches bei den meisten Deutschen auslöste. Kaiser Wilhelm II. nannte sie in einer Rede im Jahre 1895 »eine Rotte von Menschen, nicht wert, den Namen Deutscher zu tragen«. Der preußische Staatsphilosoph Heinrich Treitschke (* 1834, † 1896), der auch durch seinen Judenhaß traurige Berühmtheit erlangte, heizte die Stimmung an, indem er Sozialdemokraten als »Partei der sittlichen Verwilderung, der politischen Zuchtlosigkeit und sozialen Unfriedens« diffamierte. Die Abdrängung des politischen Gegners an den Rand der Gesellschaft besitzt in Deutschland eine im Bismarckreich begründete Tradition, deren Saat dann im Nationalsozialismus aufging und noch heute nachwirkt. Das Gespenst einer »roten Gefahr« diente Bismarck in erster Linie als ein Propagandamittel, um das ehemals oppositionelle Bürgertum an den preußisch-deutschen Obrigkeitsstaat zu ketten und gegen die Arbeiterbewegung eine Abwehrfront aus Unternehmern, Kirche, Armee und Bürokratie zu mobilisieren.

In Gang gesetzt wurde der »Klassenkampf von oben«, die staatliche, aber auch alltägliche Verfolgung der organisierten Arbeiterschaft, die vor und während des »Sozialistengesetzes« (1878–1890) ihren Höhepunkt erlebte. Das Ausnahmegesetz, das von den einzelnen Staaten mit unterschiedlicher Härte angewendet wurde, verbot alle Vereine, Versammlungen und Druckschriften. Es verfolgte die einzelnen Anhänger bis in den privaten Bereich. Man schätzt, daß zwischen 1878 und 1890 etwa 1500 Personen zu Gefängnis- und Zuchthausstrafen verurteilt wurden. 900 »Verdächtige« mit nahezu 1500 Familienangehörigen wurden aus ihrer Heimat ausgewiesen, viele mußten ins Ausland gehen. Um ihre Identität zu wahren und die politische Arbeit im Untergrund fortzusetzen, gründeten Parteigenossen damals die Vielzahl scheinbar unpolitischer Bildungs- und Sportvereine, aus denen die für die deutsche Arbeiterbewegung charakteristische »Subkultur« erwuchs.

Bereits kurz nach der Verhängung des Ausnahmegesetzes hatte die Partei die Parole ausgegeben, an sozialdemokratischer »Gesetzlichkeit« sollten ihre Gegner »zu Grunde gehen«. Die Erfahrung des Staates als Unterdrückungsinstrument der herrschenden Klassen förderte die Übernahme von marxistischen Lehrsätzen und Schlagworten, die auf dem Erfurter Parteitag 1891 – also nach dem Fall des Sozialistengesetzes – zur offiziellen Parteitheorie erhoben wurden. Gerade das

Leben unter dem »Sozialistengesetz«
Erinnerungen August Bebels (von etwa 1885)

Während der zwölfjährigen Dauer des Sozialistengesetzes war ich – ich darf das ohne Übertreibung sagen – der in Deutschland polizeilich am meisten verfolgte Mensch. [. . .] Daß ich, wenn ich in Berlin zum Reichstag war, auf Schritt und Tritt überwacht wurde, das passierte auch meinen sozialdemokratischen Kollegen. Aber daß man den Telegraphen hinter mir in Bewegung setzte und von einer Stadt zur anderen telegraphierte, daß und wann ich ankommen würde, passierte nur mir. Das geschah meist in der Weise, daß der Polizist, der mich zu überwachen hatte, sobald ich auf dem Bahnhof eine Fahrkarte löste, hinter mir an den Schalter trat und sich erkundigte, wohin ich die Fahrkarte genommen. [. . .] Ich hatte schließlich eine solche Übung in der Entdeckung dieser »Geheimen« unter einem Haufen anderer Menschen erlangt, daß, wenn der Zug in eine Station einfuhr und ich den Kopf zum Fenster herausstreckte, ich auch rasch das Polizeigesicht entdeckte, das meine Überwachung übernehmen werde. [. . .] Da ich selbstverständlich das Bedürfnis empfand, namentlich an den Abenden in den Kreisen meiner Genossen zu verkehren und mit diesen Gedanken auszutauschen, die für Polizeiohren nicht bestimmt waren, so bot ich alles auf, den mir folgenden »Staatsretter« zu »versetzen«, wie bei uns der Kunstausdruck lautete, das heißt, ich bot alles auf, um im Gewirr der Straßen und Häuser meinem Verfolger zu entrinnen, was mir mit Hilfe meiner flinken Beine und der Mithilfe meiner Genossen fast ausnahmslos gelang. Mancher ruhige Bürger sah mir etwas erstaunt nach, wenn mein rascher Schritt allmählich in einen gelinden Trab sich verwandelte und eine Strecke hinter mir keuchend und schweißtriefend ein Individuum sich zeigte, über dessen Charakter er nicht im klaren war. Als dann die Rundreisehefte eingeführt wurden, änderte sich die Art der Eisenbahnverfolgung. Ich benutzte ein solches Rundreiseheft zum ersten Male im Frühjahr 1885. Ich reiste von Dresden durch Sachsen, Bayern, Württemberg und die Schweiz. [. . .] Als ich von Basel aus ins Badische nach Freiburg kam, fiel mir auf, daß mein Polizeipudel bereits vor dem Hotel stand, in dem ich zu wohnen pflegte. [. . .] In Karlsruhe wiederholte sich derselbe Vorgang. Ich fragte nunmehr den Kellner, woher die Polizei wisse, daß ich kommen werde. Er zuckte die Achseln und meinte, der Beamte stehe schon seit drei Tagen vor dem Hotel und erwarte mich. Der Vorgang wurde mir immer rätselhafter. Unter dem gleichen Überwachungssystem kam ich endlich nach Mainz. Dort stand, als ich in meinem Hotel ankam, der Oberkellner vor der Türe und rief mir, als er mich erblickte, entgegen: »Endlich kommen Sie, Herr Bebel, wir erwarten Sie schon seit acht Tagen.« Und als ich verwundert fragte: »Ja, wieso denn?« antwortete er: »Ihr Tugendwächter hat schon seit acht Tagen bei uns angefragt, wann Sie kommen würden. Eben hat er sich gedrückt, als er sie kommen sah.« Das war mir doch zu toll. Nächsten Vormittag besuchte ich meinen Parteigenossen, der Stadtverordneter war, um, da die Polizei in Mainz unter städtischer Verwaltung stand, vielleicht von ihm erfahren zu können, woher diese Überwachungsmethode rührte. Es stellte sich heraus, daß die

Dresdner Bahnhofsverwaltung der Dresdner Polizei Mitteilung von meiner Bestellung eines Rundreiseheftes gemacht und ihr die Abschrift der Coupons überliefert hatte. Die Dresdner Polizeiverwaltung, damals in bezug auf uns eine der verfolgungssüchtigsten im ganzen Reich, hatte darauf sofort den Polizeiverwaltungen der betreffenden Orte mein Kommen gemeldet. Da aber die Polizei nicht wissen konnte, wieviel Zeit ich an den einzelnen Orten verbrauchte, war in ihrer Berechnung bis nach Mainz eine Differenz von acht Tagen entstanden.
In jenen Jahren stand jedoch nicht nur die Bahnverwaltung in intimen Beziehungen zur Polizei, sondern auch die Post. Daß Briefe und Pakete, die an bekannte Sozialdemokraten kamen, vor ihrer Ablieferung der Polizeibehörde mitgeteilt wurden, so daß diese hinter der Ablieferung der Gegenstände sofort in die Wohnung eintrat und die Beschlagnahme ausführte, kam in tausenden von Fällen vor. Der Staatssekretär der Reichspost, Dr. Stephan, hatte einmal in den siebziger Jahren auf eine Beschwerde Liebknechts im Reichstag, daß ihm Briefe erbrochen worden seien, geantwortet: »Das Briefgeheimnis ist im Deutschen Reich so sicher wie die Bibel auf dem Altar«, ein Ausspruch, der schon damals bei uns Ungläubigkeit fand, unter dem Sozialistengesetz aber uns reichlich Gelegenheit zur Glossierung Veranlassung gab.

Aus: »Aus meinem Leben«. (August Bebel, * 1840, † 1913, gründete 1869 die »Sozialdemokratische Arbeiterpartei Deutschlands«. Er war lange Jahre Reichstagsabgeordneter.)

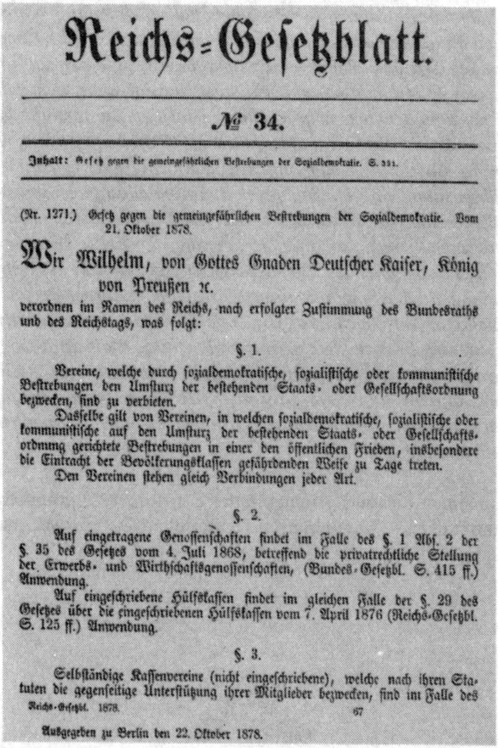

Reichs-Gesetzblatt.

№ 34.

Inhalt: Gesetz gegen die gemeingefährlichen Bestrebungen der Sozialdemokratie. S. 351.

(Nr. 1271.) Gesetz gegen die gemeingefährlichen Bestrebungen der Sozialdemokratie. Vom 21. Oktober 1878.

Wir Wilhelm, von Gottes Gnaden Deutscher Kaiser, König von Preußen rc.

verordnen im Namen des Reichs, nach erfolgter Zustimmung des Bundesraths und des Reichstags, was folgt:

§. 1.

Vereine, welche durch sozialdemokratische, sozialistische oder kommunistische Bestrebungen den Umsturz der bestehenden Staats- oder Gesellschaftsordnung bezwecken, sind zu verbieten.

Dasselbe gilt von Vereinen, in welchen sozialdemokratische, sozialistische oder kommunistische auf den Umsturz der bestehenden Staats- oder Gesellschaftsordnung gerichtete Bestrebungen in einer den öffentlichen Frieden, insbesondere die Eintracht der Bevölkerungsklassen gefährdenden Weise zu Tage treten.

Den Vereinen stehen gleich Verbindungen jeder Art.

§. 2.

Auf eingetragene Genossenschaften findet im Falle des §. 1 Abs. 2 der §. 35 des Gesetzes vom 4. Juli 1868, betreffend die privatrechtliche Stellung der Erwerbs- und Wirthschaftsgenossenschaften, (Bundes-Gesetzbl. S. 415 ff.) Anwendung.

Auf eingeschriebene Hülfskassen findet im gleichen Falle der §. 29 des Gesetzes über die eingeschriebenen Hülfskassen vom 7. April 1876 (Reichs-Gesetzbl. S. 125 ff.) Anwendung.

§. 3.

Selbständige Kassenvereine (nicht eingeschriebene), welche nach ihren Statuten die gegenseitige Unterstützung ihrer Mitglieder bezwecken, sind im Falle des

Reichs-Gesetzbl. 1878. 67

Ausgegeben zu Berlin den 22. Oktober 1878.

***»Gesetz gegen die gemeingefährlichen Bestrebungen der Sozialdemokratie«**, mit dem der Kampf um Rechte der Arbeiter unterbunden werden sollte. Die Reichstagsmandate der Sozialdemokraten verdoppelten sich jedoch.*

Ausnahmegesetz, das die Partei verbot, die Arbeit der Abgeordneten und die Beteiligung an Wahlen aber zuließ, begründete eine auf die parlamentarische Tätigkeit und Agitation der öffentlichen Meinung konzentrierte politische Taktik. Wahltage wurden zur großen Heerschau der Arbeiterbewegung, der scheinbar unaufhaltsame Aufstieg der Partei trug mit dazu bei, daß der Stimmzettel als Mittel der Eroberung nicht nur des Parlaments, sondern auch der Macht im Staat angesehen wurde. 493 000 Stimmen erhielten sozialdemokratische Kandidaten bei der Wahl 1877, nach 12 Jahren Ausnahmegesetz – im Jahre 1890 – waren es 1 427 000.

Die staatliche Unterdrückung als Strategie gegen die Arbeiterbewegung war insoweit gescheitert, als sie die Solidarisierung der Arbeiterschaft mit der Sozialdemokratie nur verstärkte. Der Schrecken der Verfolgungsjahre wirkte aber auch disziplinierend auf die Arbeiterbewegung ein. Eine revolutionäre, mit Gewaltmitteln operierende Strategie besaß nun endgültig keine Chance in der Sozialdemokratie mehr, zu groß war die Furcht vor einer Neuauflage des »Sozialistengesetzes«. Nicht zufällig meldeten sich jetzt auch »reformistische«, zur Zusammenarbeit mit anderen politischen Kräften bereite Sozialdemokraten zu Wort, deren Führer der bayerische Landtagsabgeordnete Georg von Vollmar (* 1850, † 1922) war. Sie hofften die in der Bismarck-Ära verhärteten innenpolitischen Fronten aufzuweichen, konkreten Einfluß zu gewinnen und so der Drohung mit dem Ausnahmezustand den Boden zu entziehen. Aber ihr Aktionsfeld blieb auf die süddeutschen Länderparlamente begrenzt, zu nachhaltig wirkte die politische Polarisierung nach, die Bismarck vorangetrieben hatte.

Lebensbedingungen der Arbeiterschaft – Not und Widerstand

Lebten 1871 noch 65 Prozent der Bevölkerung in Dörfern und Kleinstädten, so waren es 1910 nur noch 40 Prozent. Deutschland wandelte sich endgültig vom Agrar- zum Industriestaat. Die übervölkerten, gleichsam aus allen Nähten platzenden Städte wurden zum Symbol all dessen, was mit der Industrialisierung an ungelösten Problemen verbunden war. Da gab es die Luxusvillen der Reichen, meist lagen sie im weniger smoggefährdeten Westen. Da gab es aber vor allem die proletarischen Elendsviertel, Baracken und Mietskasernen, hastig und schnell errichtet, umgeben vom Schmutz und Rauch der Fabriken. »Man kann einen Menschen mit der Wohnung genauso erschlagen wie mit der Axt.« Der Satz stammt von Heinrich Zille (* 1858, † 1929), der das Leben in den Berliner Armutsvierteln zeichnete. Eine offizielle Statistik aus dem Jahr 1900 nennt eine Wohnung übervölkert, wenn 6 Personen und mehr in 1 Zimmer, 11 Personen und mehr in 2 Zimmern hausen; 30000 dieser Massenquartiere zählte man damals in Berlin. Häufig nahmen Mieter Schlafgänger auf, die sich in der Nacht in einen Winkel der Wohnung verkrochen. Das Wohnen in engen, überbelegten Räumen wirkte sich vielfach zerstörerisch auf die Arbeiterfamilien aus, benachteiligte das Arbeiterkind, denn viele Bürger bezogen aus dieser unverschuldeten Notlage ihr soziales Vorurteil, der »Proletarier« sei zu einer geordneten Lebensführung unfähig. Weitsichtige Unternehmer wie Krupp oder Stumm erkannten früh, daß gesundes

Landarbeiter um 1898
Bericht von Ernst Fiedler

[Man darf] an jene Gegenden, wo noch von morgens 5 oder 5½ Uhr bis Sonnenuntergang gearbeitet wird, also an die östlichen Provinzen, nicht den Maßstab der Verhältnisse Mitteldeutschlands legen. Knecht und Magd haben hier den leichtesten Dienst von allen Gutsbewohnern. Zwar pflegt man zu rechnen: 3 Uhr Aufstehen und Pferdefüttern, 5½ Uhr Ausrücken, ½ Stunde Frühstückspause, 1½ Stunden Mittagspause, wo ½ Stunde für Ab- und Aufschirren, Pferdefüttern usw. nicht zuviel gerechnet ist, ½ Stunde Vesperpause und 9 Uhr abends oder noch später Einrücken, dann Abfüttern bis 10 Uhr, das macht 18–19 Stunden mit 2 Stunden Ruhe. Also 16–17 Stunden Arbeit und doch der angenehmste Dienst? Aber die Feldbestellung nimmt die Arbeitskraft der Leute an sich wenig in Anspruch, viele der Ackergeräte sind mit Sitzen versehen. Bei der Ernte reitet der Knecht auf dem Sattelpferde seines Viergespannes. Bei der Größe und dem relativ extensiven Betriebe der Güter sind die Wege vom Felde zum Hofe oft sehr weit. Soll aber der Knecht im Sommer beim Mähen z. B. mithelfen, dann braucht er seine Pferde nicht zu besorgen. Endlich hört man wohl von der langen Arbeitszeit im Sommer, von der Winterarbeit aber spricht niemand. In Mitteldeutschland beginnt im Winter die Arbeitszeit früh um 6 Uhr und endet auch um 6 Uhr bei 3 Stunden Eßpausen. Auf den Gütern im Osten Deutschlands wird auch in den kürzesten Tagen des Winters von Sonnenaufgang bis Sonnenuntergang, also von 7½ Uhr morgens bis 4½ Uhr abends gearbeitet und dabei fällt höchstens die Vesperpause aus. Bei alledem scheint es freilich wünschenswert, daß im Osten die Arbeitsbedingungen leichter würden, wenn es auch nur wäre, um der Sozialdemokratie mit dem 17- und 18stündigen Arbeitstage ein wirksames Agitationsmittel zu entziehen. [. . .]

Die Wanderarbeiter oder Sachsengänger sind eine der jüngsten Einrichtungen der ländlichen Arbeitsverfassung. Ihre Existenz ist in der Eigenart des landwirtschaftlichen Betriebes begründet. Mit dem Aufblühen des Zuckerrübenbaues steigt der Bedarf an Arbeitskräften im Sommer gegen den des Winters unverhältnismäßig. [. . .] Die Wanderarbeiterzüge bestehen meistens aus 50–100 Mann starken Gesellschaften, die sich in den Abwanderungsgebieten z. B. in dem Warthebruche unter einem sogenannten Vorschnitter zusammenschließen, um die Rüben- und Erntearbeiten nach einem mit dem Vorschnitter vom Rübenbauer abgeschlossenen Vertrage von Anfang April bis Ende November auszuführen. Diese Vorschnitter übernehmen in der Fremde dann meistens die Stellung von Aufsehern über die von ihnen geworbenen Arbeitergesellschaften. Sie haben über ihre Leute oft eine sehr große Gewalt, besonders wenn ihnen die Verteilung der Arbeiten und die Lohnauszahlung allein überlassen bleibt. [. . .]

Die Wanderarbeiter erhalten neben dem Geldlohne gewöhnlich Handgeld, freie Reise und Wohnung, Heizung und 25 Pfund Kartoffeln pro Person und Woche geliefert. Die Köchin wird meist den Leuten von der Herrschaft gestellt. Es ist gewöhnlich die Frau des Vorschnitters. [. . .] Der Lohn ist nach Gegend und örtli-

chen Verhältnissen verschieden [. . .], im allgemeinen wird es den tatsächlichen Verhältnissen entsprechen, wenn wir den Verdienst der Mädchen und Frauen auf 370–420 Mark und den der Männer auf 495–580 Mark [im Jahr] schätzen. Jeder Wanderarbeiter erspart davon in einem Sommer mindestens 150 Mark, doch gibt es auch Leute, die bei einem Tagelohne von nur 1 Mark 210 Mark und mehr für den Winter zurücklegen. [. . .]
Trotz der für Preußen erlassenen Vorschriften finden wir auch hier noch die ledigen Leute oft in gemeinschaftlichen Wohn- und Schlafräumen im Schnitterhause vereinigt, und in sehr vielen anderen deutschen Staaten ist das noch fast allgemein der Fall. [. . .]
Überall, wo große Scharen von Wanderarbeitern den Sommer über liegen, kann man beobachten, wie niedrig diese Leute in ihren sittlichen Begriffen stehen. Oft täuschen sich auch die Sachsengänger über die Herabdrückung ihrer Lage während der Sommerszeit hinweg. Denn um tüchtig zu sparen, ist ihre Beköstigung, namentlich wenn sie selbst dafür sorgen, oft völlig unzulänglich. Bei der unregelmäßigen Lebensweise liegt die Versuchung zum Trunke sehr nahe. Wie leicht aber nicht nur die polnischen und russischen Wanderarbeiter dieser Versuchung erliegen, das kann man bei beiden Geschlechtern an jedem arbeitsfreien Tag beobachten. Nichts aber zerstört die sittliche Kraft eines Menschen mehr als Konkubinat und übermäßiger Alkoholgenuß.

Aus: »Die Arbeitersfrage auf dem Lande und Vorschläge zur Reform des ländlichen Arbeiterwesens«, Leipzig 1898, von Ernst Fiedler.

Wohnen der Erhaltung der Arbeitskraft diente. Sie errichteten Arbeitersiedlungen, die bald das Gesicht vieler Industriereviere prägten. Die Klassenschranken, die den individuellen Aufstieg aus der Arbeiterschaft verhinderten, waren vielfältig. Eine besondere Rolle spielte die Schule, die das erklärte Ziel verfolgte, den Abwehrgeist gegen die Sozialdemokratie zu stärken. 93,5 Prozent der Schüler kamen 1911 in Preußen über die Volksschulbildung nicht hinaus, Kindern aus der Unterschicht war der Zugang zu höheren Schulen praktisch verwehrt. Nirgendwo waren die Klassenstärken – bis zu 100 Kinder pro Lehrer und Klasse – so hoch wie in den Arbeitervierteln.

Die materiellen Lebensbedingungen verbesserten sich nach 1871. Die Arbeitslosigkeit sank auf ein relativ niedriges Niveau, die Löhne stiegen von 1871 bis 1913 im Durchschnitt um etwa 50 Prozent, aber auch die Lebenshaltungskosten kletterten in die Höhe, so daß das Arbeiterleben noch immer voll Entbehrungen und Sorgen war. Das Jahres-Durchschnittseinkommen eines Arbeiters in Höhe von 800–900 Mark reichte gerade dazu aus, eine nicht zu kinderreiche Familie ohne Existenzsorgen zu ernähren. Um menschenwürdig zu wohnen oder die Familie ausreichend zu kleiden, dazu fehlte dann das Geld.

Durch Arbeiterschutzgesetze waren garantiert: Elfstundentag für Arbeiterinnen, Zehnstundentag und Verbot der Nachtarbeit für Jugendliche und Frauen, Verbot der Kinderarbeit in Industriebetrieben, Sonntagsruhe in der Industrie. Seit 1880 gab es Gewerbegerichte, die bei Streitigkeiten zwischen Arbeitern und Arbeitgebern Recht sprachen. 1883 wurde die Krankenversicherung, 1884 die Unfallversicherung, 1889 die Alters- und Invalidenversicherung eingerichtet. Ihren politischen Zweck, die Arbeiterschaft an den Staat zu binden, erfüllte die Bismarcksche Sozialpolitik aber nicht, da sie in den Augen der Arbeiter einen durch eigene Leistung erworbenen Anspruch darstellten.

Als feindlich und sozial deklassierend empfanden vor allem Facharbeiter, die noch durch handwerkliche Ausbildung geprägt wurden, die Arbeitsbedingungen in der Großindustrie, die sich um die Jahrhundertwende durchsetzte. Die Rationalisierung der Fertigung, der zunehmende Einsatz von Maschinen und der Übergang zu Großbetrieben führten zur Zerlegung der Abläufe in genau vorgeschriebene Tätigkeiten, zur Monotonisierung der Arbeit. Fabrikordnungen, die nicht selten zuchthausähnliche Züge trugen, die Ausnutzung durch das Akkordsystem, die Anonymität der Großbetriebe, die den einzelnen Arbeiter zur bloßen Nummer degradierte – viele Faktoren wirkten zusammen, daß sich ein Gefühl der Erbitterung gegen »die da oben« aufstaute, gegen die Werkmeister, die vielfach als »Antreiber« verhaßt waren, gegen die »Kapitalisten«, gegen die Fabrikherren.

Arbeiterelend – Hintergrund der Sozialspannungen. *Oben: Von schmutzigen Gassen und Hinterhöfen geprägte, als Spekulationsobjekt gebaute Mietskasernen, feucht und dunkel, besiedelt von kinderreichen Familien und Arbeitslosen. – Unten: Arbeiterfamilie in ihrer ›Wohnküche‹. Berlin, Jahrhundertwende.*

Zukunftsweisende Arbeitersiedlungen und mittelalterliche Elendsquartiere. *In großem Umfang entstanden um die Jahrhundertwende, vor und nach dem Ersten Weltkrieg mit Unterstützung sozialengagierter Unternehmer, der Hilfskomitees und auch des Staates Arbeiterkolonien und menschenwürdige Neubauviertel wie zum Beispiel das Viertel »Margarethenhöhe« in Essen. – Oben: Wilhelm II. besichtigt Arbeiterkolonien des Hauses Krupp (1912). – Unten: »Gängeviertel«, Hamburg, Hof Großer Bäckergang 31, um 1912.*

Formen des Kampfes zwischen Lohnarbeit und Kapital Die Gewerkschaften

Die Fabrikherren pflegten einen patriarchalisch-autoritären Betriebsstil, der bis in das ganz persönliche Leben der Arbeiter eingriff. Ihre Denkwelt charakterisiert die berühmte Ansprache, die Alfred Krupp 1877 an seine Betriebsangehörigen hielt: »Genießet, was Euch beschieden ist. Nach getaner Arbeit vielleicht im Kreise der Eurigen, bei den Eltern, bei der Frau und den Kindern und sinnt über Haushalt und Erziehung. Das sei Eure Politik, dabei werdet ihr frohe Stunden erleben. [. . .] Höhere Politik treiben, erfordert mehr freie Zeit und Einblick in die Verhältnisse, als dem Arbeiter verliehen ist. [. . .] Das Politisieren in der Kneipe ist nebenbei sehr teuer, dafür kann man im Hause Besseres haben.«

Gegen den Herrschaftsanspruch der Unternehmer konnte sich der einzelne Arbeiter nur behaupten, wenn er sich mit Arbeitskameraden zu Gewerkschaften zusammenschloß. Vor dem Ersten Weltkrieg hatten sich nahezu 20 Prozent der Beschäftigten in Industrie und Handwerk in Gewerkschaften organisiert. Kaum erfaßt wurden die Hilfsarbeiter und Arbeiterinnen sowie die Landarbeiter. Der Zusammenschluß fiel Facharbeitern, die das Risiko einer Entlassung weniger zu fürchten hatten, leichter als Ungelernten, die im Konflikt mit dem Arbeitgeber leicht ersetzbar waren. Besonders hoch war der Organisationsgrad in kleinen und mittleren Betrieben; in den Großbetrieben der Schwerindustrie behinderten der häufige Stellenwechsel und der geschlossene Widerstand der Unternehmer die Gewerkschaftsarbeit.

Bereits 1848 waren Berufsverbände der Buchdrucker und Zigarrenmacher entstanden, 1868 gründeten die Liberalen Max Hirsch (* 1832, † 1905) und Franz Duncker (* 1822, † 1888) die »Gewerkvereine«, die sich auf soziale Hilfseinrichtungen beschränkten und kaum Streiks durchführten, so daß ihr Einfluß gering blieb. 1868 entstanden auch die sozialistischen Gewerkschaften, die »Arbeiterschaftsverbände« der Anhänger Lassalles und die »Gewerksgenossenschaften« der »Eisenacher«, aus denen die »Freien« Gewerkschaften hervorgingen. Ihr Führer war Karl Legien (* 1861, † 1920), der Vorsitzende der 1890 geschaffenen »Generalkommission«, die 47 zentrale Berufsverbände umfaßte. Daneben entstanden nach 1891 die christlichen Gewerkschaften, die vor allem bei den katholischen Bergarbeitern im Ruhrgebiet Einfluß gewannen.

Innerhalb der Arbeiterbewegung konzentrierten sich die Gewerkschaften auf die Verbesserung der Löhne und Arbeitsbedingungen; sie betonten ihre Unabhängigkeit von den politischen Parteien, weil sie je-

Gewerkschaften – Kampf um Menschen- und Bürgerrechte.
Vertreter der Brauerei-Gewerkschaft von Hamburg mit ihrer Fahne – ganz im Habitus des Bürgertums. Foto der Jahrhundertwende.

den Eingriff in das Verhältnis von Arbeitnehmern und Arbeitgebern ablehnten: Erfolgreich konnte ihre Arbeit nur sein, wenn der freie Zusammenschluß der Arbeiter gesichert war. Im Reich wurde die Koalitionsfreiheit zwar seit 1871 »erlaubt«, ein einklagbares Grundrecht stellte sie aber nicht dar, der Streik war verboten. Die Arbeitgeber, die sich in eigenen Verbänden eine wirksame Interessenvertretung schufen, scheiterten zwar 1899 mit der sogenannten Zuchthausvorlage, die jeden Streikposten mit Zuchthaus belegen sollte. Auf vielfältige Weise behinderten sie aber die Organisation der Arbeiter. Zu den ältesten Waffen zählten die »schwarzen Listen«, Personenverzeichnisse, mit deren Austausch die Wiedereinstellung entlassener Arbeiter in anderen Betrieben verhindert werden sollte. Ein weiteres Disziplinierungsmittel waren die »gelben Werkvereine«, Arbeiterorganisationen, die von den Unternehmern materiell abhängig waren und als »Streikbrecher« Einsatz fanden. Das soziale Klima des Kaiserreiches war gewerkschaftsfeindlich. Trotzdem gab es Anzeichen für eine zunehmende Rationalisierung der Arbeitskämpfe. Die Anerkennung der Ge-

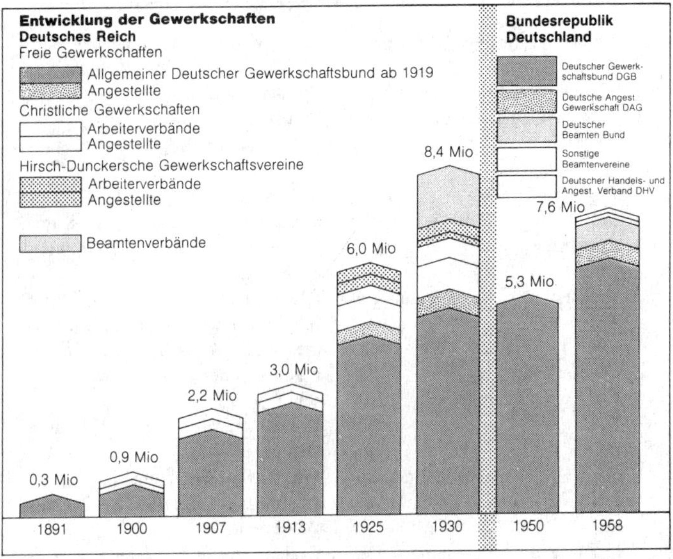

werkschaften als gleichberechtigte Vertragspartner kam in den Tarifverträgen zum Ausdruck, die 1913 bereits 218 000 Betriebe mit über 2 Millionen Arbeitern umfaßten. Die Schwerindustrie weigerte sich aber beharrlich, am Verhandlungstisch mit Gewerkschaftlern Platz zu nehmen. Gewerkschaftsvertreter wirkten auch als Beisitzer in Schiedsgerichten der Sozialversicherungen, Innungen und Handwerkskammern sowie im Arbeitsschutz mit.

Zwischen Verweigerung und Anpassung

Bezeichnenderweise gelang es der Vorkriegssozialdemokratie kaum, Anhänger unter den Bauern und Angestellten zu finden. In ihrer eigentümlichen Mischung aus politischer Ökonomie und Weltanschauung sprach die Vision von der sozialistischen Zukunftsgesellschaft vor allem die Industriearbeiterschaft an, die sich von der Gesellschaft – auch von den Kirchen – als ausgestoßen fühlen konnte. In unzähligen Reden und Schriften verbreiteten August Bebel und Karl Kautsky die Illusion, die bürgerliche Gesellschaftsordnung werde auch ohne direktes Zutun mit »Naturnotwendigkeit« in naher Zukunft zusammenbrechen. Die Definition der Revolution beschränkte sich auf eine revolu-

Die deutsche Sozialdemokratie – Köpfe und Programme

Ferdinand Lassalle (* 1825, † 1864) 1863 Allgemeiner Deutscher Arbeiterverein	**Sozialdemokratische Partei Deutschlands (SPD)** 1891 Erfurter Programm
Der Staat ist »Organ für alle«, Mittel zum »Fortschritt der Menschheit«.	Stellenweise fast wörtliche Übernahme der von Marx im »Kapital« dargelegten Zusammenbruchstheorie.
Ausbeuternatur der »Bourgeoisie« Ehernes Lohngesetz: Verelendung des Proletariats	Die wirtschaftliche Entwicklung führt naturnotwendig zum Zusammenbruch und mündet ein in die sozialistische Zukunftsgesellschaft. Keine Aussage zur staatlichen Ordnung
Eroberung der Macht im Staat auf friedlichem und gesetzlichem Weg. Errichtung des allgemeinen, gleichen u. direkten Wahlrechts. Staatshilfe für Produktivgenossenschaften der Arbeiter zur Überwindung der Ausbeutung durch das Kapital. Kommunistische Endzielvorstellung	Praktische Forderungen: allgemeines, gleiches u. direktes Wahlrecht; Gleichstellung der Frau; Chancengleichheit in Schule und Beruf; Koalitionsrecht; soziale Besserstellung; Arbeiterschutzgesetzgebung.

tionäre Verheißung, die von der Notwendigkeit entband, eine aktive, auf Beschleunigung des Klassenkampfes abzielende politische Taktik im Sinne von Marx zu entwickeln. Sie verhinderte aber auch die Umbildung zu einer sozialdemokratischen Reformpartei, da jedes Paktieren mit dem »Klassenfeind« mit dem Bannstrahl des »Verrats« belegt werden konnte.

In der Sozialdemokratie kam es zu heftigen Richtungskämpfen. Der Revisionismus unter der Leitung von Eduard Bernstein (* 1850, † 1932) erhob den Kampf um die Demokratie zum wichtigsten Hebel der Verwirklichung des Sozialismus, den er nicht als Ergebnis einer sozialen Katastrophe, sondern als langsam sich vollziehenden Prozeß der Umgestaltung von Staat und Gesellschaft verstand. Der demonstrative Verzicht auf die radikale Parteitheorie sollte den Gegnern den Wind

Die deutsche Sozialdemokratie – Köpfe und Programme

Eduard Bernstein (* 1850, † 1932)
Revisionismus = Parteirichtung in der SPD, die Änderung der Theorie und politischen Taktik fordert.
Skepsis gegenüber der marxistischen These vom zwangsläufigen Zusammenbruch des Kapitalismus.
Widerlegung der These von der unvermeidlichen Polarisierung der Gesellschaft in zwei Klassen und der Verelendung des Proletariats.
Ablehnung des Klassenkampfes, da Möglichkeit einer langsam sich vollziehenden Umwandlung des Kapitalismus unter Vermeidung einer gewaltsamen Revolution möglich.
Mehr oder weniger positive Einstellung zu Staat, Nation und parlamentarischer Demokratie.

Rosa Luxemburg (* 1871, † 1919) / Karl Liebknecht (* 1871, † 1919),
radikale Linke in der SPD, Mitbegründer von
1916 Spartakusbund
1919 Kommunistische Partei Dtl. KPD
Spontane Erhebungen – Generalstreik – zur Mobilisierung revolutionärer Massen und Verschärfung des Klassenkampfes.
Bekämpfung der bürgerlichen parlamentarischen Demokratie.
1918 »Rätemodell«.
Kampfziel:
Überwindung von Imperialismus und Militarismus.
Seit 1919: »Diktatur des Proletariats«.

aus den Segeln nehmen und den Willen zur Eroberung der Macht im bestehenden Staat bekräftigen.
Der Revisionismus wurde auf dem Dresdner Parteitag 1903 überstimmt. Bebel warf Bernstein – wohl zu Recht – vor, den Arbeitern die Begeisterungsfähigkeit und die Zuversicht zu rauben, die in der großen Schicksalsgemeinschaft des »Proletariats« vermittelt wurden. Man fürchtete wohl auch die Auflösung der vielfältig organisierten sozialdemokratischen »Subkultur«, deren lückenloser Ausbau vielen Arbeitern – vor allem den vielen Funktionären – einen Ersatz für die verweigerte Chance einer gesamtgesellschaftlichen Verantwortung bot. Im übrigen hatten sich dort, wo die Sozialdemokratie konkreten Einfluß gewann, in den Kommunen und süddeutschen Länderparlamenten sowie in den Selbstverwaltungseinrichtungen der Sozialpolitik längst die zur Reformarbeit bereiten Kräfte durchgesetzt.
Der entscheidende Durchbruch war dennoch nicht gelungen. Anders

Erstarkung der Sozialdemokratie und internationale Zusammenarbeit. *Oben links: Friedrich Engels während des Kongresses der II. Internationalen 1893 in Zürich im Kreis deutscher Sozialdemokraten. Von links: Friedrich Simon, August Bebels Tochter Frieda Simon, Clara Zetkin, Friedrich Engels, Julie und August Bebel. – Unten links: Der Parteivorstand der Sozialdemokraten um 1910. Obere Reihe stehend: Friedrich Ebert, der spätere Reichspräsident (2. v. l.), und Hermann Müller-Franken, später (1919) Außenminister und (1920) Reichskanzler (3. v. l.); untere Reihe sitzend: Paul Singer, einer der häufigsten Sprecher der Sozialdemokraten im Reichstag und neben Bebel bedeutendster Führer der Partei (2. v. l.), sowie August Bebel, der Mitbegründer und Führer der Sozialdemokraten. – Oben: Rosa Luxemburg, Vertreterin eines revolutionären, aber zugleich demokratischen Sozialismus, erbitterte Kriegsgegnerin, immer wieder verfolgt und später ermordet, Mitbegründerin der KPD, auf dem Sozialistenkongreß 1907.*

Rosa Luxemburg in ihrer Zeit

1802	Vergeblicher polnischer Aufstand gegen Rußland
1871	Rosa Luxemburg geboren
1875	Gothaer Vereinigungspartei. Gründung der SPD
1878–1890	Verbot der SPD (»Sozialistengesetz«)
1884	Erstes politisches Gedicht gegen den deutschen Kaiser
1890–1897	Studium in Zürich. Abschluß mit der Promotion
1889	Gründung der Sozialdemokratischen Partei in der Schweiz
1894	Erster (illegaler) Parteitag der polnischen Sozialdemokraten in Warschau
1896	R. L. nimmt am Internationalen Sozialistenkongreß in London teil
1898	R. L. agitiert für die SPD in Oberschlesien; Chefredakteurin der »Sächsischen Arbeiter-Zeitung«, Übersiedlung nach Berlin
1900	SPD-Parteitag Mainz Internationaler Sozialistenkongreß Paris
1901	R. L. wird zu 100 Mark Geldstrafe wegen öffentlicher Beleidigung verurteilt R. L. und Franz Mehring Leiter der »Leipziger Volkszeitung«
1903	Agitationsreise in die östliche Provinz
1904	R. L. wegen Majestätsbeleidigung zu drei Monaten Gefängnis verurteilt. Internationaler Sozialistenkongreß Amsterdam

als in England und Frankreich gewann das deutsche Parlament nur wenig Einfluß auf die tatsächliche Regierungspolitik, so daß es letztlich wenig zählte, daß die SPD 1912 zur stärksten Fraktion im Reichstag wurde. In Preußen galt zudem das Dreiklassenwahlrecht, das den zahlenmäßig schwächsten, aber besitzenden Schichten die Mehrheit im Landtag sicherte. Von einem gerechten Interessenausgleich zwischen den sozialen Gruppen war der preußisch-deutsche Obrigkeitsstaat, der sich einseitig auf die besitzenden Schichten stützte, weit entfernt.

Gegen die selbstgenügsame, in der aufgedrängten Außenseiterrolle verharrende Politik der Parteiführung opponierte auch die radikale »Linke«, die von Rosa Luxemburg (* 1871, † 1919) und Karl Liebknecht (* 1871, † 1919) geführt wurde. In ihren Augen war Organisation kein Selbstzweck, sondern Kampfmittel zur Mobilisierung der

1905	R. L. Redakteurin beim »Vorwärts« Agitation in Berlin, Alexandrows, Thorn, Illowo, Mlava, Warschau
1906	R. L. wegen Anreizung zur Gewalttätigkeit verhaftet und zu Gefängnis verurteilt
1907	Sozialistenkongreß Stuttgart Beginn der Dozententätigkeit an der Partei-Schule der SPD (Berlin)
1911	Aktion gegen die »Verheerende Steigerung der Lebenshaltungskosten«
1912	Sozialistenkongreß Basel. SPD mit 110 Sitzen stärkste Reichstagsfraktion. Clara Zetkin ruft zur Verteidigung des Friedens auf
1914	R. L. zu einem Jahr Gefängnis verurteilt, weil sie »Zur Propaganda der Tat« aufhetze
1915	Strafverfahren gegen R. L. wegen »Versuchten Hoch- und Landesverrats« Gefängnis in Berlin, Wronke, Breslau Schriften gegen den Krieg
1918	R. L. haftentlassen. Veröffentlichung des Programms des Spartakusbundes. Gründungsparteitag der KPD
1919	R. L. unterstützt widerstehend die Aufständischen. Permanente Verhaftungsgefahr. Kußhandlung, Ermordung von R. L. und Karl Liebknecht 13. Juni Beerdigung. Die Mörder erhalten Freispruch oder dürfen fliehen

Massen. Spontane Erhebungen sollten das revolutionäre Bewußtsein wachrufen, den Klassenkampf verschärfen und so den Zeitpunkt der revolutionären Erhebung näherrücken.

Die Wende des Jahres 1914

Mit der Entscheidung der Reichstagsfraktion vom 4. August 1914, für die Kriegskredite zu stimmen und sich zur Wahrung des »Burgfriedens« zu verpflichten, gab die SPD ihre bisherige Konfrontationspolitik auf. Über diese »Wende« ist seither viel gerätselt und diskutiert worden. Wahrscheinlich ist, daß die Entscheidung durch den plötzlichen Stimmungswandel in weiten Teilen der Arbeiterschaft beeinflußt wurde, den der Ausbruch des Ersten Weltkrieges auslöste. Gejubelt wurde in diesen Tagen in allen kriegführenden Nationen, die sich ausnahmslos – ob zu Recht oder nicht – als Angegriffene fühlten. Wenn auch die deutschen Arbeiter in nationale Begeisterung verfielen, ist dies nicht verwunderlich. Ein Anerkennungsbedürfnis spielte hier mit, sicherlich auch die Hoffnung auf politische und soziale Reformen nach dem kurzfristig erwarteten Sieg. Möglicherweise war die Bewilligung der Kriegskredite auch ein Akt der Selbsterhaltung. Die Partei und die Gewerkschaften hätten andernfalls die Zerschlagung und Auflösung riskiert, jedenfalls gab es entsprechende Pläne im Kriegsministerium.

Letztlich bleibt es eine hypothetische Frage, was geschehen wäre, wenn die SPD die Kriegspolitik der deutschen Regierung am 4. August 1914 verweigert hätte. Daß sie dies nicht getan hat, war vielleicht ein schwerer Fehler, gewiß aber ein Zeichen, wie stark sich die Arbeiterbewegung mit dem Schicksal des 1871 geschaffenen deutschen Nationalstaats identifizierte, den mitzugestalten und mitzuverantworten ihr bis 1914 verweigert wurde.

Literatur

Grebing, Helga: Geschichte der deutschen Arbeiterbewegung, München 1972

Groh, Dieter: Negative Integration und revolutionärer Attentismus. Die deutsche Sozialdemokratie am Vorabend des 1. Weltkrieges, Frankfurt/Berlin 1973

Klönne, Arno: Die deutsche Arbeiterbewegung, Düsseldorf/Köln 1980

Langewiesche, Dieter/Schönhoven, Klaus: Arbeiter in Deutschland. Studien zur Lebensweise der Arbeiterschaft im Zeitalter der Industrialisierung, Paderborn 1981

Mommsen, Hans (Hrsg.): Sozialdemokratie zwischen Klassenbewegung und Volkspartei, Frankfurt a. M. 1974

Ritter, Gerhard A.: Staat, Arbeiterschaft und Arbeiterbewegung in Deutschland, Berlin/Bonn 1980

Schuster, Dieter: Die deutsche Gewerkschaftsbewegung, Düsseldorf 1976

Tenfelde, Klaus/Volkmann, Heinrich (Hrsg.): Streik. Zur Geschichte des Arbeitskampfes in Deutschland während der Industrialisierung, München 1981

ROLAND VOCKE

Die deutschen Parteien im Kaiserreich

Von der Paulskirche bis zur Gründung des Zweiten Kaiserreichs – Die Parteien in der Ära Bismarck – »Kulturkampf« und »Sozialistengesetz« – Der Bülow-Block – Die Parteien und der Erste Weltkrieg.

Wir erinnern uns aus dem Kapitel über die Revolution von 1848/49 (siehe Band 9), daß sich im Gefolge der damaligen Ereignisse und im Rahmen der Nationalversammlung in der Frankfurter Paulskirche ein vielfältiges und verheißungsvolles politisches Parteienleben entwikkelte. Allerdings sorgten nach dem Sieg der Fürsten im Jahre 1849 die reaktionären Kräfte alsbald durch eine rigorose Gesetzgebung und strenge Überwachung dafür, daß die Parteien, wenigstens vorübergehend, als prägende Kräfte aus dem politischen Leben verschwanden. Was blieb, waren die »Fraktionen« in den einzelnen Landtagen der deutschen Bundesländer, lockere Zusammenschlüsse von Abgeordneten gleicher politischer Gesinnung.

Die Entwicklung der Parteien bis zur Gründung des Kaiserreiches 1871

Als sich um 1860 die staatliche Überwachung zu lockern begann, gründeten Mitglieder des preußischen Abgeordnetenhauses und Nichtparlamentarier 1861 die erste moderne Partei in Deutschland, die »Deutsche Fortschrittspartei«, die den linken Flügel des damaligen politischen Spektrums einnahm. Im Wahlprogramm bekannten sich die Fortschrittler zu den nationalen und liberalen Ideen des 19. Jahrhunderts, d. h. zur Einigung Deutschlands und zu einer Verfassung, die die Rechte der Bürger zu sichern habe. Mit diesen Forderungen gewann die Partei in den folgenden Jahren, besonders während des Konflikts zwischen Bismarck und dem preußischen Abgeordnetenhaus, beträchtlichen Zulauf unter den bürgerlichen Wählern. Sie wurde im Kampf gegen Bismarck zur bedeutendsten Partei in Preußen.

Doch diese Gegnerschaft erlahmte, als Bismarcks erfolgreiche Politik (1864 und 1866) die deutsche Einigung in greifbare Nähe rückte. Die Partei spaltete sich; die Mehrheit der »Fortschrittspartei« gab den nationalen Zielen den Vorzug vor den liberalen und schloß sich Bismarck an. Wenig später entstand aus ihren Reihen die »Nationalliberale Partei«, die fortan für viele Jahre mit Bismarck zusammenarbeitete und um der Einigung des Reiches willen auch die Schwäche der Volksvertretung in der Bismarck-Verfassung hinnahm.

Unter dem Eindruck der Erfolge des Kanzlers und der allgemeinen Stimmung brach auch ein Teil der preußischen Konservativen mit überkommenen preußisch-konservativen Grundsätzen. Zwar sträubte sich die Mehrheit der Partei gegen ein Aufgehen Preußens im neuen Reich; doch eine Minderheit spaltete sich ab und fand sich in der neuen »Freikonservativen Partei« zusammen, die sich nach 1871 »Deutsche Reichspartei« nannte. Sie bejahte die Einigung des Reiches unter Preußens Führung und unterstützte die Regierung. Doch waren die »Freikonservativen« nicht stark genug, um Bismarck von den »Nationalliberalen« unabhängig zu machen.

Der politische Katholizismus formierte sich in den sechziger Jahren zunächst in den süddeutschen Staaten Baden und Bayern aus dem Konflikt um die staatliche Schulaufsicht. So entstand in Baden die »Katholische Volkspartei« und in Bayern die »Bayerische Patriotische Partei«, die unter klerikalem Einfluß für kirchliche Belange kämpfte und die bayerische Eigenstaatlichkeit auf ihr Banner schrieb. Im Jahre 1870 traten auch preußische katholische Kreise mit einem politischen Programm hervor, da sie fürchteten, die Katholiken könnten in dem vorwiegend protestantischen Bismarck-Reich unter die Räder kommen. Als »Zentrum« (»Verfassungspartei«) konstituierte sich der politische Katholizismus nach 1870 dann auch im Reichstag.

All die genannten Parteiungen waren noch nicht Parteien im modernen Sinn mit einer straffen Organisation, großer Mitgliederzahl, Fraktionszwang und Parteienfinanzierung; manche waren zunächst noch nicht einmal im ganzen Reich verbreitet. Es waren vielmehr sogenannte Honoratiorenparteien, lockere Zusammenschlüsse, die nach außen nur in den Wahlkämpfen auftraten.

Die sozialdemokratischen Parteien

Eine andere Entwicklung nahm die Sozialdemokratie. Das Bestreben bereits bestehender »Arbeitervereine«, die Interessen der Arbeiter wirksamer zu vertreten, führte zur Gründung des »Allgemeinen Deutschen Arbeitervereins« (einer Partei) im Jahre 1863 in Leipzig. Der erste Präsident wurde Ferdinand Lassalle, der als Jurist und Publizist berühmt geworden war und auch das Programm des Arbeitervereins maßgebend mitgeprägt hatte. Sein früher Tod stürzte diese Partei allerdings in eine Führungskrise (1864).

Schneller und kräftiger entwickelte sich ein Konkurrenzunternehmen, die »Sozialdemokratische Arbeiterpartei«, die auf einem Kongreß der Arbeitervereine 1869 in Eisenach gegründet wurde. Die führenden Persönlichkeiten waren der Drechslermeister August Bebel und der Journalist Wilhelm Liebknecht, der sich in den fünfziger Jahren als Emigrant in London an Karl Marx angeschlossen hatte. Das »Eisenacher Programm« nannte unter den Grundsätzen der Partei u. a. »die Errichtung eines freien Volksstaates« und die »Abschaffung aller Klassenherrschaft« und bekannte sich »als Zweig der internationalen Arbeiterassoziation«. Da man in Eisenach aber den gewaltsamen Umsturz ablehnte und die großen gesellschaftspolitischen Ziele zunächst unerreichbar waren, formulierte der Parteitag für die Taktik des politischen Kampfes die »nächsten Forderungen«, die in absehbarer Zeit durchsetzbar erschienen, z. B. Fragen des Wahlrechts und des Arbeiterschutzes.

Von Lassalles vorwiegend kleindeutsch-nationaler Konzeption unterschied sich das »Eisenacher Programm« durch eine großdeutsch-partikularistische und durch die ausdrückliche Anerkennung internationaler Bindungen. Mochten die beiden Zusammenschlüsse, Arbeiterverein und Arbeiterpartei, in den Formen der Organisation voneinander abweichen, so waren sie sich doch einig im Glauben an die Kraft und an die Notwendigkeit einer straffen innerparteilichen Organisation, wie sie bekanntlich den locker zusammengefügten »bürgerlichen« Honoratiorenparteien fremd war.

Im Reichstag von 1871 waren nur die Sozialdemokraten vertreten. Doch da sich mit der Reichsgründung ein wesentlicher Streitpunkt – die künftige Form eines deutschen Reiches – erledigt hatte, stand einer späteren Vereinigung des »Allgemeinen Deutschen Arbeitervereins« mit der »Sozialdemokratischen Arbeiterpartei« nichts mehr im Wege. Sie erfolgte 1875 auf dem Parteitag in Gotha.

Die Rolle der Parteien im neuen Kaiserreich

Die Wahlen zum 1. Deutschen Reichstag im Jahre 1871 offenbarten, daß die Anteilnahme der Bevölkerung am politischen Geschehen zunächst noch recht gering entwickelt war; nur 50,7 Prozent der Berech-

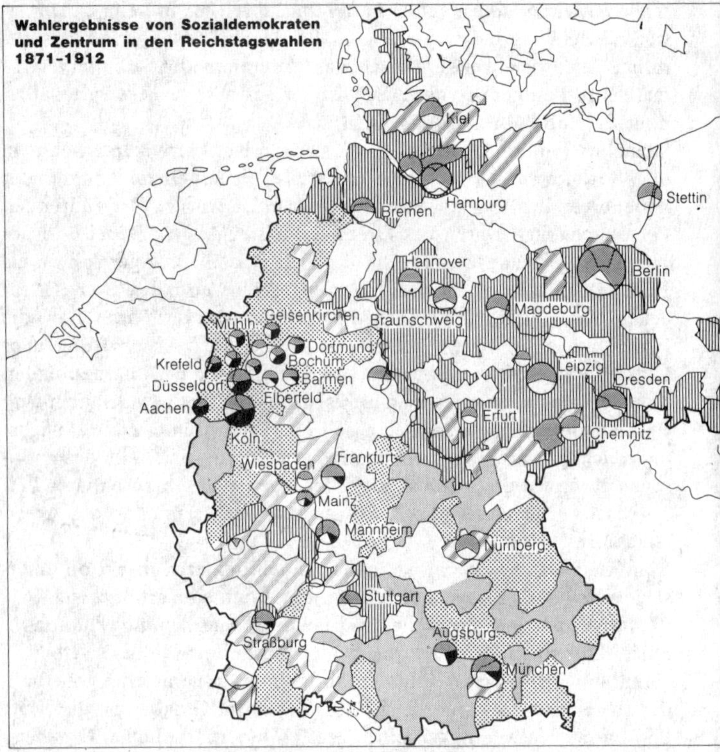

tigten nahmen an der Wahl teil, und noch die Wahlen zum 6. Reichstag 1884 brachten eine Beteiligung von nur wenig mehr als 60 Prozent. Erst die Entwicklung nach 1871 brachte eine Ausbreitung der Parteien über das ganze Deutsche Reich und zwang auch die nichtsozialistischen Parteien allmählich und mit unterschiedlichem Tempo zu einer strafferen Organisationsform.

Unter den Parteien, deren Spektrum von den Konservativen ganz rechts bis zur »Sozialdemokratischen Arbeiterpartei« ganz links reichte, nahmen die Nationalliberalen mit Abstand die stärkste Stellung ein: sie stellten 125 Abgeordnete von insgesamt 382. Für den Reichskanzler Bismarck bot sich die weitere Zusammenarbeit mit ihnen in der Phase des Ausbaus des Reiches an, wie er mit ihnen schon seit 1867 und dann auch im »Norddeutschen Reichstag« zusammengearbeitet hatte. Da aber nach der Verfassung des Reiches der Kanzler

Entwicklung von Sozialdemokraten und »Zentrum«. *Während das »Zentrum« – vor allem in den süddeutschen und rheinischen Regionen – schon 1871 bei den Wahlen großflächig stabile Mehrheiten besitzt, entwickelt sich die Sozialdemokratie zunächst aus einigen wenigen industriellen Schwerpunkten zu kleinen regionalen Mehrheiten. 1912 erst weisen ihr die Reichstagswahlen flächendeckend Mehrheiten in der nordwestdeutschen Küstenregion, in ganz Mitteldeutschland und in Teilen Südwestdeutschlands zu. Das »Zentrum« konsolidiert gleichzeitig seine Macht in den ländlich-katholischen Gebieten der Rheinregion und Süddeutschlands. Protestantismus, Industrie und Verstädterung gehen weitgehend einher mit der Sozialdemokratie.*

und seine Regierung nicht vom Reichstag gewählt wurden (siehe auch Band 9) und das Vertrauen des Reichstages im Sinne einer modernen parlamentarischen Verfassung nicht brauchten, waren den Wirkungsmöglichkeiten auch einer starken Partei Grenzen gesetzt. Sie hatte kaum eine Chance, politisch zu führen und Verantwortung zu übernehmen, wie auch, mit einer einzigen Ausnahme, keiner unter den bedeutenden Parlamentariern im Kaiserreich je zu Ministerehren kam. Eine Partei konnte »gouvernemental« sein, d. h. sie konnte die Regierung unterstützen, ohne auf ihre Entscheidungen direkt einwirken zu können. Das traf etwa auf die Nationalliberalen und auch auf die Konservativen zu. Eine Partei konnte auch »antigouvernemental« sein, d. h. sie konnte in ohnmächtiger Opposition verharren, wie etwa die Sozialdemokraten und zeitweise das »Zentrum«. Bismarck selbst verschärfte diesen Gegensatz und schied diffamierend zwischen

»Reichstreuen« und »Reichsfeinden«. Allerdings verlief die Zusammenarbeit zwischen Bismarck und den gouvernementalen Nationalliberalen auch nicht immer reibungslos, so sehr auch der Parteiführer Bennigsen zu Bismarck stand.
Obwohl es den Nationalliberalen als einer typischen Honoratiorenpartei an wirksamer Organisation und strengem Fraktionszwang fehlte, wurden die widerstrebenden Gruppen zunächst durch die gemeinsame Aufgabe zusammengehalten: den ersehnten Nationalstaat auszubauen und liberalen Grundsätzen im Rahmen des Möglichen zum Durchbruch zu verhelfen. Ihre Wähler fand die Partei vorwiegend in den nichtpreußischen Teilen des Reichs, im Südwesten, in Sachsen und Hannover aus den Kreisen des protestantischen Bildungsbürgertums und des Besitzbürgertums. Bei der gesetzgeberischen Arbeit fand sie meist Unterstützung bei den benachbarten Gruppen der »Fortschrittspartei« und der »Freikonservativen Partei«.
Zu den gesetzgeberischen Leistungen der nationalliberalen Ära gehörte eine große Anzahl von Gesetzen, die die Entwicklung von Handel und Industrie förderten, darunter auch die Vereinheitlichung von Maßen und Gewichten. Liberalem Geist entstammt auch ein Gesetz, das den Arbeitern Vereinigungs- und Vertragsfreiheit gewährte; und nationalliberalem Geist entstammen alle Gesetze, die auf Kosten der Bundesstaaten den Zentralismus stärkten.
Weniger erfolgreich waren die liberalen Parteien bei dem Versuch, liberale Reformen auch in einzelne Bundesländer zu tragen; und eine glatte Niederlage erlitten sie bei dem Versuch, das Pressegesetz zu reformieren.

Ein »Kampf für die Kultur«

Indessen hatten sich die Liberalen aller Schattierungen und Bismarck schon unmittelbar nach der Reichsgründung zu einem Kampfbündnis anderer Art zusammengeschlossen, zum Bündnis gegen den politischen Katholizismus, der, mit Ausnahme der »Bayerischen Patriotenpartei«, seit 1870 in der Zentrumspartei organisiert war. Ihr Führer wurde Ludwig Windthorst (* 1812, † 1891).
Anders als die meisten anderen Parteien war das »Zentrum« zunächst mit keiner bestimmten sozialen Schicht enger verbunden. Das konfessionelle Band einigte, vor allem in der Zeit der Bedrängnis, die Katholiken aller Schichten. In seiner Organisation den anderen Honoratiorenparteien ähnlich, wurde das »Zentrum« von akademisch gebildeten Bürgern und Adeligen aus verschiedenen Regionen des Reiches geleitet. Zwar schickte die Partei seit 1874 die zweitstärkste, später so-

***»Dem Deutschen Volke«: Der Reichstag in Berlin** – 1884–1894 nach Plänen von Paul Wallot unter Einflußnahme Kaiser Wilhelms II. errichtet, 1933 am Beginn der nationalsozialistischen Diktatur niedergebrannt.*

gar die stärkste Fraktion in den Reichstag; eine organisierte Massenpartei wurde sie erst gegen Ende des Jahrhunderts. Es war nicht zuletzt die Kampfansage Bismarcks und der Liberalen, die zum Anwachsen des »Zentrums« beitrug.

Und warum bekämpfte man sich? Die Liberalen, die ja einen großen Teil des protestantischen Bürgertums repräsentierten, betrachteten den Katholizismus mit Mißtrauen und fühlten sich vor allem durch die antiliberalen Lehren von Papst Pius IX. herausgefordert. Bismarck war mißtrauisch wegen der außenpolitischen Forderungen des »Zentrums« und wegen der Verbindungen zwischen »Zentrum« und politischen Gruppen, die die Reichsgründung gänzlich ablehnten. Dies wog um so schwerer, als Bismarck argwöhnte, das »Zentrum« stelle seine Bindungen an Rom höher als die Bindungen an den Staat.

Der folgende sogenannte »Kulturkampf«, ein »Kampf für die Kultur«, wie der liberale Abgeordnete Virchow meinte, braucht hier nicht nachgezeichnet zu werden. Er endete, wie bemerkt, mit einer Stärkung des »Zentrums« und einer Niederlage Bismarcks und der Liberalen, besonders der Nationalliberalen. Allerdings gingen deren große Zeiten der Zusammenarbeit mit dem Kanzler damals (um 1878) zu Ende; das Bündnis Bismarcks mit den Konservativen kündigte sich an.

Die Konservativen

Wie bereits früher bemerkt, hatten die preußischen Konservativen die Selbständigkeit Preußens nur widerstrebend dem neuen Deutschen Reich geopfert. Sie traten, darin dem »Zentrum« ähnlich, für eine Stärkung des föderalistischen Elements in der Reichsverfassung ein. Das Verhältnis der Konservativen zur Reichsregierung wurde nach 1870 durch den »Kulturkampf«, der durchaus Sache der Liberalen war, und durch die liberale Gesetzgebung weiter belastet. Sie gingen in die Opposition.

Obwohl sich Bismarck, schon weil er sich nicht zu einseitig an die Nationalliberalen binden mochte, verschiedentlich bemühte, den Konservativen die Aussöhnung mit dem Reich zu erleichtern, hatte er nur teilweise Erfolg. Im preußischen Abgeordnetenhaus kam es zu einer Spaltung der Konservativen in die »Altkonservativen« und in eine »Neue Konservative Fraktion« unter Bismarcks Bruder Bernhard, die sich grundsätzlich zur Unterstützung des Kanzlers bereiterklärte. Die »Altkonservativen« verschanzten sich in hartnäckiger, unnachgiebiger Opposition.

Als jedoch die Wahlen zum 2. Reichstag 1874, wie vorher schon die preußischen Wahlen, den Konservativen, besonders den »Altkonservativen«, verheerende Verluste brachten, bahnte sich eine Wendung an. Das Ergebnis war nach langen Verhandlungen die Gründung der »Deutsch-konservativen Partei« (1876), deren Führer Otto von Helldorff-Bedra wurde.

Schon der Parteiname verrät, daß sich die preußischen Konservativen mit dem Reich ausgesöhnt hatten und daß sie »die für unser Vaterland gewonnene Einheit [. . .] in nationalem Sinne stärken und ausbauen wollten«, wie es im Gründungsaufruf hieß.

Die Partei hatte allerdings auch nach ihrer Neuorientierung ihre Wählerschaft vorwiegend in Preußen, und zwar in den preußischen Ostprovinzen. Obwohl die folgenden Wahlen von 1877 bis 1887 eine kontinuierliche Zunahme der Reichstagsmandate brachten, beruhte der Einfluß der Partei weniger auf der Zahl der Mandate als auf der gesellschaftlichen Stellung und den persönlichen Verbindungen des großgrundbesitzenden Adels, dessen Interessen die Konservativen vertraten.

Parteien im Spiegel der Karikatur. *Links oben: Junkertum, Militarismus und Nachtwächterattribute – der Konservative. Aus: »Der Wahre Jacob«, um 1880. – Rechts oben: Reichstagswahlen 1877. Aus der Wahlurne entspringen Liebknecht, Hasenclever, Bebel. Aus: »Berliner Wespen«. – Unten: »Zirkus Bismarck« mit Nationalliberalen und Konservativen, »Wahrer Jacob«, um 1880.*

Bismarcks Bruch mit den Nationalliberalen

Die Wahlen von 1877, die den Konservativen Gewinne brachten, brachten den Liberalen Einbußen, die zwar noch nicht an die Substanz gingen, aber den Verlust der Reichstagsmehrheit der liberalen Parteien mit sich brachten. Damit war deren Bewegungsfreiheit in den bevorstehenden Verhandlungen mit Bismarck wegen der fälligen Finanzreform entscheidend geschwächt. (Zu Finanz- und Etatfragen siehe auch Band 9.) Als Bennigsen, der Führer der Nationalliberalen, die Forderung seiner Fraktion nicht ganz im Sinne des Kanzlers präzisierte, da deutete sich ein Bruch an, den Bismarck planvoll erweiterte, um sich von seinen alten Bundesgenossen allmählich gänzlich unabhängig zu machen.

Es war seine Absicht, den linken Flügel der Partei unter Eduard Lasker abzuspalten und den geschwächten gemäßigten Flügel unter Bennigsen und Miquel seinen Plänen dienstbar zu machen. Das konnte geschehen, indem er Bennigsen ins preußische Ministerium holte und damit Bennigsens Anhänger hinter sich brachte und einen Keil in die Fraktion trieb. Bennigsen forderte um der Einheit der Fraktion willen, daß auch zwei Vertreter des linken Flügels ins Ministerium eintreten sollten, doch daran war Bismarck begreiflicherweise nicht interessiert. Er versuchte nun, die Spaltung über die Frage der Schutzzölle zu erreichen, mit denen er die Reichsfinanzen zu sanieren hoffte, denen aber der streng freihändlerische linke Flügel der Nationalliberalen nicht zustimmen konnte. Die Verhandlungen waren noch im Gange, als die beiden Attentate auf Kaiser Wilhelm I. im Jahre 1878 Bismarck die Handhabe boten, das Gespenst einer unmittelbar drohenden Gefahr von links zu beschwören und vom Reichstag Sondergesetze gegen die Sozialdemokratie zu verlangen.

Die Nationalliberalen verweigerten zunächst ihre Zustimmung, fürchteten sie doch zu Recht, selbst unter dem neuen Gesetz zu leiden, fügten sich aber nach empfindlichen Verlusten bei den Wahlen von 1878 den Forderungen des Kanzlers und einer breiten bürgerlichen Öffentlichkeit. Das neue Gesetz (»Sozialistengesetz«) wurde von der Mehrheit der Partei mitgetragen. Trotz dieser Belastung hielten die Flügel der Fraktion noch zusammen, wenn sie auch ihre einstige Macht eingebüßt hatte und auf die Größe der Zentrumsfraktion zusammengeschrumpft war. Letztlich erreichte Bismarck sein Ziel, nämlich die Zerschlagung der Partei. Im Jahre 1880 trennte sich der linke Flügel unter Lasker von den Nationalliberalen (die »Sezession«) und verschmolz später mit anderen liberalen Gruppen in der »Deutschen Freisinnigen Vereinigung«.

»Wider die gemeingefährlichen Bestrebungen der Sozialdemokratie«

Diese Entwicklung der Nationalliberalen stand in engem Zusammenhang mit Bismarcks Angriff auf die Sozialdemokratie. Wie bereits früher erwähnt, hatten sich die sozialistischen Parteien 1875 in Gotha zur »Sozialistischen Arbeiterpartei Deutschlands« zusammengeschlossen. (Die Bezeichnung »Sozialdemokratische Partei« nahm die Partei erst 1890 an). Die neue Partei erlebte einen raschen Aufschwung, der sich z.B. auch an der Entwicklung der Parteipresse zeigte. Seit 1876 erschien in Leipzig das Zentralorgan »Vorwärts«. Bei den Wahlen von 1877 kamen die Sozialdemokraten nicht über 12 Mandate hinaus, drei mehr als zuvor – kein bedrohlicher Anstieg also, aber doch ein Ärgernis für Bismarck, dem die Sozialdemokraten wegen ihres Bekenntnisses zum Internationalismus »Reichsfeinde«, »vaterlandslose Gesellen« waren.

So wurden die Attentate gegen Kaiser Wilhelm I. (1878), obwohl die Sozialdemokratie nichts damit zu tun hatte, vom Kanzler zum Anlaß genommen, ein Gesetz wider die angeblichen »gemeingefährlichen Bestrebungen der Sozialdemokratie« im Reichstag durchzusetzen (»Sozialistengesetz«). Durch dieses Gesetz erhielt die Regierung die Möglichkeit, Vereine und Organisationen, die verdächtigt wurden, einen Umsturz der bestehenden Ordnung zu planen, zu verbieten; Versammlungen und andere Veranstaltungen, Zeitungen und andere Druckerzeugnisse konnten untersagt, Funktionäre und Agitatoren konnten ausgewiesen oder auf einen bestimmten Wohnort festgelegt werden. Und anderes mehr. Schwer waren die angedrohten Strafen; schwerer wogen die Willkürlichkeiten, die das Gesetz ermöglichte. »Tatsächlich wurde die sozialdemokratische Partei und wurden ihre Anhänger damit außerhalb des Gesetzes und außerhalb der staatlichen Rechtsordnung gestellt«, urteilt der Historiker Ludwig Bergsträsser.

Die Partei war jedoch durch diese Maßnahmen nicht mehr zu unterdrücken. Es entwickelte sich eine Art Untergrundorganisation, die auch den Vertrieb der im Ausland gedruckten Zeitungen und das Einsammeln der Mitgliedsbeiträge besorgte; die Parteitage traten im Ausland zusammen. Mochten sich hier und da auch Rivalitäten zwischen den in der Illegalität operierenden Gruppen zeigen – die Einheit der Partei war dank der straffen Disziplin nie gefährdet. Zur Stabilität trug auch bei, daß die Reichstagsfraktion im Schutz der Immunität weiter existierte und die Führung der Partei übernehmen konnte, und daß sich die Abgeordneten öffentlich äußern konnten. Allerdings förderte

Auf Stimmenfang. *Karikatur auf den Versuch der Liberalen, während der Zeit des Sozialistengesetzes Stimmen von der verfolgten Sozialdemokratie zu gewinnen. Kniend Eugen Richter, führendes Mitglied der Liberalen.*

die Verfolgung die Staatsverdrossenheit und einen gewissen Antiparlamentarismus in der Partei und die Abneigung, innerhalb des bestehenden Staates im Parlament positiv mitzuarbeiten.

Im übrigen erreichte Bismarck sein Ziel, die Sozialdemokratische Partei entscheidend zu treffen, nicht. Ihr Stimmenanteil ging wohl zunächst zurück, stieg aber dann nach der Aufhebung des Ausnahmegesetzes (1890) nahezu ununterbrochen an, bis die SPD kurz vor dem Ausbruch des Ersten Weltkrieges die stärkste Reichstagsfraktion stellte.

Bismarck versuchte nicht nur durch Gewaltanwendung und Verbot den Einfluß der Sozialdemokraten einzudämmen; er suchte ihnen auch durch eine staatliche Sozialpolitik und Sozialgesetzgebung Wähler abzujagen.

Gegen diese Politik des »Staatssozialismus«, wie man damals sagte, stemmte sich die radikalliberale »Freisinnige Partei«, die jedes Eingreifen des Staates ins freie Spiel der Kräfte mit äußerstem Mißtrauen betrachtete. Die Wahlen 1884 entschieden allerdings deutlich gegen

Parteitag in Jena 1905.
Die Führer der Sozialdemokratischen Partei Deutschlands – Paul Singer und August Bebel auf der Fahrt zu einer Sitzung.

die Freisinnigen und für die Konservativen, während das »Zentrum« seinen Bestand ungeschmälert erhalten konnte und damit die Möglichkeit erhielt, je nach Opportunität für oder gegen die Regierung einzutreten.

Die »Kartell-Parteien«

Das vorübergehend gute Verhältnis des Kanzlers zum »Zentrum« zerbrach, als das »Zentrum« 1886 die Heeresvorlage in der gewünschten Form ablehnte und Bismarck, um sich einen gefügigen Reichstag zu schaffen, den Reichstag auflöste und Neuwahlen ausschrieb. Im Wahlkampf Anfang 1887 schlossen die Konservativen, die Freikonservativen und die Nationalliberalen ein Wahlbündnis zur gegenseitigen Unterstützung ab. Man nannte das Wahlabkommen das »Kartell«. Zwar wurde Bismarcks Hoffnung auf eine Schwächung des »Zentrums« enttäuscht; Verluste erlitten die Freisinnigen und die Sozialdemokraten. Die »Kartell-Parteien« aber errangen einen hohen Wahl-

sieg (220 von 397 Sitzen), und mit dieser rechtsorientierten Mehrheit konnte Bismarck in den letzten Jahren seiner Kanzlerschaft noch eine Reihe schwerwiegender Gesetze durch den Reichstag bringen, darunter das über die Heeresvermehrung und deren Finanzierung sowie das Gesetz zur Verlängerung der Legislaturperiode des Reichstags von drei auf fünf Jahre.
Bei den Wahlen vom 20. Februar 1890 erlitten die »Kartell-Parteien« allerdings eine katastrophale Niederlage (132 statt 220 Sitze), während »Zentrum« und SPD erkleckliche Gewinne erzielen konnten. Der Versuch Bismarcks, im neuen Reichstag eine Koalition aus Konservativen und »Zentrum« zu schaffen, trug mit zu seinem Sturz bei, den übrigens kein maßgeblicher Politiker und keine Partei bedauerte und zu verhindern suchte.

Von Bismarck zu Bülow
Parteien im Wandel

Mit dem gleichen Problem, nämlich keine zuverlässige Mehrheit im Reichstag zu finden, hatte auch Bismarcks Nachfolger Leo Graf von Caprivi (* 1831, † 1899) zu kämpfen. Seine Ansätze zu einer liberalen Wirtschaftspolitik wurden von den Konservativen verteufelt, die sich mehr und mehr, besonders unter dem Einfluß des »Bunds der Landwirte«, als Vertreter der Agrarier fühlten. Zum Sprecher kleinbürgerlicher und kleinbäuerlicher Interessen machte sich die parlamentarisch unbedeutende, aber lautstarke »Antisemitische Partei«.
Die große Zeit des »Zentrums« brach an, als sich der dritte Reichskanzler, Chlodwig Fürst zu Hohenlohe-Schillingsfürst (* 1819, † 1901), nach Verbündeten umsah. Die Partei trat aus der ihr teils aufgezwungenen, teils selbstgewählten Isolierung heraus, zeigte Bereitschaft zu Kompromissen und beteiligte sich zuverlässig an der Gesetzgebungsarbeit. Zwar blieb die Zentrumspartei eine eindeutig katholische Partei, und alle Versuche, sie auch für protestantische Wähler zu öffnen, scheiterten jetzt und in der Zukunft; aber sie hatte Platz für die Vertreter aller Schichten der Bevölkerung. Allerdings bestand besonders in der Kulturpolitik eine starke Hinneigung zu den Konservativen, ein Bündnis, das vielfach Unbehagen auslöste.
Neue Ideen, neue Ansätze brachte (oder hätte bringen können) die Gründung des »Nationalsozialen Vereins« (1896), die vor allem auf Friedrich Naumann (* 1860, † 1919) zurückzuführen ist. Hier wurde der Versuch unternommen, nationale und soziale Ziele zu vereinigen, die Sozialdemokratie an den bestehenden Staat heranzuführen und zu

einem Bündnis mit den liberalen Kräften zu kommen. Doch blieb den Nationalsozialen der Erfolg versagt; sie ging 1903 in der »Freisinnigen Vereinigung« auf. Naumann selbst vertrat diese Partei bis 1918 im Reichstag.
In der »Sozialdemokratischen Partei« hatte sich in den Jahren der Verfolgung die Überzeugung verfestigt, daß allein die Arbeiterklasse selbst die Befreiung der Arbeiter erkämpfen könne. So trug auch das neue, auf dem Parteitag zu Erfurt (1891) formulierte Programm deutlich marxistische Züge; und doch finden sich auch pragmatische Ansätze. In der Partei standen nun Theoretiker, wie etwa Kautsky, Praktikern gegenüber, die für konkrete Reformen eintraten, wie der Führer der bayerischen Sozialdemokraten Georg von Vollmar. Diese Gegensätze verschärften sich, als 1899 Eduard Bernstein einzelne Thesen von Karl Marx in Frage stellte.
In der Praxis des politischen Alltags setzten sich langsam und zunächst nur in den einzelnen Länderparlamenten die Reformer innerhalb der SPD gegen die Vertreter der reinen marxistischen Lehre durch. Im Wilhelminischen Preußen und im Reich aber gab es noch keine gemeinsame Plattform für sozialdemokratische und preußisch-konservative Politik.

Bülows »Block-Politik«

Eine Verständigung mit den Sozialdemokraten verhinderte auch die entschieden antisozialdemokratische Einstellung des Reichskanzlers Fürst Bülow (seit 1900) und seine seit 1906 betriebene »Block-Politik«. Bülow löste 1906 den Reichstag auf und setzte für 1907 Neuwahlen an, da er hoffte, nach einer Neuverteilung der Karten gegen »Zentrum« und Sozialdemokratie regieren zu können. Er belebte die Bismarcksche Idee des »Kartells« und formte einen »Block« aus Konservativen und Nationalliberalen, den er allerdings durch Hereinnahme der Freisinnigen nach links erweiterte.
Die Wahlen brachten dem »Block« beträchtliche Gewinne und den Sozialdemokraten herbe Verluste (fast die Hälfte der Sitze), das »Zentrum« wahrte seinen Besitzstand – ein Erfolg also für Bülow, aber ein problematischer Erfolg. In Wirklichkeit hatte nämlich die Reichstagsmehrheit der Blockparteien keine Mehrheit der Wähler hinter sich. Das »Zentrum« hatte 300000 Stimmen dazugewonnen, die SPD 250000, womit sie gleichzeitig die meisten Wähler unter allen Parteien für sich gewonnen hatte (3,25 Millionen von 11,26 Millionen). Doch die Einteilung der Wahlkreise und die Möglichkeiten des Wahlrechts

Stimmen und Mandatsverteilungen der Parteien 1871–1912

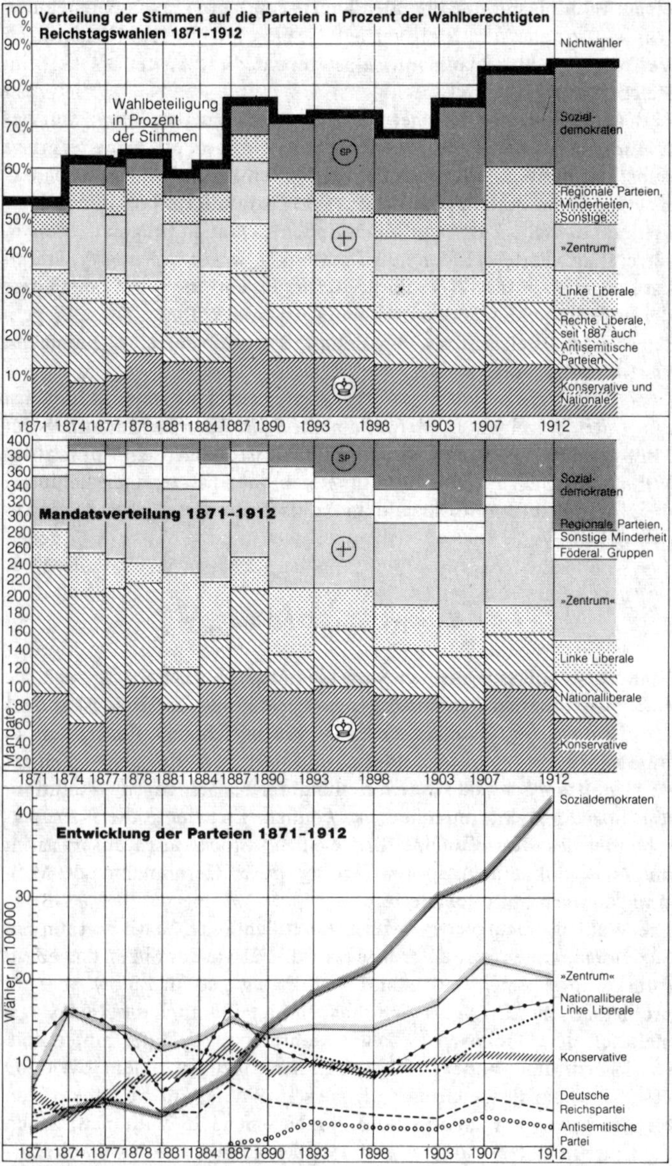

(Stichwahlen) verhinderten einen entsprechenden Gewinn an Mandaten.
Bülows Block hielt nicht lange zusammen. Zu wenig verband die Konservativen mit den Freisinnigen. Als 1909 die Konservativen mit dem »Zentrum« in den Fragen der Reichsfinanzreform stimmten, war der Kanzler am Ende. Er mußte gehen, weil ihn die Parlamentsmehrheit ablehnte. Der Kaiser hielt ihn nicht und berief Theobald von Bethmann Hollweg (* 1856, † 1921) zum neuen Kanzler.

Der letzte Reichstag des Kaiserreichs

Bülows »Block-Politik« und ihr Scheitern hatte indessen Folgen für das Parteienspektrum. Die linksliberalen Gruppen waren sich näher gekommen und hatten eine Fraktionsgemeinschaft geschlossen. Im Jahre 1910 schlossen sie sich in der »Fortschrittlichen Volkspartei« zusammen. Im Wahlkampf zum 13. und letzten Reichstag des Kaiserreichs 1912 öffnete sich nun auch die »Nationalliberale Partei« nach links zu den Fortschrittlern, und diese öffneten sich nach links zur SPD, da man sich links der Mitte einig war in der Frontstellung gegen Konservative und »Zentrum«. Die Folge war ein Umsturz der Mehrheitsverhältnisse im Reichstag, der gewiß nicht von allen gewünscht war. »Zentrum« und Konservative hatten Einbußen zu verzeichnen, aber auch alle liberalen Gruppen verloren Stimmen. Die SPD dagegen schickte in den neuen Reichstag 110 Abgeordnete statt bisher 43.
Zu einer Koalition der Linken (liberale Parteien, SPD) kam es dennoch nicht, da Nationalliberale und Sozialdemokraten in gewissen nationalen Fragen nicht übereinstimmten. In der politischen Arbeit im Reichstag gerieten die Konservativen immer stärker in die Isolation, da auch das »Zentrum«, stets darauf bedacht mitzuwirken, sich den Liberalen näherte. Die neue Mehrheit ohne die Konservativen nahm nun auch für sich in Anspruch, der Regierung ausdrücklich ihre Mißbilligung auszusprechen, wie die sogenannte »Zabernaffäre« 1913 bewies – ein Vorgang, der zwar politisch folgenlos blieb, aber einen bemerkenswerten Schritt auf dem Weg zur Parlamentarisierung bedeutete.

»Ich kenne keine Parteien, ich kenne nur noch Deutsche«

Der Kriegsausbruch 1914 stellte Reichsregierung und Reichstag vor so neue und so ungeahnte Probleme, daß die parteilichen ›Streitigkeiten‹

wenigstens vorübergehend als unwesentlich erscheinen konnten. Kaiser Wilhelm II. verkündete – für ihn keineswegs ein neues Programm – demonstrativ: »Ich kenne keine Parteien, ich kenne nur noch Deutsche«, und die Reichsregierung bemühte sich um einen »Burgfrieden«, der auch die Sozialdemokraten umfaßte, um die Geschlossenheit des deutschen Volkes gegenüber den Kriegsgegnern glaubhaft zu machen.
So wurde auch die SPD gewonnen, am 4. August 1914 für die Kriegskredite im Reichstag zu stimmen und auch alle anderen Kriegsmaßnahmen zu billigen. Die stärkste Reichstagsfraktion stand in diesem Augenblick zu dem Staat, der sie bisher so wenig ertragen konnte und dessen herrschende Kräfte sie selbst nicht hatte akzeptieren können. Die internationale Solidarität der sozialistischen Parteien zerbrach angesichts der nationalen Gegensätze und im Gefühl des Bedrohtseins. Die zustimmende Haltung wurde der SPD im Sommer 1914 auch dadurch erleichtert, daß der Kampf auch gegen das zaristische Rußland ging, das bei allen Sozialisten als Hort der Reaktion und Feind jeglichen Fortschritts galt.
Doch der Burgfriede sollte nicht lange währen. Die latent weiter vorhandenen Gegensätze entzündeten sich bereits Ende 1914 an der Frage der Kriegsziele. Während der sozialdemokratische Politiker Philipp Scheidemann (* 1865, † 1939) sich im Dezember 1914 zu einem Verständigungsfrieden bekannte und Eroberungen ablehnte, traten gleichzeitig die bürgerlichen Parteien, auch das »Zentrum«, nicht zuletzt unter dem Einfluß des antidemokratischen, nationalistischen »Alldeutschen Verbands« für einen Annexionsfrieden ein. Anlaß dazu bot auch die scheinbar günstige Kriegslage, deren tiefe Problematik die bürgerlichen Politiker nicht durchschauten. Der Kanzler Bethmann Hollweg, der sich zu keiner dieser Richtungen rückhaltlos bekannte, verlor nach und nach das Vertrauen der Rechten und der Linken.
Ein sich ständig erweiternder Riß ging auch durch die »Sozialdemokratische Partei« selbst. Eine radikale Gruppe, deren Sprecher Karl Liebknecht war, kritisierte seit 1914 mit zunehmender Schärfe die Bereitschaft der Partei, die Finanzierung des Kriegs mitzutragen. Diese Gruppe bekannte sich uneingeschränkt zum Ideal des Internationalismus. Die Spannungen innerhalb der Partei führten schließlich 1916 zum Ausschluß des linken Flügels, der sich 1917 als »Unabhängige Sozialdemokratische Partei« (USPD) neu formierte. Die größere Sozialdemokratische Partei, die »Mehrheitssozialisten«, identifizierten sich dagegen mehr und mehr bei allen noch bestehenden Vorbehalten mit den Zielen der Regierung. Zwar lehnte sie weiterhin alle Annexionsge-

lüste entschieden ab, aber sie befürchtete, daß eine Niederlage des Deutschen Reiches gerade für die Arbeiter verheerende Folgen haben könnte. Allerdings erwartete die Partei, daß die Regierung mit ihrer Absicht ernst machen würde, Reformen auf dem Gebiet der Innenpolitik ins Auge zu fassen, wobei man besonders an die Abschaffung des reaktionären preußischen Dreiklassenwahlrechts dachte. Unterstützung in diesen Bestrebungen konnten die Sozialdemokraten bei der »Fortschrittlichen Volkspartei«, beim »Zentrum« und sogar bei der »Nationalliberalen Partei« erwarten. Fortschrittler, »Zentrum« und Sozialdemokraten formulierten im Jahre 1917 auch die Friedensresolution des Reichstags.

Nach den revolutionären Ereignissen in Rußland im Februar 1917 schien die Regierung zu Reformen bereit zu sein. Ein »Ausschuß zur Prüfung verfassungsrechtlicher Fragen, insbesondere der Zusammensetzung der Volksvertretung und ihres Verhältnisses zur Regierung« trat zusammen, um letztlich auch die Parlamentarisierung voranzutreiben.

Aber die Reformen kamen nur zögernd voran, obwohl die Nachfolger Bethmann Hollwegs im Reichskanzleramt, Michaelis und Graf Hertling, zur Zusammenarbeit mit den Parteien bereit waren. Sie scheiterten am Einfluß der neugegründeten, extrem nationalistischen »Vaterlandspartei«, der Konservativen und der mit allen Konservativen verbündeten Obersten Heeresleitung. Als schließlich unter dem letzten kaiserlichen Reichskanzler Prinz Max von Baden die Reformen in Gang kamen (Oktober 1918), war es zu spät.

Die Revolution im November 1918 fegte die Monarchie hinweg und die letzte kaiserliche Regierung.

Literatur

Bergsträsser, Ludwig: Geschichte der politischen Parteien in Deutschland, München 1955

Ritter, Gerhard Albert (Hrsg.): Die deutschen Parteien vor 1918 (= Neue Wissenschaftliche Bibliothek 61, Geschichte), Köln 1973

Schieder, Theodor: Die geschichtlichen Grundlagen und Epochen des deutschen Parteienwesens. In: Schieder, Theodor: Staat und Gesellschaft im Wandel unserer Zeit, München 1958

Sell, Friedrich C.: Die Tragödie des deutschen Liberalismus, Stuttgart 1958

Tormin, Walter: Geschichte der deutschen Parteien seit 1848, Stuttgart/Berlin/Köln/Mainz 1966

GERHARD SCHATT

Handels- und Wirtschaftspolitik von 1871–1914

Am Anfang des »Zweiten Reiches«: Freie Marktwirtschaft – »Gründerboom« und »Gründerkrach« – Strukturwandel – Bismarck reagiert auf die Wirtschaftskrise von 1873 – Die Wirtschaft organisiert ihre politische Lobby – Schutzzoll-Politik – Wirtschaft und Politik vor 1914.

Als Adam Smith 1776 sein Buch »An Inquiery into the Nature and Causes of the Wealth of Nations« veröffentlichte, stieß er auf großes Interesse. Überall in Europa hatte man erkannt, daß die engen Bindungen, die Zunft- und Ständeordnung den Menschen auferlegten, überholt waren. Auch die merkantilistische Handelspolitik der Fürsten (siehe Band 7/8) war für die Wirtschaft mehr zur Last als zur Hilfe geworden, und so wartete man allerseits auf eine neue Idee – Adam Smith lieferte sie: Es war die Idee der »Freien Marktwirtschaft«, des internationalen Freihandels, des freien Spiels der wirtschaftlichen Kräfte.

Wirtschaft ohne Schranken

Smith ging von der Voraussetzung aus, daß der Egoismus der Einzelmenschen sich gegenseitig in Schach halten und durch die von ihm freigesetzten Kräfte zum allgemeinen Nutzen führen werde, und die Wirtschaft deshalb am besten ihren sich selbst regulierenden Kräften überlassen bleiben sollte. Allerdings hat Smith betont, daß sein Modell von Voraussetzungen ausgehe, die in der Realität nicht gegeben sind, wie gleiche Startchancen, vollständiger Wettbewerb ohne Machtkonzentrationen und andere. Diese Einschränkung hat Smiths Zeitgenossen und Nachfolger wenig gekümmert, und von der neuen Idee begeistert, die der liberalen Grundströmung der Zeit entgegenkam, forderten sie allerorten die Befreiung der Wirtschaft von allen Schranken. Die Napoleonischen Kriege mit ihren Einschränkungen hatten das ihre dazu getan, den Menschen die Nachteile einer räumlich begrenzten und staatlich reglementierten Wirtschaft vor Augen zu führen und so verwirklichten alle Staaten in der ersten Hälfte des 19. Jahrhunderts im

Aufschwung der Industrie und des internationalen Handels.
Weltausstellung Wien 1873.
Blick in die Maschinenabteilung des Deutschen Reiches.

großen und ganzen jene Freiheit von Wirtschaft und Handel, wie Adam Smith sie gefordert hatte. Freie Marktwirtschaft und politische Liberalisierung gingen Hand in Hand; die Erfolge der Industriellen Revolution schienen die Richtigkeit der neuen Lehre zu bestätigen, und um den Preis des Fortschritts, der im Elend des Industrieproletariats bestand, machte sich kaum jemand Gedanken.
Zwar forderten der Wirtschaftspolitiker Friedrich List (* 1789, † 1846) und andere Schutzzölle für die junge deutsche Industrie; doch nicht als Prinzip staatlicher Wirtschaftslenkung, sondern als zeitweiliges Instrument der deutschen Einigung, auch sollte es innerhalb des deutschen Zollgebiets durchaus nach den Regeln der Freien Marktwirtschaft zugehen, und außerdem propagierten die Anhänger der Zollvereinsidee (siehe Band 9) nicht einen Dauerschutz, sondern nur Erziehungszölle, die die deutsche Wirtschaft so lange schützen sollten, bis sie den harten Wettbewerb des internationalen Freihandels bestehen konnte.
So folgte die deutsche Politik den Ideen der wirtschaftlichen Selbst-

steuerung und zog sich immer mehr aus der Wirtschaft zurück. Auch im sozialen Bereich sah der Staat trotz verbreiteter Not keine Aufgabe und hoffte auf eine Selbstheilung des Übels, so daß Ferdinand Lassalle ihn spöttisch als »Nachtwächterstaat« bezeichnen konnte, der sich darauf beschränke, die Räuber im Zaum zu halten und Feuersbrünste zu verhindern. Auch nach der Reichsgründung 1871 galten zunächst die Regeln der Freien Marktwirtschaft.

Wirtschaftspolitik ohne klare Konzeption

Die wirtschaftspolitische Zurückhaltung der Regierung kam nicht nur aus der wirtschaftsliberalen Grundüberzeugung der staatstragenden Schichten, sondern sie hatte ihre Wurzeln auch in einem Theoriedefizit. Eine Wirtschaftstheorie, die diesen Namen verdient, gab es erst seit Adam Smith. Für die Politiker verwertbare Erkenntnisse lagen aber auch am Ende des Jahrhunderts noch nicht vor. In der deutschen Nationalökonomie gab bis zum I. Weltkrieg die Historische Schule Gustav Schmollers den Ton an. Sie sah es als ihre Aufgabe an, durch gründliche Erforschung der Wirtschaftsgeschichte erst einmal einen Erfahrungsschatz zu sammeln, der später zu einer brauchbaren Theorie der Wirtschaftspolitik führen sollte – soweit man Wirtschaftspolitik überhaupt als Aufgabe des Staates ansah. Es blieb jedoch im wesentlichen bei diesem Ansatz, und die Folge war, daß die verantwortlichen Politiker den praktischen Notwendigkeiten noch 1923 und 1929 während der Inflation bzw. der Weltwirtschaftskrise weitgehend hilflos gegenüberstanden. Das Juristenmonopol in der Staatsverwaltung trug das Seine dazu bei. Soweit im Kaiserreich und auch noch in der Weimarer Republik Wirtschaftspolitik getrieben wurde, erfolgte sie infolge des Fehlens einer tragfähigen Wirtschafts- und Gesellschaftstheorie konzeptionslos, d.h. die einzelnen Maßnahmen, die von den Notwendigkeiten der Tagespolitik diktiert waren, standen nicht im Zusammenhang eines Gesamtplanes und klar definierter Langzeitziele. Sie waren nicht zielbestimmte Aktionen, sondern in erster Linie Reaktionen der Regierung auf oft kurzfristigen Interessentenforderungen. Die Folge waren häufig widersprüchliche Maßnahmen.

Der mühsame Weg zu Zentralbehörden für die Wirtschaft

Für uns ist es selbstverständlich, daß das Bundeswirtschaftsministerium eines der größten und sein Minister einer der wichtigsten Männer

in der Regierung ist. Im »Zweiten Reich« fehlte eine solche Einrichtung völlig.
Zunächst hatte der neue deutsche Staat alle Hände voll zu tun mit der Vereinheitlichung des Reiches. Abbau der Münz- und Maßzersplitterung, Schaffung einer einheitlichen deutschen Zeit (erst 1893 verwirklicht!), Abbau der restlichen innerdeutschen Zollschranken und sonstiger Handelshemmnisse sowie Schaffung gemeinsamer Außenhandelspolitik nahmen viele Kräfte in Anspruch. Diese Aufgaben mußten von einem Staatsapparat bewältigt werden, den wir, an heutigen Verhältnissen gemessen, nur als bescheiden bezeichnen können. Für eine systematische Wirtschaftspolitik fehlten dem Reich zunächst die geeigneten Institutionen.
Zentrum der Wirtschaftspolitik war das Zentralbüro des Reichskanzlers (ab 1879 Reichsamt des Inneren). Es war durch die zahlreichen neuen Aufgaben überfordert und bediente sich deshalb der leistungsfähigen *preußischen* Ämter, z.B. des preußischen Handelsministeriums, als Hilfsorgan. Darin sahen aber jene deutschen Staaten, die 1871 der kleindeutschen Lösung widerwillig zugestimmt hatten, die Gefahr einer erdrückend werdenden Vorherrschaft Preußens, zumal ja dieser Reichsteil von seiner Größe und wirtschaftlichen Leistungsfähigkeit her ohnehin der überragende Partner war und auch zwei Drittel des Reichsheeres stellte. Vor allem im Montanbereich war Preußen durch den Besitz von Ruhr, Saar und Oberschlesien überlegen. Die kleineren Länder verlangten daher die Einrichtung entsprechender Reichsbehörden, doch geschahen die nötigen Schritte so spät und so langsam, daß sie vor dem Zusammenbruch von 1918 nicht mehr wesentlich wirksam wurden.
1872 wurde das Kaiserliche Statistische Amt gegründet, 1875 die Reichsbank und das Amt des Reichspostmeisters geschaffen, erst 1879 entstand das Reichsschatzamt. Bis dahin hatte das Reichskanzleramt die Einnahmen des Reiches sowie das Münzwesen verwaltet. 1880 entstand ein Reichsamt für Handel und Gewerbe, das sich aber fast nur mit Sozialpolitik beschäftigte. 1888 versuchte Bismarck eine Art Zentralministerium für die Wirtschaft einzurichten, scheiterte damit aber am Widerstand der Länder. Sie fürchteten nämlich, Preußen werde in ein solches Reichsamt seine Fachleute und den Apparat des preußischen Handelsministeriums einbringen und dadurch die kleineren Partner majorisieren. Außenwirtschaftsfragen gehörten bis zum I. Weltkrieg zum Bereich des Auswärtigen Amtes, und erst 1917 entstand aus den Notwendigkeiten der Rüstungswirtschaft heraus – und viel zu spät – ein Reichswirtschaftsministerium als zentrale, koordinierende Behörde.

Daß das Reich zwischen 1871 und 1913 keine großen neuen Aufgaben übernahm, ersehen wir auch aus dem Anteil der Staatsausgaben am Nettosozialprodukt. Er lag 1871/74 noch kriegsbedingt bei 14,3 Prozent, sank über 10,6 Prozent (1875/79) auf einen Tiefstand von 10,4 Prozent (1880/84) und kletterte dann langsam auf 14,5 Prozent in den Jahren 1910/13.
Zentralbehörden entstanden also nur langsam und die preußischen Ministerien beobachtete man im Reich mit Mißtrauen. Kein Wunder, daß vor 1914 der staatliche Einfluß auf die Wirtschaft nicht sehr intensiv sein konnte. Auch dies spricht gegen die gelegentlich zu hörende Behauptung, schon von seiner Gründung an habe das Reich einen imperialistischen Charakter gehabt und zielstrebig auf den Ersten Weltkrieg als eine Möglichkeit zur Erringung der Weltherrschaft hingearbeitet.
Erst 1912 wurde eine Kommission gegründet, die sich mit Fragen der Wirtschaft im Falle eines möglichen Krieges befassen sollte. Sie trat aber erst im Mai 1914 zusammen und beschäftigte sich nur theoretisch mit der Nahrungsmittelversorgung. Das Reich ging also wirtschaftlich unvorbereitet in den Krieg.

Wirtschaftspolitik nach der Reichsgründung: Außenhandelspolitik

Da nach 1871 zunächst die Regeln der Freien Marktwirtschaft galten, bestand Wirtschaftspolitik fast nur aus der Regelung des Verhältnisses zu anderen Staaten, also aus Handelspolitik. In Preußen waren die Grundbesitzer und die Mehrzahl der Unternehmer wegen ihrer Exportinteressen für den Freihandel; gegen den Freihandel waren Teile der Metallindustrie, weil sie die Konkurrenz der technisch fortschrittlicheren Engländer fürchteten. Für Freihandel waren auch die Wissenschaftler und die Beamten. Da in Preußen eine Mehrheit für den Freihandel eintrat, war man in den meisten süddeutschen Staaten aus antipreußischen Ressentiments gegen ihn. Gegen ihn eingestellt war auch die süddeutsche Baumwollindustrie, die die englische Konkurrenz fürchtete. (Bis in den Anfang des Kaiserreichs blieb die Textilbranche der größte deutsche Industriezweig.)
Österreich hatte die Anhänger der Schutzzollidee bis 1866 unterstützt. Als Bismarck Österreich aus der deutschen Politik ausschaltete, konnte sich die freihändlerisch gesinnte preußische Mehrheit durchsetzen.
Bismarck hat vor 1871 Fragen der Wirtschaftspolitik vorwiegend unter

Betriebsgrößen und Beschäftigte

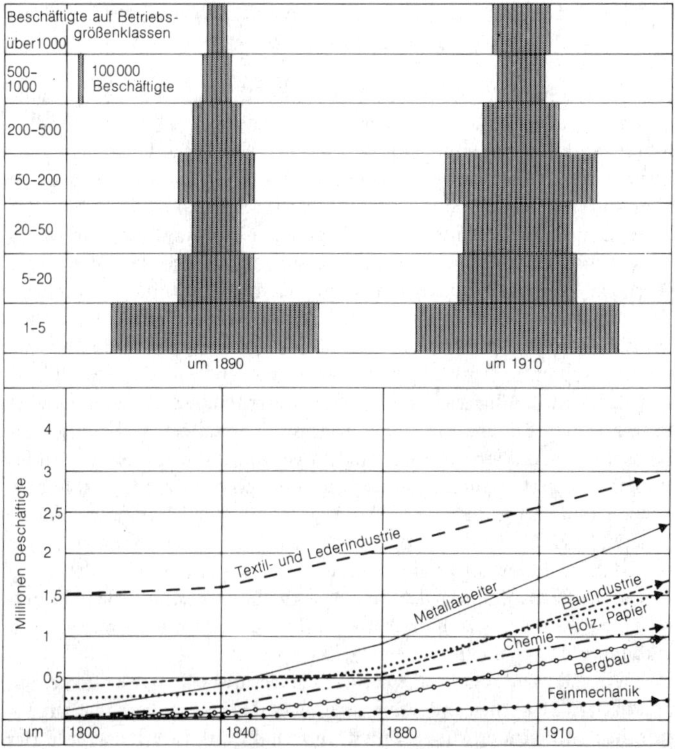

dem Gesichtspunkt der Reichseinigung gesehen. Als das Ziel erreicht war, schenkte er deshalb der Wirtschaft zunächst keine wesentliche Aufmerksamkeit mehr. Die jungen Reichsbehörden wären durch systematische Wirtschaftspolitik überfordert gewesen. Die Mehrheit der politischen Führungsschicht, allen voran der Chef des Reichskanzleramtes, Rudolf von Delbrück, und die einflußreichen Großgrundbesitzer, vertraten die Freihandelsidee, und der Wirtschaftsaufschwung der »Gründerjahre« (siehe Seite 144) beseitigte manche jener ökonomischen Schwierigkeiten, die vor der Reichsgründung zu Schutzzollforderungen geführt hatten. So begann das »Zweite Reich« seine Wirtschafts- und Handelspolitik unter dem Zeichen der Freien Marktwirtschaft und des internationalen Freihandels. Wirtschafts- und Handelspolitik beschränkten sich im wesentlichen auf Außenzölle, internationale Handelsverträge und Steuerfragen.

Strukturwandel auf dem Weg zum Industriestaat
Der »Gründerkrach«

Die Entwicklung der Wirtschaft schien die Richtigkeit des eingeschlagenen Weges zu bestätigen. Deshalb begann das 1871 neugegründete Reich seine Außenhandelspolitik mit einer Senkung der Außenzölle. Zum 1. Januar 1877 sollten die letzten Eisenzölle ganz fortfallen. Dann aber änderte sich die Situation schlagartig: Schon von 1850 bis 1871 hatte Deutschland einen ununterbrochenen Konjunkturaufschwung mit wachsendem Sozialprodukt und steigenden Preisen erlebt. Das jährliche Wirtschaftswachstum betrug im Durchschnitt 4–5 Prozent. Der Sieg von 1871 über Frankreich ließ nun die wirtschaftlichen Erwartungen übertrieben steigen. Das Reich tilgte mit den hohen französischen Reparationszahlungen schlagartig einen Teil seiner Schulden, so daß Kapital billig war. Immer neue Unternehmen schossen wie die Pilze aus dem Boden, und alte wurden stark erweitert. Viele hatten als Basis nur einen übertriebenen Zukunftsoptimismus und ein unsolides Finanzierungsfundament. So konnte die Reaktion nicht ausbleiben, und sie kam im Frühjahr 1873. Anfangs trug sie die Merkmale einer typischen Spekulationskrise, d.h. bei vielen neuen Unternehmen zeigte sich, daß Fachkenntnisse und ausreichendes Eigenkapital fehlten, und sie brachen zusammen. Auch manches alte Unternehmen, das die Entwicklung falsch eingeschätzt hatte, mußte schließen. Bald war aber zu erkennen, daß mehr hinter dieser Krise steckte.

Die Wirtschaft war nicht nur gewachsen, sondern sie hatte auch einen drastischen Strukturwandel durchgemacht. Das Handwerk war zugunsten der Industrie zurückgefallen, innerhalb der Industrie hatte der Aufstieg der Großbetriebe begonnen, neue Wirtschaftszweige (z. B. die chemische Industrie) waren entstanden und zum Teil zu schnell gewachsen. Es konnte nicht ausbleiben, daß dieser Wandel Umstellungsschwierigkeiten auslöste, die das weitere Wachstum bremsten. Hinter der Spekulationskrise kam eine Strukturkrise zum Vorschein. Ihre Begleiterscheinungen waren Arbeitslosigkeit und Preisverfall. Zwischen 1873 und 1879 sanken die Großhandelspreise um ein Drittel; so fiel z.B. der Preis für eine Tonne Kohle von 14–15 Mark auf 4,15–5,20 Mark! Der Preisverfall war so nachhaltig, daß die Preise für Industrierohstoffe erst 1908, die Lebensmittelpreise sogar erst 1910 wieder den Stand von 1872 erreichten. Da es noch keine staatlich garantierten Mindestlöhne gab, sondern die Einkommen den Gesetzen von Angebot und Nachfrage unterlagen, sanken die Löhne entsprechend. Die Unternehmer wirkten dem Preisverfall außerdem auf der Kostenseite durch entschiedene Rationalisierung und die Entwicklung kostengün-

***Frauen in der industriellen Produktion,** zunächst im Bereich des Dienstleistungssektors, dann zunehmend auch in der Verbrauchsgüterindustrie: Klebesaal für Pharmaverpackungen von Bayer-Leverkusen mit 220 Arbeiterinnen (1903).*

stigerer Produktionsverfahren entgegen, was zu Arbeitslosigkeit führte. Ferner erhöhten sie möglichst die Stückzahlen, um die fixen Kosten besser verteilen zu können. Es setzte ein mörderischer Preiskampf ein, die Produktion sank aber, von Ausnahmen abgesehen, nicht. Das Wirtschaftswachstum ging auf jährlich 2,6 bis 3 Prozent zurück, blieb aber erhalten. Wir haben das typische Bild einer Mengenkonjunktur mit Preisverfall vor uns, die von Arbeitslosigkeit und Unternehmenszusammenbrüchen begleitet war. Im Verlauf dieser Entwicklung wurden alle veralteten oder nicht anpassungsfähigen Unternehmen vernichtet. Deutschland verwandelte sich in einen modernen Industriestaat.

Montan- und Agrar-Krise – Forderung von Schutzzöllen

Neben dem Preiskampf suchte die Industrie einen Ausweg in verstärktem Export, notfalls über Dumpingmethoden, d. h. man exportierte zu

Alfred Krupp

Aufstieg zur industriellen Weltmacht. *Durch Einsatz modernster Techniken gelang es der Fa. Krupp, in kürzester Zeit zu einem Weltunternehmen der Stahlindustrie aufzusteigen. Rüstungsaufträge forcieren den Aufstieg. – Links außen: Die 1811 gegründete Gußstahlfabrik von Friedrich Krupp in Essen. – Mitte: Alfred Krupp, der die Firma zur Weltgeltung führte. – Oben: Vogelschau der Krupp-Werke/Essen 1912. – Links nebenstehend: Blick in den Kernhof der Fabriken. – Unten: Villa Hügel, die fürstliche Residenz der Familie.*

Beginn einer neuen, technisierten Welt des Verkehrs. *Vorführung der von Siemens & Halske entwickelten elektrischen Bahn auf der Gewerbeausstellung in Berlin 1879.*

Preisen, die nicht mehr die vollen Kosten deckten, wenn man dabei nur die produktionsabhängigen Kosten hereinbrachte und die Stückzahlen hochhielt. Der Preisverfall ergriff bald alle Industriestaaten und alle griffen zu denselben Methoden. Die Folge war, daß jene Teile der deutschen Industrie, die besonders in Schwierigkeiten kamen (v. a. Teile des Bergbaus und der Eisenindustrie) nach Schutzzöllen riefen. Allerdings sah ein Teil der Unternehmer ganz klar, daß deutsche Schutzzölle Vergeltungszölle des Auslandes provozieren und damit den eigenen Exportinteressen schaden mußten. Die Anhänger des Schutzzolls setzten sich aber durch und organisierten sich 1876 unter der Leitung von Kardorffs im »Zentralverein deutscher Industrieller«. Auch auf dem Gebiet der Landwirtschaft gab es Schwierigkeiten. Das Wachsen der Bevölkerung verringerte die deutschen Getreideexporte von Jahr zu Jahr, dazu tauchten neue Konkurrenten auf dem eigenen Markt auf, und vom Anfang der siebziger Jahre an begann in Deutschland der Getreidepreis zu sinken. 1876 gab es bei Weizen erstmals keinen Exportüberschuß mehr. Damit war das Interesse der Landwirt-

schaft am Freihandel stark gesunken. Es verkehrte sich in lautstarke Forderung nach Schutzzöllen, als der Preisverfall 1879 auch die Getreidemärkte ergriff.
Die Eisenbahnen hatten in den vorhergehenden Jahren die Weiten Nordamerikas erschlossen. Sie senkten aber auch die Transportkosten (in den USA 1894 für Getreide nur noch 20 Prozent der Kosten von 1873!). Dazu sanken die Kosten des Seetransportes. Die in den USA sehr bald einsetzende Mechanisierung der Landwirtschaft drückte auch die Produktionskosten, und so überschwemmten die USA, in kleinerem Maße auch Kanada, den europäischen Markt mit billigem Getreide zu Preisen, denen die deutschen Landwirte nicht gewachsen waren. Durch den neuen Suezkanal kam dazu auch noch der erste Weizen aus Indien und Australien auf den Markt, und auch Rußland trat als Konkurrent auf, nachdem seine Eisenbahnen die Anbaugebiete der Ukraine mit den Häfen am Schwarzen Meer verbunden hatten. Entscheidend für Deutschland aber waren die USA, und von dort her wuchs der Preisdruck von Jahr zu Jahr.
Ebenso wie die Industrie, beantwortete auch die Landwirtschaft den Preisverfall mit massiven Schutzzollforderungen. Fast zeitgleich mit der Industrie organisierten sich die Bauern und Grundbesitzer 1876 in der »Vereinigung der Steuer- und Wirtschaftsreformer«, um ihre Forderungen gegenüber den Politikern durchzusetzen.

Die Wende von 1876
Bismarcks Schutzzollpolitik beendet die Freihandelsphase

Bismarck beobachtete die Entwicklung aufmerksam, denn die innenpolitische Lage war durch den Kulturkampf und das schärfer werdende Vorgehen gegen die Sozialisten ohnehin schon gespannt. Jetzt kam die Wirtschaftskrise hinzu. Wir wissen, daß Bismarck weder Anhänger des Freihandels noch der Schutzzollidee war. Für ihn zählte die politische Zweckmäßigkeit einer Maßnahme. Sein Ziel war, keine neuen innenpolitischen Fronten aufzubauen, sondern eine Wirtschaftspolitik zu treiben, die ihm für seine sonstigen Ziele möglichst viel Unterstützung sicherte und zugleich die soziale Lage entspannte. In diesem Fall schien es Bismarck zweckmäßig zu sein, den Schutzzollforderungen nachzugeben. Seine eigenen Interessen als Gutsbesitzer und Kapitaleigner mögen ihm den Entschluß erleichtert haben, und so wurden zum 1. Januar 1880 die ersten Schutzzölle für Industrie und Landwirtschaft eingeführt. Neben der Rücksicht auf diese beiden Wirtschaftszweige spielte sicher auch noch eine andere Überlegung

eine Rolle. Die Finanzquellen des Reiches waren Einnahmen aus eigenen Wirtschaftsunternehmen, Beiträge der Reichsländer und Zölle. Da die erstgenannten Einnahmen in der Krise stark sanken, die zweiten das Reich aber von den Ländern abhängig machten, mag Bismarck in der Schutzzollpolitik eine Gelegenheit gesehen haben, das Reich von den Ländern unabhängiger zu machen. Er wollte auch, wie er 1876 sagte, »die gesamte nationale Produktion heben«, nicht nur, um den Lebensstandard zu steigern und damit den Sozialisten den Wind aus den Segeln zu nehmen, sondern auch, um durch mehr Arbeitsplätze die militärisch unerwünschte Auswanderung zu bremsen.
Als Ergebnis dieser Überlegungen hatte sich Bismarck seit 1874/75 dem Gedanken des Schutzzolls zugewandt. Handelspolitik wurde also als Mittel der Konjunktur- und der Sozialpolitik eingesetzt. Wegen dieser Wendung mußte der Präsident des Reichskanzleramtes, Rudolf von Delbrück (* 1817, † 1903), der sich den Plänen Bismarcks widersetzte, bereits 1876 gehen. Mit ihm wurde eine ganze Reihe weiterer hoher Beamter entlassen bzw. versetzt. Damit verloren die im Deutschen Handelstag organisierten Anhänger des Freihandels ihre wichtigste politische Stütze. Die Ära des Freihandels war zu Ende.
Es ist sicher zu scharf formuliert, wenn der Historiker Wilhelm Treue schreibt: »Die Weltwirtschaft löste sich in eine Vielzahl nationaler Volkswirtschaften auf«, denn im großen und ganzen hielten sich die neuen Zölle in mäßigen Grenzen und der Außenhandel entwickelte sich trotz der Zölle kräftig weiter. Mochte bei den Zeitgenossen die Wendung Bismarcks zum Schutzzoll auch den Eindruck eines dramatischen Wandels erwecken, so erscheint von unserer Position aus zurückblickend die Periode zwischen 1876 und 1914 geradezu als ein Paradies des Welthandels. Es ist aber nicht zu leugnen, daß die Wendung Bismarcks einen grundlegenden Wandel in der Qualität der Politik einleitete, der bis in unsere Tage nachwirkt.

Die Zeit nach Bismarck: Wirtschafts- und Handelspolitik im Zeichen der Interessenverbände

Nachdem Bismarck 1879 die ersten Schutzzölle durchgesetzt hatte, folgte der Erholung nach dem Gründerkrach im Jahre 1882 eine weitere Wirtschaftskrise, allerdings von kürzerer Dauer und geringerer Intensität. Hierbei zeigte sich, daß die neuen Zölle durchaus nicht in der Lage waren, die deutsche Wirtschaft vor scharfer Auslandskonkurrenz abzuschirmen. Innenpolitisch hatte sich der Schutzzoll allerdings gelohnt, denn er brachte Bismarck bei den Reichstagswahlen 1887 eine bequeme Mehrheit ein.

Der Schutzzoll versagte in der Krise von 1882, weil die Zollmauern zu niedrig waren, um ernsthafte Konkurrenz von den deutschen Märkten fernhalten zu können. Das mag die Hauptursache dafür gewesen sein, daß Bismarcks Nachfolger, Leo Graf von Caprivi (Kanzler 1890–1894), versuchte, die Zölle wieder zu senken, zumal wichtige Handelspartner die deutschen mit eigenen Zöllen beantwortet hatten (Österreich 1877, Italien 1878, Frankreich 1881) und so schließlich kein Land auf Kosten eines anderen einen Vorteil für sich verbuchen konnte. Caprivi schloß mit Belgien, Italien, Österreich und Rußland Handelsverträge ab, die die gegenseitigen Zölle abbauten.

In der Amtszeit des Kanzlers Chlodwig Fürst zu Hohenlohe-Schillingsfürst (Kanzler 1894–1900) kam diese Entwicklung wieder ins Stocken, denn die Befürworter der Schutzzollpolitik erhöhten ihren Einfluß immer mehr.

In den Krisen von 1873 und 1882 hatten die Großbanken beträchtliche Anteile am Vermögen der Industrie erworben und nutzten ihren Einfluß dazu, die Unternehmen zu einer einheitlichen Lobby zusammenzuschließen. Daneben lief ein intensiver Konzentrationsprozeß zu immer größeren Konzernen, die unter der Kontrolle einer relativ kleinen Zahl von Familien standen. Wir sehen weiterhin einen starken Kartellierungsvorgang, d.h. der Wettbewerb wurde durch vertragliche Abmachungen ausgeschlossen oder eingeschränkt. Der ganze Prozeß lief also darauf hinaus, die Industrie zu einer gemeinsam handelnden und politisch ihre Interessen aktiv vertretenden Lobby zusammenzufassen, die mit den Verbänden der Landwirtschaft Hand in Hand arbeitete. Die Führer dieser Machtkonzentrationen hatten zudem familiäre und gesellschaftliche Verbindungen zur politischen Führungsschicht (erinnert sei nur an das Verhältnis Krupps zu Wilhelm II.), und schließlich wandelten sich die Parteien von Honoratiorenparteien zu Massenparteien. Politik wurde nun nicht mehr von wirtschaftlich unabhängigen und politisch recht selbständigen Einzelgängern gemacht, die ihre Kosten selber trugen, sondern es tauchte der neue Typ des bezahlten Berufspolitikers auf, der von seiner Partei abhängig war. Hinter dieser Partei standen im bürgerlichen Lager oft genug die Verbandsfunktionäre der Wirtschaft oder die industriellen Geldgeber, die den Lauf der Dinge in ihrem Sinne zu steuern trachteten.

Es ist sicher falsch, die Politik jener Zeit als »Selbstbedienungsladen der Wirtschaft« zu bezeichnen, wie dies gelegentlich geschieht. Es ist aber ebenso unverkennbar, daß der Einfluß der Wirtschaft und ihrer Verbände auf die Politik wuchs. Bemerkenswert ist, daß der Staat auf

das Entstehen dieser privaten Machtkonzentrationen kaum reagierte, so daß wir bald auf der einen Seite schlagkräftige Interessenvertretungen, auf der anderen Seite aber einen zurückgebliebenen Staatsapparat nach dem Muster des ablaufenden Jahrhunderts haben, der sich bei den immer komplexer werdenden politischen Entscheidungen auch immer öfter des Sachverstandes und der Hilfsmittel der Verbände bedienen mußte.
Hohenlohe-Schillingsfürst hat die Zölle unter diesem Interessen-Druck gehalten oder nur mäßig erhöht. Von Bülow (Kanzler 1900–1909) und von Bethmann Hollweg (Kanzler 1909–1917) gaben dem Einfluß der Interessen, v.a. bei Landwirtschaftserzeugnissen, immer mehr nach. Trotzdem kann man nicht sagen, daß die Zollpolitik die Entfaltung der Binnenwirtschaft sonderlich gefördert oder die des Außenhandels gehemmt hätte. Dazu waren die Zollsätze nicht hoch genug. Am ehesten wirkten sie noch in der Landwirtschaft, wo der Kostenunterschied zwischen den USA und Deutschland sehr stark und die Zölle am höchsten waren. Hier wurde den deutschen Bauern das Überleben ermöglicht. Der Preis bestand aber im Verzicht auf ein mögliches Sinken der Lebenshaltungskosten durch Billigimporte.
Das deutsche Sozialprodukt stieg hinter den Zollmauern zwischen 1896 und 1914 um 4 bis 5 Prozent pro Jahr. Das war aber nicht mehr als in anderen Staaten mit niedrigeren Zöllen. Dafür stieg der deutsche Außenhandel trotz der Zölle fast doppelt so schnell wie die Industrieproduktion und schneller als in anderen Staaten. Das Reich überflügelte im Außenhandel 1880 Frankreich, kurz vor 1914 auch die USA und lag damit hinter Großbritannien auf dem zweiten Platz. Ursache für den Exporterfolg war die technologische Überlegenheit der deutschen Industrie in jener Zeit.
Entscheidend war an der Wirtschaftspolitik des »Zweiten Reiches« nicht, wieviel der Staat durch seine Politik in der Wirtschaft änderte, sondern daß er überhaupt aktiv wurde und damit das Milieu schuf, das dann in der Weimarer Republik mit ihrem ständigen und intensiven Hineinregieren in die Wirtschaft zum Tragen kam.

Die politischen Folgen des Wandels von 1876

Linke wie rechte Geschichtsschreibung haben es vereint so dargestellt, wenn auch aus unterschiedlichen Motiven, als habe die Wende von 1876/79 den Weg in den I. Weltkrieg eingeläutet, als seien die folgenden Jahre eine mit handelspolitischen Mitteln geführte Vorstufe des Krieges gewesen. Das waren sie mit Sicherheit nicht. Wir können da-

Paläste und Zentralen des Handels und der Finanz.
Oben links: Blick in den Kassensaal der Reichsbank Berlin. –
Oben rechts: Telefonvermittlungssaal mit Hunderten von Telefonistinnen in der Berliner Post um die Jahrhundertwende. –
Unten: Warenhaus Wertheim, Berlin 1900.

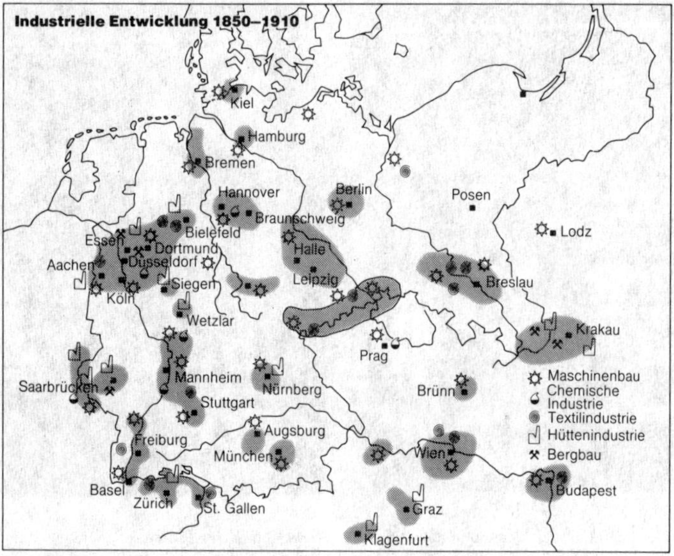

Berufszugehörigkeit in Prozenten 1880/1910 **Wirtschaftsgruppen**

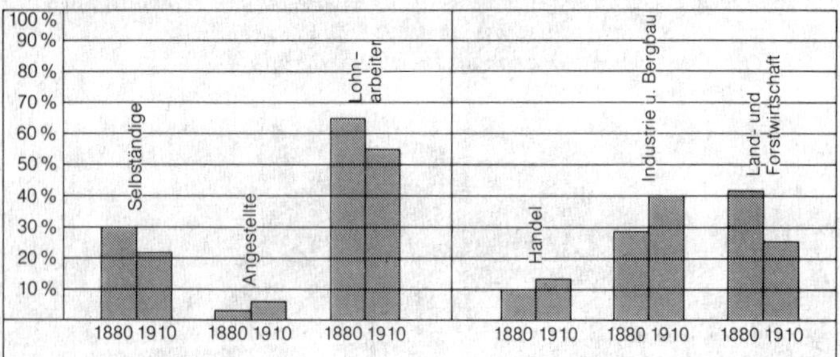

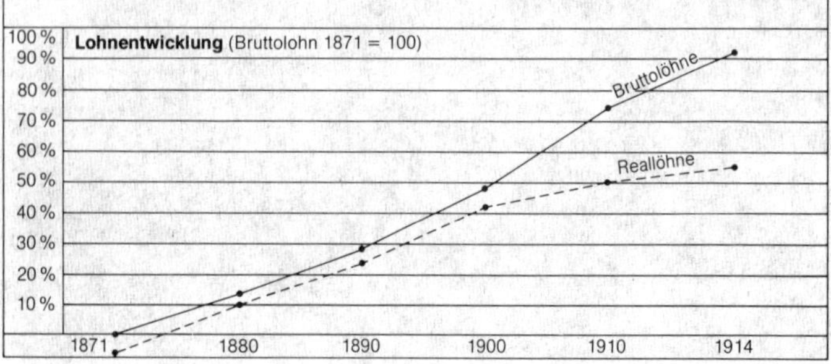

von ausgehen, daß es nicht die Nichterneuerung (1890) des von Bismarck 1887 auf drei Jahre geschlossenen »Rückversicherungsvertrages« (siehe Seite 51) war, die Rußland näher an Frankreich rückte. Zwar hatte Bismarck, als er die aus Rußland nach Deutschland kommenden Getreideexporte mit Zöllen belegte, das Reich des Zaren an einem zentralen Punkt getroffen: denn Rußland brauchte, wenn es seinen Entwicklungsrückstand aufholen wollte, Investitionsgüterimporte, die fast nur mit Getreideexporten bezahlt werden konnten. Ein anderer Weg waren Anleihen, und auch hier hatte schon Bismarck einmal den deutschen Kapitalmarkt für russische Anleihen gesperrt, um Druck auf den Zaren auszuüben. Diese Maßnahmen hatten in der Tat zu einer tiefen Entfremdung zwischen Deutschland und Rußland geführt, und wenn Caprivi den »Rückversicherungsvertrag« nicht erneuerte, so war das vielleicht eine formale Ungeschicklichkeit, nicht aber ein Kurswechsel. So sehr aber die deutsche Wirtschaftspolitik hier in diesem einzelnen Fall wirklich politische Daten veränderte, so wenig ist dies allgemein der Fall gewesen. Weder die deutsche, noch die französische oder englische Politik waren vom Gesichtspunkt des Handelsneides oder Handelskrieges bestimmt. Es war genug Platz für alle da, und alle internationalen Wirtschaftsfragen konnten vor 1914 auf der Basis von Abkommen geregelt werden. Auch das schlechte Abschneiden Deutschlands in der Marokkofrage (militärisches Eingreifen Deutschlands in Marokko 1905 und 1911 im Gegensatz zu Frankreichs Kolonialpolitik) hatte seine Ursache nicht in wirtschaftlichen, sondern in politischen Bedingungen. Wir dürfen nicht nach scharfmacherischen Reden nationalistischer Minderheiten, auch nicht nach den im Krieg formulierten wirtschaftlichen Kriegszielen urteilen. Diese paßten zwar in die chauvinistisch-expansive Konzeption so mancher Imperialisten, waren aber nicht die Ursache des Krieges, sondern – wenigstens teilweise – Folge der Blockadeerfahrungen im Krieg. Die später vom Nationalsozialismus aufgenommene Lebensraumlehre (Deutschland brauche Lebensraum vor allem im Osten) war vor 1914 keine allgemein herrschende Ansicht.

Die deutsche Außenwirtschaft hat sich im »Zweiten Reich« etwa verdreifacht, anderswo sah es ähnlich aus, und fast allen Politikern war es klar, daß der nationale Vorteil auf Gegenseitigkeit beruhte. Ein Wirtschaftskrieg fand vor 1914 nicht statt.

Zusammenfassend kann man feststellen: Als das »Zweite Reich« gegründet wurde, war man allgemein der Ansicht, daß die Wirtschaft sich selbst regeln könne. Es gab daher auch bis 1914 keine nennenswerte Wirtschaftsbürokratie. Ebenso fehlten theoretische Kenntnisse über staatliche Wirtschaftspolitik bis 1914 weitgehend. Im Zentrum der Überlegungen stand seit dem Gründerkrach die Sozialpolitik. Als Bismarck zu Schutzzöllen überging, war dies keine Grundsatzentscheidung dahingehend, daß der Staat nun die Steuerung der Wirtschaft übernehmen solle, sondern es war ein Mittel, das als zweckmäßig zur Besserung der sozialen Lage erachtet wurde. Konjunkturpolitik gab es ebensowenig wie Währungspolitik, also versuchte man es mit Handelspolitik, weil man sich von ihr Schutz der Arbeitsplätze erhoffte. Die Industrie- und Agrarlobby hat zwar ihre Schutzzollforderungen immer weiter verstärkt, auch als die Arbeitslosigkeit längst beseitigt war, die Integration Deutschlands in die Weltwirtschaft war aber 1914 trotzdem in vollem Gange.

Literatur

Henning, Friedrich-Wilhelm: Die Industrialisierung in Deutschland 1800–1914, Paderborn 1973
Wehler, Hans-Ulrich: Bismarck und der Imperialismus, München 1976

GERHARD SCHATT

Deutschland und Übersee

Deutschland bleibt der Kolonialpolitik fern – Die öffentliche Meinung ändert sich und Bismarck denkt um – Ein Kolonialreich entsteht – Die Rechnung geht nicht auf.

Am frühen Kolonialismus war Deutschland nicht beteiligt. Zwar hatte das Handelshaus der Welser im 16. Jahrhundert versucht, in Venezuela ein Handelsimperium aufzubauen, auch hatte der Große Kurfürst 1683 mit seiner Handelsniederlassung Groß-Friedrichsburg an der Goldküste, im heutigen Ghana (1717 aufgegeben), einen ›Kolonial-Stützpunkt‹ begründet, doch waren das nur Episoden gewesen. Preußen schaute nach Osteuropa, und die anderen deutschen Staaten waren durch Reformationswirren und Dreißigjährigen Krieg geschwächt und nicht in der Lage oder nicht daran interessiert, den Blick in die Ferne zu richten. So hatten sich zwar Deutsche an fast allen großen Entdeckungsreisen und auch an Kolonialunternehmen anderer Staaten beteiligt, die deutschen Länder aber waren nicht vertreten.
Im 18. Jahrhundert nahmen der Gegensatz zwischen Preußen und Österreich sowie die Binnenkolonisation alle Kräfte in Anspruch, und in den ersten drei Vierteln des 19. Jahrhunderts stand der deutsche Einigungsprozeß im Mittelpunkt der Aufmerksamkeit. Bevölkerungswachstum und soziale Umschichtungen im Rahmen der Industriellen Revolution verursachten zwar eine massive Auswanderung, es kam aber nicht zur Bildung deutscher Überseeterritorien aus Siedlungskolonien.
Mit dem Ausgreifen Frankreichs nach Nordafrika ab 1830 und der Aufteilung Hinterindiens und Indochinas zwischen England und Frankreich ab 1860 begann die letzte Phase der Kolonialexpansion. Aber auch in dieser Zeit haben sich bei uns, von Ausnahmen abgesehen, keine Stimmen gerührt, die eine Beteiligung an der Aufteilung der Welt verlangt hätten. Jene, die an überseeischen Fragen Interesse hatten, forderten gemäß den Idealen der Freien Marktwirtschaft weltweiten Freihandel ohne Behinderung durch Zölle oder andere Einschrän-

kungen, nicht aber Kolonien. In den siebziger Jahren änderte sich die Situation. Plötzlich wurden zahlreiche und lautstarke Parolen hörbar, wie »Deutschland ist bei der Verteilung der Welt zu kurz gekommen«, »Auch wir haben Anspruch auf einen Platz an der Sonne« oder »Wir sind ein Volk ohne Raum«. Woher kam diese überraschende Änderung?

Kolonien – Befriedigung nationaler und wirtschaftlicher Bedürfnisse?

Wir können mehrere Faktoren erkennen, die am Wandel beteiligt waren: Die Integration Deutschlands in die Weltwirtschaft kam seit der Mitte des 19. Jahrhunderts stärker in Gang. Es entstanden erste regelmäßige Schiffsverbindungen nach Übersee, und der wachsende Außenhandel erweiterte das Weltbild vieler Menschen. Die schon seit 1815 immer stärker zunehmende Auswanderung weckte in breiten Bevölkerungsschichten das Interesse für fremde Länder, vor allem in Übersee. Damit hatte sich die geistige Basis gewandelt, ohne daß es noch zu Konsequenzen gekommen wäre, denn alle politischen Energien waren auf Liberalisierung und Reichseinheit gerichtet. Nach der Reichsgründung von 1871 wurden diese Kräfte frei. Das Ziel der Einigung war erreicht, und es war im Rahmen eines großen militärischen Erfolges erreicht worden. Deutschland fühlte sich als Großmacht. Die nationale Begeisterung suchte nun ein neues Betätigungsfeld, und dieses hieß Vergrößerung des äußeren Einflusses und nationales Prestige. Trotzdem fehlte noch die Idee, Deutschland solle durch Kolonien zum Weltreich werden. Politische Größe suchte man in Europa. Kolonien galten, vor allem für Bismarck, als ein Engagement, das nur zu Verwicklungen führen konnte. Es mußten also noch weitere Faktoren hinzukommen, um das Interesse für Kolonien zu wecken. Hier können wir vor allem zwei Ursachen feststellen, nämlich die ökonomischen, sozialen und innenpolitischen Folgen der Wirtschaftskrisen von 1873 und 1882, und die Wirkung der Presse auf die öffentliche Meinung.
Mit den Wirtschaftskrisen begannen tiefgreifende und lange andauernde wirtschaftliche und soziale Schwierigkeiten. Sie gingen parallel mit dem Aufstieg der Sozialdemokratie. Viele der Verantwortlichen im bürgerlichen Lager befürchteten den baldigen Ausbruch einer sozialen Revolution. Allgemein war man der Meinung, diesen Nöten könne nur dadurch gegengesteuert werden, daß der Industrie für ihre Überproduktion neue Absatzmärkte geöffnet würden, um die Lage der Unternehmer, aber auch die sozialen Spannungen zu entschärfen.
Es ist bemerkenswert, daß gegen den immer lauter werdenden Chor

der Forderungen kaum eine Stimme zu vernehmen war, die diese Vorstellungen auf ihre ökonomische Tragfähigkeit geprüft hätte. Niemand stellte die Frage, ob man denn die zu exportierende Überproduktion verschenken, oder was man als Gegenleistung eigentlich importieren solle. Es wurde auch nicht gefragt, ob durch die zwangsläufigen Importe nicht wieder andere deutsche Wirtschaftszweige in Schwierigkeiten kommen könnten, und vor allem wurde nicht geprüft, wie das Verlangen nach größeren Exporten denn mit der gleichzeitigen Forderung nach Dämpfung der Importe durch Zölle zum Schutz der deutschen Industrie und ihrer Arbeitnehmer zusammenpassen sollte. Man argumentierte rein eindimensional: Mehr exportieren, und unsere wirtschaftlichen und sozialen Probleme sind gelöst.

Der »Deutsche Kolonialverein« Forum vor allem von Banken und Industriellen

Zuerst waren es isolierte Stimmen, im Laufe der Zeit entstanden jedoch die ersten Organisationen, und in ihnen tauchte dann auch der Gesichtspunkt auf, Deutschland solle nicht nur durch wachsenden Export, sondern durch Sicherung von Absatzmärkten in eigenen Kolonien geholfen werden. Seit dem Ende der siebziger Jahre finden wir überall lokale Vereine, die für die Schaffung von Kolonien warben. 1882 entstand aus ihnen der »Deutsche Kolonialverein« (1882: 200 Mitglieder, 1884: 9000). Vor allem die Berliner Großbanken und viele Industrielle, wie Siemens, Krupp, Haniel, Kirdorf, Hoesch u.a. waren Mitglieder. Viele Wirtschaftsverbände, Handelskammern und Kommunen gehörten dem Kolonialverein korporativ an, und auch unter Wissenschaftlern fand er Unterstützung u.a. bei Schliemann, Treitschke, Ranke, Schmoller. Entscheidend war nicht die Mitgliederzahl dieses Vereins, sondern der Einfluß seiner Mitglieder auf Staat und öffentliche Meinung, und der war schon bald sehr groß. Vor allem auch auf die Presse Einfluß zu nehmen, gelang den Anhängern des Zollvereins: sie stellte sich fast einhellig hinter die Kolonialforderungen, beeinflußten die öffentliche Meinung in ihrem Sinne und schufen so ein Klima, dessen Druck sich die Verantwortlichen im Staat nur schwer entziehen konnten. Vielleicht lag darin eine wichtige Ursache für das Umschwenken Bismarcks in der Kolonialfrage 1884. Auch die politischen Parteien, zunehmend auf Presse und ›Volksmeinung‹ hörend oder sie bewußt beeinflussend, forderten, wenn auch mit verschiedener Intensität, Kolonien, um Absatzmärkte zu gewinnen, Aus-

Kolonialismus – Militärische Präsenz und Europäisierung.
Oben: Soldaten der deutschen »Schutztruppe« auf dem Marsch zur Verschiffung nach »Deutsch-Südwest-Afrika« während des Hereroaufstandes 1904. – Unten: Unterricht in einer Schule »Deutsch-Ostafrikas« 1908.

Kolonialismus – Imperialismus und Wirtschaft.
Oben: Dr. Carl Peters, bedeutender Afrikaforscher und fanatischer Kolonialpolitiker, in einer Rikscha in »Deutsch-Ostafrika« 1906.
Unten: Lohnzahlungen in einer deutschen Faktorei in »Deutsch-Ostafrika« um 1900.

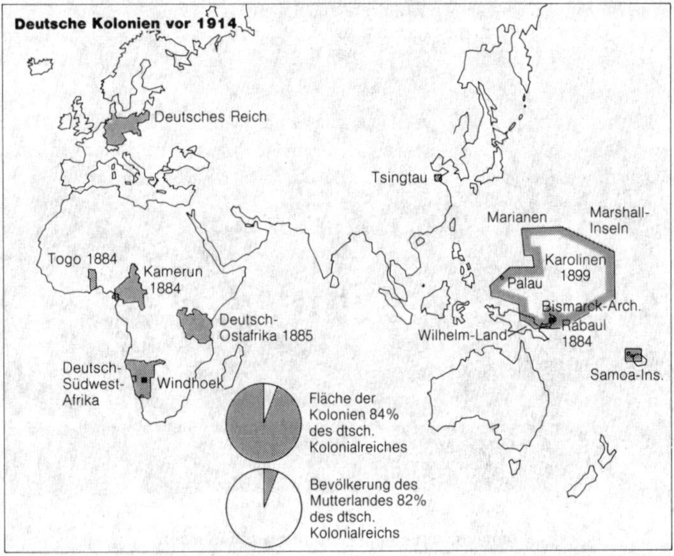

wanderer in nationalem Rahmen aufzufangen und Deutschland Ansehen als Großmacht zu geben. Zwar war Wilhelm Liebknecht gegen Kolonien, aber die Mehrheit der SPD schloß sich dem Modetrend an.

Die Entstehung des deutschen Kolonialreiches

Deutsche Kaufleute waren seit der ersten Hälfte des Jahrhunderts in Schwarzafrika und der Südsee aktiv. Deutsche Geographen waren wesentlich an der Erforschung Afrikas beteiligt und brachten den Kontinent besonders ins deutsche Bewußtsein. Seit der Mitte des Jahrhunderts verdichtete sich das deutsche Handelsnetz, und die interessierten Firmen wie der Kolonialverein verlangten immer lauter, die Interessengebiete unserer Wirtschaft unter den Schutz des Reiches zu stellen. Bismarck hatte dies immer abgelehnt und betont, die Aufgabe des Reiches liege in Europa und ein Kolonialengagement führe nur zu unbeherrschbaren internationalen Verwicklungen. 1884 änderte er aus ungeklärten Motiven seine Meinung und befürwortete von da an Kolonien. Doch wollte er die deutschen Besitzungen nicht in Form von Staatsverwaltungsgebieten führen, sondern sie sollten von privaten Kolonialgesellschaften verwaltet werden, die durch Freibriefe des

Reichs mit hoheitlichen Rechten ausgestattet waren. Er glaubte, auf diese Weise internationale Verwicklungen umgehen zu können.
1884 schloß der Bremer Kaufmann Adolf Lüderitz (* 1834, † 1886) in Südwest-Afrika Verträge mit Einheimischen ab und erhielt einen »Schutzbrief« des Reiches für sein Gebiet, das er 1885 durch Verträge mit den Herero etwa auf seine endgültige Ausdehnung vergrößerte, Grundlage der Kolonie »Deutsch-Südwestafrika« (Namibia). Ebenfalls 1884 unterstellte der Militärarzt und Afrikaforscher Gustav Nachtigal (* 1834, † 1885) als nach Afrika entsandter Reichskommissar Kamerun und Togo deutschem Schutz.
Seit 1843 war der Sultan von Sansibar, der weite Teile der Ostküste Afrikas kontrollierte, politisch vom britischen Konsul abhängig geworden und förderte als Gegengewicht deutsche Kaufleute (Handelsvertrag mit den drei Hansestädten 1859). Aufstände der Festlandsstämme gegen die Sklavenjagden des Sultans nützten die Kolonialpolitiker und Afrikaforscher Carl Peters (* 1856, † 1918) und Graf Pfeil zum Abschluß von »Schutzverträgen« mit den Eingeborenen, für deren Geltungsbereich sie 1885 einen kaiserlichen »Schutzbrief« bekamen – Grundlage der Kolonie »Deutsch-Ostafrika« (Tanganjika). Auch Sansibar wurde unter deutsche Herrschaft gezwungen, ging jedoch im Helgoland-Sansibar-Vertrag 1890 an Großbritannien, von dem das Reich Helgoland erhielt.
1885 bekam auch die »Neuguinea-Kompanie« einen »Schutzbrief« für das Kaiser-Wilhelm-Land (Nordostteil der Insel).

Carl Peters *(* 1856, † 1918),*

der bekannte Afrikaforscher und Kolonialpolitiker, half wesentlich, für das Deutsche Kaiserreich Kolonien zu erwerben, so »Deutsch-Ostafrika« (Tanganjika). Er zählte zu den fanatischen Befürwortern einer intensiven deutschen Kolonialpolitik, wobei ihn nationalistisch-imperialistische Vorstellungen leiteten. Hier eine Begründung deutscher Kolonialpolitik aus seinem Mund: »Die deutsche Kolonialbewegung ist eine natürliche Fortsetzung der deutschen Einheitsbestrebungen. Es war nur natürlich, daß das deutsche Volk, nachdem es seine europäische Machtstellung auf den Schlachtfeldern von Königgrätz und Sedan emporgerichtet hatte, sofort das Bedürfnis empfand, nunmehr auch der elenden und zum Teil geradezu verächtlichen Stellung unserer Nation jenseits der Weltmeere ein Ende zu machen, und zu gleicher Zeit teilzunehmen an den Vorteilen materieller Art, welche eine Herrschaftsentfaltung im großen Stil noch zu allen Zeiten geboten hat.«

Bald stellte sich heraus, daß Bismarcks Vorstellung von der Art, Kolonien zu verwalten, nicht praktikabel war. Äußerer Druck der anderen Kolonialmächte und Schwierigkeiten in den Schutzgebieten zwangen das Reich, ab 1898 die direkte Verwaltung der Kolonien zu übernehmen. Zuständige Behörde für Überseefragen wurde ab 1894 die Kolonialabteilung des Auswärtigen Amtes, ab 1907 das Reichskolonialamt. Vom Kaiser ernannte Gouverneure verwalteten die »Schutzgebiete«. »Deutsch-Südwest« erhielt 1907 Selbstverwaltung.
Direkte Verwaltung durch das Reich wurde nötig, weil Probleme entstanden, die von privaten Gesellschaften nicht zu lösen waren: In »Deutsch-Südwest« 1904 der Aufstand der Herero, anschließend bis 1907 Aufstand der Hottentotten; Erweiterung Kameruns auf Kosten Frankreichs im Marokko-Kongo-Abkommen 1911, Aufteilung der Salomon-Inseln zwischen Großbritannien und Deutschland in Verträgen von 1895 und 1899, Erwerb der Karolinen-, Marianen- und Palau-Inseln (ohne Guam) von Spanien 1899, Teilung der Samoa-Inseln zwischen den USA und dem Reich 1899.

Boxeraufstand

Aufstand eines fremden- und christenfeindlichen chinesischen Geheimbundes 1900 gegen die europäischen Invasoren (England, Frankreich, Rußland, Deutschland) und europäischen Einflüsse in China. Belagerung des Pekinger Gesandtschaftsviertels und die Ermordung des deutschen Gesandten von Ketteler waren die Auslöser des Aufstandes, der von den europäischen Expeditionskorps, speziell durch das deutsche, brutal niedergeschlagen wurde und mit weiteren demütigenden Folgen für das chinesische Reich endete.

Herero-Aufstand

Schon im 19. Jahrhundert (1896) war es zu einem ersten Aufstand der Hereros gegen die deutschen Kolonialherren in »Deutsch-Südwestafrika« gekommen, der von Gouverneur Leutwein unterdrückt wurde. 1904 kam es zum zweiten großen Aufstand von rund 8000 Kriegern dieses Stammes, der von der Schutztruppe Generals von Trotha blutig niedergeschlagen wurde. Durch weitere Verfolgungen – u. a. durch Abdrängung der überlebenden Frauen und Kinder in die Wüste, wo die Mehrzahl von ihnen verhungerte und verdurstete – wurde der Stamm zu etwa 80 Prozent ausgerottet (über 80000 Tote). In ähnlicher Weise wurde 1905 der Hottentottenaufstand (Nama-Aufstand) durch Abdrängen des Stammes in Wüstenregionen und nach schweren Kämpfen niedergeworfen.

Elend der Kolonialkriege.
Nach der 1884 erfolgten Annexion ihres Gebietes durch Deutschland kam es 1904–1907 zum Aufstand der Herero und Nama. Oben: In Ketten gelegte Herero. – Unten: Halbverhungerte Herero, von der »Schutztruppe« in die fast wasserlose Omaheke-Wüste abgedrängt.

*»**Hunnenrede**«. Ansprache Kaiser Wilhelms II. zur Verabschiedung der nach China zur Niederschlagung des Boxeraufstandes entsandten Truppen: »Wer Euch in die Hand fällt, sei in Eurer Hand« (wie einst den Hunnen).*

Auch die deutsche Kolonisation in China war nur auf staatlicher Basis möglich. Wiederum ging der Handel voran und die Politik folgte. Nach der Ermordung deutscher Missionare erfolgte 1897 eine militärische Intervention, als deren Folge das Reich im Vertrag von 1898 Kiautschou für 99 Jahre pachtete und Bergbau- und Eisenbahnkonzessionen auf der Halbinsel Schantung erwarb. Anziehend waren die dortigen Steinkohlenvorkommen als Energiebasis für deutsche Kriegsschiffe, die die Interessen des Reichs in der Südsee abdecken sollten. Strategisch war dieser dem Reichsmarineamt unterstehende Stützpunkt jedoch wenig sinnvoll.

Bedeutete die Schaffung dieses Kolonialimperiums den Griff Deutschlands nach der Weltmacht? Diese Behauptung finden wir immer wieder, doch spricht trotz vieler imperialistischer Reden und Artikel dieser Zeit eine Reihe von Argumenten gegen sie: Die Reichsführung hat die Kolonien als Absatzmarkt gesehen, aber als Rohstoffgebiete, die für eine Großmacht lebenswichtig gewesen wären, hat man sie weder gewollt, noch ausgebaut, noch überhaupt nur gesehen. Roh-

Text der Zeit

Verabschiedung des China-Expeditionskorps 1900
Rede Wilhelms II.

Zum erstenmal, seit das Deutsche Reich wiedererstanden ist, tritt an Sie eine große überseeische Aufgabe heran. [. . .] Durch unser Heer, in dreißigjähriger angestrengter harter Friedensarbeit, sind viele Hunderttausende von Deutschen zum Kriegsdienst herangebildet worden [. . .], nunmehr sollt Ihr auch in der Fremde drüben Zeugnis dafür ablegen, ob die Richtung, in der wir uns in militärischer Beziehung bewegt haben, die rechte sei. [. . .] Nicht zum geringsten erfüllt es uns alle mit Stolz, daß gerade aus dem Munde auswärtiger Führer das höchste Lob unsern Streitern zuerkannt wurde. Die Aufgabe, zu der ich Euch hinaussende, ist eine große. Ihr sollt schweres Unrecht sühnen. Ein Volk, das, wie die Chinesen, es wagt, tausendjährige alte Völkerrechte umzuwerfen und der Heiligkeit der Gesandten und der Heiligkeit des Gastrechts in abscheulicher Weise Hohn spricht, das ist ein Vorfall, wie er in der Weltgeschichte noch nicht vorgekommen ist, und dazu von einem Volke, welches stolz ist auf eine vieltausendjährige Kultur. [. . .] So sende ich Euch aus, daß Ihr bewähren sollt, einmal Eure alte deutsche Tüchtigkeit, zum zweiten die Hingebung, die Tapferkeit und das freudige Ertragen jedweden Ungemachs, und zum dritten Ehre und Ruhm unserer Waffen und Fahnen. Ihr sollt Beispiele abgeben von der Manneszucht und Disziplin, aber auch der Überwindung und Selbstbeherrschung. Ihr sollt fechten gegen eine gutbewaffnete Macht, aber Ihr sollt auch rächen, nicht nur den Tod des Gesandten, sondern auch vieler Deutscher und Europäer. Kommt Ihr vor den Feind, so wird er geschlagen, Pardon wird nicht gegeben; Gefangene nicht gemacht. Wer Euch in die Hand fällt, sei in Eurer Hand. Wie vor tausend Jahren die Hunnen unter ihrem König Etzel sich einen Namen gemacht, der sie noch jetzt in der Überlieferung gewaltig erscheinen läßt, so möge der Name Deutschland in China in einer solchen Weise bekannt werden, daß niemals wieder ein Chinese es wagt, etwa einen Deutschen auch nur scheel anzusehen. Ihr werdet mit Übermacht zu kämpfen haben, das sind wir ja gewöhnt . [. . .] Der Segen des Herrn sei mit Euch, die Gedanken eines ganzen Volkes begleiten Euch. [. . .] Gebt, wo es auch sei, Beweise Eures Mutes, und der Segen Gottes wird sich an Eure Fahne heften und es sei Euch gegeben, daß das Christentum in jenem Land seinen Eingang finde. Dafür steht Ihr mir mit Eurem Fahneneid.

Aus: Kürschner, Joseph: China. Schilderungen aus Leben und Geschichte, Krieg und Sieg. Berlin o.J.

stoffimperialismus wurde erst als Folge aus den Erfahrungen des I. Weltkriegs aktuell. Auch strategisch waren die Kolonien für uns wertlos, da sie weder lebenswichtige eigene Gebiete absicherten, noch die eines eventuellen Gegners bedrohen konnten. Entsprechend waren sie 1914 nicht nur wirtschaftlich, sondern auch militärisch völlig unterentwickelt. Unser Überseebesitz war ein Teppich zufällig zusammengewürfelter Flecken, erworben im wesentlichen von unternehmungslustigen Kaufleuten und vom Reich unter dem Druck einer Wirtschaftslobby und der öffentlichen Meinung widerwillig in Besitz genommen. Die törichten Reden Wilhelms II. anläßlich des »Panthersprungs« nach Agadir in Marokko (1911) oder der deutschen Teilnahme an der Niederwerfung des »Boxeraufstandes« 1901 in China dürfen nicht darüber hinwegtäuschen.

Zurückhaltende Investitionen
Nutzen und Lasten der Kolonien

Das Verhalten der deutschen Großindustrie und der Banken nach 1884 steht in einem seltsamen Mißverhältnis zu ihrem Anteil an der Agitation für die Gründung dieser Kolonien. Beide Gruppen scheuten in einem bemerkenswerten Ausmaß das Engagement in den neuen Besitzungen, wo wegen des Fehlens jeder Infrastruktur und auch von Ansätzen moderner Wirtschaft hohe und langfristig gebundene Investitionen nur späten und geringen Gewinn bei beträchtlichem Risiko versprachen. Wenn deutsche Banken und Unternehmen in Übersee investieren wollten, dann bevorzugt in jenen Teilen der Welt, in denen englische Kolonialisierung oder wirtschaftliche Durchdringung durch die USA schon bessere Voraussetzungen geschaffen hatten. Auch die türkischen Gebiete des Nahen Ostens, der Balkan und Österreich-Ungarn waren interessanter als die eigenen Erwerbungen. Carl Peters versuchte vergeblich, wenigstens kleinere und mittlere Investoren für die deutschen Kolonien zu interessieren, doch hatte sein Versuch eines »Volkskolonialismus« keinen Erfolg.

Für viele Befürworter einer deutschen Kolonialexpansion war es ein Ziel gewesen, die zahlreichen Auswanderer nicht zum »Völkerdünger« für andere Staaten werden zu lassen, sondern den Menschenstrom in deutsche Kolonien zu leiten. Auch diese Hoffnung wurde enttäuscht. Gewerbe, die Arbeitskräfte aufnehmen konnten, waren nicht vorhanden und entstanden mangels ausreichender Investitionen auch nicht. Für bäuerliche Siedlung waren die Kolonien aus Klimagründen vielfach wenig geeignet. 1903, also immerhin 20 Jahre nach dem Be-

ginn der Kolonialpolitik, lebten erst 5000 Deutsche in den überseeischen Besitzungen. 1913 waren es 23000, etwa die Hälfte davon in »Deutsch-Südwestafrika«, dessen Städte heute noch das Gepräge der Kolonialzeit tragen. Wenn man von diesen 23000 etwa 3000 Soldaten und Polizisten abzieht, dazu Verwaltungsbeamte, Missionare und Kaufleute, dann sieht man, daß eine deutsche Siedlung so gut wie nicht stattfand; und das auf dem Hintergrund einer deutschen Auswanderung von etwa 1 Million Menschen alleine zwischen 1887 und 1906! Auch der erhoffte Segen für den Handel blieb aus, obwohl ja der Drang nach Absatzgebieten das Hauptmotiv der Kolonialbefürworter gewesen war.
Der Wirtschaftsaustausch des Deutschen Reichs mit seinen Kolonien hat nur 0,5 Prozent des deutschen Überseehandels ausgemacht! Das ist kein Wunder, denn unsere Überseeterritorien waren zwar 5,6 mal so groß wie das Reichsgebiet, doch die Einwohnerzahl machte nur 15 Prozent der Reichsbevölkerung aus. Was hätte mit einer so kleinen Zahl von Menschen, die noch dazu, mit Ausnahme der Südseeinseln, fast reine Selbstversorgungswirtschaft trieben, auch an Handel zustande kommen sollen?
Während die Kolonien für die Wirtschaft also kein nennenswertes Geschäft waren, blieben sie für die Reichsregierung Zuschußunternehmen. Nur Togo und die Samoa-Inseln konnten vor dem Ausbruch des Ersten Weltkrieges ausgeglichene Haushaltsrechnungen vorlegen.

Späte Unternehmen der deutschen Wirtschaftsexpansion

Man hat schließlich auch in Deutschland eingesehen, daß die Kolonien nichts einbrachten, außer daß sie potentielle Spannungsherde waren. Zwar ließ die Propaganda imperialistischer Gruppierungen, die eine Vergrößerung des Kolonialterritoriums verlangte, nicht nach, im Gegenteil. Da aber die Erde schon verteilt war, konnte solches Streben nur auf Kosten anderer Staaten gehen: Die Begehrlichkeit richtete sich vor allem auf die portugiesischen Besitzungen Angola und Moçambique, die ja beide an deutsche Kolonien angrenzten. Einen Erfolg aber hatten diese Bestrebungen nicht.
Deutsches Kapital drängte in dieser Zeit nach Marokko und in den Nahen Osten (Bagdadbahn, Hedschasbahn, Bergbau- und Handelsprivilegien). Hier waren die wirtschaftlichen Erfolge, aber auch die politischen Risikofaktoren wesentlich größer als in den Kolonien, doch das gehört nur am Rande zu unserem Thema.

Das Ende der Kolonien

Als 1914 der Erste Weltkrieg ausbrach, waren die meisten deutschen Überseebesitzungen schon bald verloren. Das Gros des Ostasiengeschwaders der deutschen Flotte unter dem Grafen Spee versuchte um das Kap Horn herum den Durchbruch in die Heimat und wurde nach einem Sieg über die Engländer bei Coronel vor der Küste Chiles (1. November 1914) schließlich in der Schlacht bei den Falklandinseln am 8. Dezember 1914 aufgerieben. Einige Schiffseinheiten erreichten »Deutsch-Ostafrika« und wurden dort von den Landtruppen auf brauchbares Material ausgeschlachtet. Neuguinea und die Südseeinseln fielen kampflos an den Gegner, denn dort waren gar keine deutschen Streitkräfte stationiert. Togo konnte sich 26 Tage halten, Kiautschou gegen japanische Belagerung bis in den November 1914. In Südwestafrika dauerte der Widerstand bis Juli 1915, in Kamerun sogar bis Februar 1916. Nur Ostafrika konnte sich unter dem Kommando des Generals von Lettow-Vorbeck bis zum Kriegsende halten. Die einheimischen Truppen haben unter dem Befehl weniger weißer Offiziere bis zum Schluß zuverlässig gekämpft.
Daß einige der Kolonien sich im Krieg trotz geringer militärischer Mittel so lange behaupten konnten, liegt auch daran, daß die Alliierten keine übermäßigen Anstrengungen zu ihrer Eroberung machten. Dies, wie auch das geringe Militärpotential des Reiches in Übersee zeigen, daß der wirtschaftlichen und militärischen Bedeutung dieser Gebiete von beiden Seiten kein großes Gewicht beigemessen wurde.
Der »Versailler Vertrag« hat Deutschland die Fähigkeit zur Verwaltung von Kolonien abgesprochen und sie deshalb formal dem Völkerbund unterstellt, real aber unter die Sieger verteilt. Damit schied Deutschland, wenn auch unfreiwillig, aus der Kolonialpolitik aus. Heute schlägt das für uns positiv zu Buche, weil die Bundesrepublik in den Augen der Dritten Welt wenig als ehemalige Kolonialmacht belastet ist, wenn man von »Deutsch-Südwestafrika« absieht, das noch heute von vielen Deutschen besiedelt, unter der Vorherrschaft Südafrikas noch immer nicht seine Unabhängigkeit als »Namibia« erringen konnte.

Zusammenfassend kommt man zu dem Ergebnis, daß Deutschland spät in die Kolonialgeschichte eintrat und als erstes Land wieder ausschied. Unsere Erwerbungen waren nicht Teil eines systematischen Imperialismus, der nach Weltmacht strebte, sondern Nebenprodukte der wirtschaftlichen, sozialen und innenpolitischen Entwicklung Deutschlands im Ausgang des vorigen Jahrhunderts. Unsere Kolonien waren wirtschaftlich und militärisch wertlos und sie haben die deutsche Außenpolitik wenig belastet, denn alle Meinungsverschiedenheiten mit anderen Kolonialmächten konnten gütlich beigelegt werden. Jene Faktoren der deutschen Politik, die schließlich in den I. Weltkrieg führten, hätten auch ohne deutsche Kolonien dieselbe Entwicklung genommen.

Literatur

Albertini, Rudolf v.: Europäische Kolonialherrschaft 1880–1940, München 1982
Wehler, Hans-Ulrich: Bismarck und der Imperialismus, München 1976

Selbstdarstellung und -erhöhung statt Bescheidung. *Mit der Ära des Wilhelminismus ging endgültig die preußische Epoche zu Ende, in der sich der König »als erster Diener seines Volkes sah«. Gemälde von Max Koner: Wilhelm II. (1890).*

LOTHAR HÄUSLER

WILHELM II. UND SEINE ZEIT

Die »Wilhelminische« Zeit – Der »Neue Kurs« – Kündigung des Rückversicherungsvertrags – Annäherung an England – Das französisch-russische Militärbündnis – Deutschlands Verhältnis zu Rußland und England – Stützpunktpolitik in Fernost – Die Entente zwischen Frankreich und England – Beginn der deutschen Flottenpolitik – 1. Marokkokrise – Deutsche Isolierung – Der Kontinentalbundplan – Bosnienkrise – Verschärfung der deutsch-englischen Spannungen – Die »Daily-Telegraph-Affäre« – 2. Marokkokrise – Das Scheitern der Flottenverhandlungen – Balkankrisen – Spannungsfeld Europa – Die Julikrise – Ausbruch des Ersten Weltkriegs und Kriegsschuldfrage – Die Kultur der Wilhelminischen Zeit – Literatur zwischen Realismus und Dadaismus – Bildende Kunst zwischen Historienmalerei und Expression – Die Musik von Wagner bis Richard Strauss – Die Entfaltung der Naturwissenschaften – Bildungswesen und Pädagogik – Der Erste Weltkrieg beendet alles.

Das Amt des wachhabenden Offiziers auf dem Staatsschiff ist mir zugefallen.« Mit diesen Worten signalisierte am 22. März 1890 Kaiser Wilhelm II. (1888–1918) die soeben erfolgte Entlassung Bismarcks. Von da ab läßt sich eine neue Ära der deutschen Politik datieren: die monarchische Autorität sollte nun einen viel stärkeren Einfluß auf die Führung des Staates, auf die Regelung lebenswichtiger Fragen erlangen als zur Zeit Bismarcks. Am liebsten wäre der Kaiser sein »eigener Kanzler« gewesen. Wenn er aber schon einer Regierungsmannschaft bedurfte, dann sollte sie aus Persönlichkeiten gebildet werden, die in besonderer Weise den kaiserlichen Willen vollzogen. Treue Vasallen wollte er, keine Kontrolleure der Macht. Daher verachtete er auch im Grunde den Reichstag, und die Verfassung brauchte er nicht. Jedenfalls rühmte er sich einmal, nie in sie hineingesehen zu haben. War mit jener so seltsam an den Absolutismus erinnernden Herrschaftsauffassung am Ende des 19. Jahrhunderts überhaupt noch zu regieren? Drängten nicht immer stärker werdende Kräfte in der Gesellschaft nach Demokratisierung und Verfassungsreformen? Besaß überhaupt der Kaiser die für das höchste Amt des Reiches notwendigen Qualifikationen? Die ihn näher kannten, wußten um seine Schwächen. Sie spürten seine innere Unsicherheit, fühlten seine Sprunghaftigkeit. Tatsächlich hat sein »persönliches Regiment« immer wieder Verwirrung gestiftet. Ein rechtes Konzept hat er nie in der großen Politik vorweisen können. Sein Kurs blieb unberechenbar, seine Reden klangen bombastisch, verfehlten oft die harte Realität des Politischen, für die er im Grunde kein Gespür besaß. Vor allem fehlte ihm der Sinn für das Rationale, Mögliche. Und da er bei der Berufung seiner Reichskanzler und Staatssekretäre keine glückliche Hand hatte, da keinem einzigen jene Sachkompetenz und Amtsautorität eignete wie Bismarck, wurden die Dinge nicht leichter. Die Militärs schlugen daraus Kapital: Vor allem Admirale und Generalstabsoffiziere gewannen zunehmend Einfluß auf die Politik und pervertierten die Prinzipien Bismarckscher Staatskunst.

Der »Neue Kurs« Wilhelminischer Politik zeichnete sich vor allem durch den Übergang von kontinentaleuropäischer Sicherheits- zur Weltmachtpolitik aus. Sie wurde mitgeprägt von dem Lebensgefühl einer Generation von Bildungsbürgern und Offizieren, die im Blick auf die anderen Großmächte Europas, die in Afrika und Asien eine Bühne der Weltpolitik eröffnet hatten, hier mitagieren und nicht mehr nur Zuschauer im Parkett bleiben wollten. Man wollte, wie es Reichskanzler von Bülow einmal formulieren sollte, den »Platz an der Sonne« nicht verpassen. Viele Wissenschaftler und Publizisten der Wilhelminischen Ära fühlten ähnlich. Erinnert sei an Namen wie Rudolf von Del-

Die Söhne des Kaisers.
Vor dem Schloß in Berlin (1914): Mitte: Kronprinz Friedrich Wilhelm, rechts davon: Eitel Friedrich, Adalbert, August Wilhelm, Oskar.

brück, Erich Marcks, Friedrich Meinecke, Friedrich Naumann oder Max Weber. Diese Politiker, Historiker und Soziologen betrachteten bereits die Entwicklung der Nationalstaaten unter globalen Kategorien und redeten von einem künftigen Weltgleichgewichtssystem, in welchem Deutschland eine zentrale Rolle zugedacht sei. Daß allerdings der »Trieb des deutschen Volkes, seinen Einfluß auf der Erdkugel auszudehnen«, ein Kriegsrisiko heraufbeschwören könne, das war einer Persönlichkeit vom Range eines Max Weber durchaus bewußt. Aus heutiger Perspektive nimmt sich die deutsche Variante der Weltpolitik eigenartig bizarr aus. Letztlich hat sie in die Katastrophe des Ersten Weltkriegs geführt.

Der Draht nach Petersburg reißt . . .

Es gehört zu den denkwürdigen Zufällen, daß Bismarcks Entlassung im März 1890 zeitlich fast zusammenfiel mit dem Erscheinen des russi-

schen Botschafters Graf Schuwalow im Auswärtigen Amt zu Berlin. Der Diplomat kam im Auftrag seiner Regierung, um den im Juni 1887 für die Dauer von zunächst drei Jahren geschlossenen »Rückversicherungsvertrag« (siehe Seite 51) nach Möglichkeit um weitere 6 Jahre zu verlängern. Kaiser Wilhelm II. erklärte dem über die Entlassung Bismarcks überraschten Botschafter, daß Berlin die Fortsetzung der bisherigen Außenpolitik bejahe. Zar Alexander III. (1881–1894) hatte nichts anderes erwartet, blieb aber skeptisch, ob der deutsche Kaiser bei seiner Zusage bleiben werde. Das hing auch von den Männern des »Neuen Kurses« ab, vor allem von dem eben zum Reichskanzler ernannten General von Caprivi, vom Staatssekretär des Auswärtigen Amtes, Marschall von Bieberstein, und nicht zuletzt vom sachkundigsten und ältesten Rat des Auswärtigen Amtes, Friedrich August von Holstein (* 1837, † 1909), der schon zu Bismarcks Zeiten Dienst in der Wilhelmstraße tat und von jetzt an bis 1909 in schicksalhafter Weise die deutsche Außenpolitik mitbestimmen sollte.
Holstein war es, der beim Reichskanzler auf eine eingehende Analyse des zur Disposition gestellten Vertrages gedrängt hatte. Man kam dabei zu folgender Wertung: Der Vertrag sei gegenüber dem »Zweibundpartner« Österreich-Ungarn (siehe auch Seite 46) moralisch bedenklich, stehe im Widerspruch zum »Dreibund«, entfremde Deutschland gegenüber England, versage wahrscheinlich im Ernstfall und mache Deutschlands fernere Bündnisfähigkeit von der Geheimhaltung durch Rußland abhängig.
Der neue Reichskanzler zog seinem Amtsvorgänger gegenüber eine ehrlichere und offenere Politik vor, hielt das »Spiel mit den fünf Bällen«, das Bismarck zu spielen verstanden hatte, für zu schwierig, und war überzeugt, daß früher oder später ein bewaffneter Konflikt mit Rußland und Frankreich kommen würde. Caprivi setzte auf England, das er an den »Dreibund« heranzuführen hoffte.
Da die Männer des »Neuen Kurses« nicht einmal die deutsch-russischen Beziehungen in Form eines Notenaustausches fortzusetzen beabsichtigten, wozu die russische Seite sich bereit gezeigt hatte, lief der »Rückversicherungsvertrag« am 18. Juni 1890 aus. Alexanders III. Skepsis war also berechtigt: Kaiser Wilhelm II. hatte einen ersten deutlichen Beweis seiner Kursunsicherheit erbracht. Berlin setzte jetzt auf die Politik der »freien Hand« und auf den »Dreibund«.
In Petersburg verstärkte sich der Eindruck eines deutschen Kurswechsels, als fast gleichzeitig mit dem Auslaufen des Vertrags die Umrisse eines deutsch-englischen »Helgoland-Sansibar-Vertrags« deutlich wurden. Seitdem nämlich der Gründer des Schutzgebietes »Deutsch-Ostafrika«, Carl Peters, den Versuch unternommen hatte, den deut-

schen Einfluß bis in das Victoria-See-Gebiet und zum oberen Nil auszudehnen, schwelte zwischen England und Deutschland eine Kolonial-Krise, die nunmehr beigelegt werden konnte, indem man vertraglich dem britischen Premierminister Salisbury ein Protektorat über Sansibar und einige Nebeninseln zusprach, während Deutschland die seit 1814 in englischem Besitz befindliche Insel Helgoland bekam. Grenzfestlegungen in »Deutsch-Ostafrika«, die Abklärung der Interessenssphären im Hinterland »Deutsch-Südwestafrikas« und Togos stellten die Beziehungen zwischen Großbritannien und dem Deutschen Reich auf eine neue Grundlage, mochten die deutschen Kolonialimperialisten noch so toben und behaupten, man habe für einen »Hosenknopf eine ganze Hose verkauft«.

Deutschland wird umklammert
Nadelstiche gegen England?

Besorgt registrierte die russische Regierung diese deutsch-englische Verständigung. Sie wertete den Vorgang wie ein Bündnis und begann alsbald, die bereits in der Bismarck-Ära geknüpften Kontakte zu Frankreich wieder aufzunehmen. Dies tat man in Petersburg um so bereitwilliger, als Deutschland seine Bündnistreue gegenüber dem Zweibundpartner Österreich-Ungarn reaktivierte, die Absperrung des Balkanmarktes für den russischen Handel betrieb, Militärhilfe an die gegnerische Türkei leistete und über die Deutsche Bank den Bau der anatolischen Eisenbahn förderte. Unbeeindruckt von französischen Umwerbungen, verstärkte Italien seine Wirtschaftsbeziehungen mit seinen beiden Dreibundpartnern (siehe auch Seite 48). Diese suchten sich zu revanchieren, indem sie auf eine englische Annäherung an den Dreibund hinarbeiteten, denn nur England konnte die Küstensicherheit Italiens garantieren und Frankreichs Afrika-Expansion abblocken. Der Besuch Wilhelms II. in England im Juli 1891 verlief in herzlicher Atmosphäre. Die Regierung Salisbury zeigte sich mit dem Auswärtigen Amt einig, im Falle eines russischen Angriffs auf die Meerengen (Dardanellen), gemeinsam vorzugehen. Dafür bestand allerdings damals keine Gefahr, da das Zarenreich für sein Sibirienprogramm Rükkenfreiheit brauchte.
Eine Erneuerung des »Dreibundvertrags« beschleunigte auf der anderen Seite den Abschluß einer gegen dessen Partner gerichteten »Französisch-russischen Militärallianz« (1892), wobei als potentieller Hauptgegner Deutschland galt, das sich nun durch die beiden Flankenmächte in die Zange genommen sah.

Deutsche und europäische Geschichte in Daten

	Deutsches Reich	Europa/Übersee
1888–1918	Kaiser Wilhelm II.	
1890	Sturz Bismarcks	
1892		Russisch-französische Militärallianz
1894		Dreyfus-Affäre in Frankreich
1896	Krügertelegramm	
1898	1. Flottengesetz	Krieg der USA gegen Spanien
	Tod Bismarcks	Rückeroberung des Sudan durch England
		Faschodakrise zwischen Frankreich und England
1899–1902		Burenkrieg
1900	Bürgerliches Gesetzbuch tritt in Kraft	Boxerkrieg in China
1901	Deutsch-englische Bündnisgespräche	Tod Königin Victorias von England
1901–1910		Eduard VII. König von England
1904		Englisch-französische Verständigung (»Entente cordiale«)

Frankreich war also der Ausbruch aus seiner bisherigen Isolation gelungen. Für das Deutsche Reich zog nun im Falle eines Konflikts die Gefahr eines Zweifrontenkrieges herauf. Diese Entwicklung wäre sicher nicht eingetreten, hätte man England nachdrücklicher für den »Dreibund« interessieren können. Daß dies nicht geschehen ist, lag an Holsteins falscher Einschätzung Englands. Er glaubte, London wolle im Falle einer Partnerschaft Deutschland doch nur gewinnen, um von ihm auf dem Kontinent »die Kastanien aus dem Feuer holen zu lassen«.

Mit Marschall von Biebersteins Einverständnis meinte er u. a. weltmachtpolitische Druckmittel einsetzen zu müssen, um Großbritannien klar zu machen, daß es sich ohne Deutschland in eine gefährliche Isolation manövriere. Das geeignetste Forum schien Holstein der koloniale Raum.

1904–1905			»Russisch-Japanischer Krieg«
1905–1906			»Erste Marokkokrise«
			Revolution in Rußland
1907			Englisch-russisches Abkommen über Persien
1908			»Bosnienkrise«
1911			»Zweite Marokkokrise«
1912			China wird Republik
1912–1913			Balkankriege
1913			Poincaré wird französischer Staatspräsident
1914		Ausbruch des Ersten Weltkriegs	
		Schlacht bei Tannenberg	
1915		Lorettoschlacht	
1916		Materialschlacht um Verdun	
		Schlacht an der Somme	
		Seeschlacht im Skagerrak	
		Verschärfung des U-Boot-Krieges	
		Tod Kaiser Franz Josephs I. v. Österreich	
1917		Kriegserklärung der USA	
		Revolution in Rußland	
1918		Friede von Brest-Litowsk	
		Waffenstillstand	
	Ausrufung der Republik		

Die »Nadelstich-Politik« gegenüber dem Inselreich wurde vor allem vom Kaiser, von der Marine, den Nationalliberalen, den Freikonservativen und dem »Alldeutschen Verband« unterstützt, während Reichskanzler Caprivi eine maßvollere Politik gewünscht hätte. So kam es, daß Berlin der britischen Verweigerung einer deutschen Alleinherrschaft über die bisher unter deutsch-englisch-amerikanischem Protektorat stehenden Samoa-Inseln mit der Ablehnung eines möglichen Kap-Kairo-Bahnbauprojektes reagierte und dabei sogar eine vorübergehende Anlehnung an die französische Afrika-Politik nicht scheute. Salisbury mußte gedemütigt sein Projekt aufgeben. Und sofort ließ Berlin einen weiteren »Nadelstich« folgen, indem es sich mit Erfolg einem Versuch Cecil Rhodes' widersetzte, die Ausführung eines deutsch-niederländischen Bahnprojektes in Südafrika einer britischen Gesellschaft zu übertragen.

Bürgerliches Leben im Kaiserreich.
Oben: Dominanz der ›Herrengesellschaft‹: Stadtrat. – Unten links: Wohlstand und reger Verkehr – Straßenkreuzung Berlin, Unter den Linden/Friedrichstraße. – Unten rechts: Fortschrittliches Verkehrsmittel Untergrundbahn, Berlin, Station Leipziger Platz.

Neue Stadtviertel – neue Wohnkultur.
Ehrenhof und aufgelockerte Fassadengliederung der Charlottenburger Baugenossenschaft an der Nonnendammallee, Berlin. – Unten: Neue Wohnblocks der Siemensstadt, Berlin. Im Vordergrund Gelände, auf dem 1914 das Meßgerätewerk und der Siemensturm errichtet wurden.

Rußland – doch ein Partner des Deutschen Reiches?

Es ist typisch für die Außenpolitik Deutschlands nach 1890, daß man in Sprüngen hin- und herlavierte, um sich einmal bei den Engländern, dann wieder bei den Russen anzubiedern. So schien sich nach dem Tode Alexanders III. von Rußland eine neue Kontaktmöglichkeit zu eröffnen, weil dem neuen Zaren Nikolaus II. (1894–1917), nicht zuletzt wegen seiner Ehe mit Alice von Hessen-Darmstadt, der Ruf besonderer Deutschfreundlichkeit vorausging. Zudem erwies es sich als vorteilhaft, daß der gerade ins Amt berufene Reichskanzler Fürst zu Hohenlohe-Schillingsfürst (1894–1900) mit der russischen Hocharistokratie verschwägert war. Jedenfalls ließ Wilhelm II. in Petersburg sondieren, ob der infolge der Kündigung des »Rückversicherungsvertrages« eingetretene Schaden »noch zu reparieren wäre«, zumal der Krieg zwischen Japan und China (1894/95), den die Japaner siegreich beenden konnten, die ganze Aufmerksamkeit der Petersburger Politiker so in Anspruch nahm, daß Balkanfragen oder die Allianz mit Frankreich im Augenblick eine untergeordnete Rolle spielten. Dem Wunsche der russischen Regierung nach einer Intervention der europäischen Mächte zugunsten Chinas gegen Japan kamen Frankreich und Deutschland nach, die nun, beinahe wie in einem großen Kontinentalbund geeint, Japan zur Herausgabe der chinesischen Halbinsel Liaotung samt dem Hafen Port Arthur zwangen.
England hielt sich zurück und gewann dadurch die Freundschaft der Japaner, die 1902 mit den Briten ein Defensivbündnis schließen sollten. Auf jene Intervention geht wohl des deutschen Kaisers wiederholt aufgegriffener Gedanke eines deutsch-französisch-russischen Festlandbundes zurück, von dem später noch zu sprechen sein wird.
Ein neuer Tiefpunkt in den deutsch-britischen Beziehungen wurde zweifellos 1895/96 erreicht, als der Engländer Jameson mit 800 Freischärlern in das südafrikanisch-burische Transvaal einfiel und Kaiser Wilhelm II. in einem aufsehenerregenden persönlichen Telegramm dem Burenpräsidenten Krüger zur siegreichen Abwehr des Überfalls gratulierte. Verständlich wird die englische Empörung, wenn man weiß, daß aus britischer Sicht die Burenrepublik als Glied des Empire galt, auch wenn sie im Inneren Autonomie besaß.

Und dennoch neue britische Bündnisbereitschaft

Trotz der durch die Krüger-Depesche eingetretenen Verstimmung Englands zeigte man sich dort im Frühjahr 1898 an einer Bündnispolitik mit Deutschland interessiert. Die russische Expansion in Ostasien, der schwelende Burenkonflikt, der bald zum Krieg führte, die dramatisch sich zuspitzende Interessensüberschneidung im östlichen Sudan mit Frankreich, dies alles bildete den Hintergrund für den vorsichtigen Versuch des Kolonialministers Lord Chamberlain, 1898 unter Einschaltung der deutschen Botschaft in London zu einer Annäherung mit dem Ziel eines Bündnisses zu gelangen. Damit begann eine bis 1901 dauernde Phase britisch-deutscher Verhandlungsgespräche, in deren Verlauf sich sogar die Möglichkeit eines Beistandspakts abzuzeichnen schien. Freilich wäre es dem britischen Premier Salisbury lieber gewesen, wenn England zu einem Interessenausgleich mit Frankreich oder Rußland gefunden hätte. Jedenfalls stand er nur mit halbem Herzen hinter den Bemühungen seines Kabinettskollegen Chamberlain. Immerhin kam es zu ein paar Einzelverträgen, darunter zum Jangtse-Abkommen (1900), das den Grundsatz der »offenen Tür« in China festschrieb und gemeinsame deutsch-britische Schritte gegen die aufständischen Boxer vorsah.

Inzwischen konnte das Deutsche Reich unter Ausnützung des »Spanisch-Amerikanischen Krieges« (1898) die Samoa-Inseln, die Marianen, Karolinen und Palau-Inseln erwerben, mit denen das Reichsmarineamt seine ostasiatische Flottenbasis aufbaute.

Die Ermordung zweier deutscher Chinamissionare lieferte den Vorwand für die Besetzung der Bucht von Kiautschou und den erzwungenen 99jährigen Pachtvertrag mit China. Die Russen konzedierten nach einigem Zögern die deutsche Stützpunktpolitik in Fernost, um sich dann mit der Besetzung von Port Arthur schadlos zu halten, während sich die Engländer in Wei-hai-wei niederließen.

Die deutsche Chinapolitik ist ein besonders dunkles Kapitel neuer deutscher Geschichte. So läßt sich der Aufstand der nationalistischen »Boxer« (1899–1901) durchaus auch mit der Besetzung Kiautschous durch Deutschland in Verbindung bringen, denn die Ermordung des deutschen Gesandten Klemens von Ketteler war wahrscheinlich eine direkte Folge dieser ›Annexion‹. Hätte der Kaiser für diesen Mord Sühne verlangt, so wäre dies in der Welt verstanden worden. Er aber rief nach grausamer Rache. In einem Brief an den Reichskanzler verlangte er, »Peking [...] dem Erdboden gleichzumachen«, und beim Auslaufen des Strafexpeditionskorps in Bremerhaven hielt er jene berüchtigte »Hunnen-Rede«, in der er den Soldaten empfahl, sich den Chinesen gegenüber wie die Hunnen zu gebärden, kein Pardon zu geben und keine Gefangenen zu machen. Mit dieser blutrünstigen Rede machte sich der Kaiser im In- und Ausland begreiflicherweise viele neue Feinde.

Die britisch-deutschen Gespräche indes führten zu keinem Bündnis, weil von Bülow, seit 1900 neuer Reichskanzler, und von Holstein von Großbritannien zu viel verlangten, wenn sie eine Bindung an den »Dreibund« forderten und kleinere Angebote des Foreign Office bezüglich der Erhaltung des Status quo im Mittelmeerraum schnöde zurückwiesen. Von Bülow und von Holstein vergaloppierten sich zudem in der Annahme, man habe noch freie Hand und könne günstigere politische Bedingungen abwarten.

Tatsächlich schien von Holstein mit seiner These Recht zu bekommen, daß der »Walfisch« (England) sich nie mit dem »Bären« (Rußland) gesellen werde. Denn 1902 schloß England mit Japan ein gegen Rußland gerichtetes Bündnis. Überhaupt begann nach dem Tode Königin Victorias I. von England (1901) und dem Rücktritt Salisburys eine neue Phase der englischen Politik. Im April 1904 kam es in der Frage der nordafrikanischen Interessenzonen zur Verständigung Englands mit Frankreich: Paris verzichtete auf ein Mitspracherecht in Ägypten, während London den Franzosen freie Hand in Marokko ließ. Ein Jahrhundertgegensatz war überwunden. Als letzte »freie Großmacht« hatte England seine Isolation aufgegeben.

Kaiser Wilhelm II. erkannte, daß die deutsche Diplomatie eine schwere Schlappe erlitten hatte. Bülow nicht. Im Reichstag meinte er, die »Entente« (frz. = Verständigung, Bündnis) zwischen England und Frankreich enthalte »keine Spitze«. Er wähnte die deutschen Wirtschaftsinteressen in Marokko keinesfalls in Gefahr, während fast gleichzeitig der Kaiser in Karlsruhe eine Rede hielt, in der er das deutsche Volk aufforderte, »das Auge klar zu machen und den Mut zu stählen [. . .], wenn es nötig werden sollte, in die Weltpolitik einzugreifen«. Zu allem Unglück erinnerte er dabei an Sedan! Das ließ in Frankreich aufhorchen. In London zeigte man sich indes über den Beginn des Bagdadbahnbaus sowie über die Durchführung eines gewaltigen Flottenbauprogramms Deutschlands zutiefst beunruhigt.

Deutschlands Zukunft liegt auf dem Wasser . . .

Schon im Juni 1897 wußte der gerade ernannte Staatssekretär im Reichsmarineamt, Alfred von Tirpitz (1897–1916), seinen Kaiser zu überzeugen, daß die deutsche Weltpolitik nicht mit Kreuzern, sondern mit einer Flotte von Großkampfschiffen betrieben werden müsse. Mit diesen ließe sich in Konfliktfällen sowohl ein defensiver wie offensiver Seekrieg gegen Rußland und Frankreich führen oder eine britische Nahblockade im »nassen Dreieck« zwischen Helgoland und der

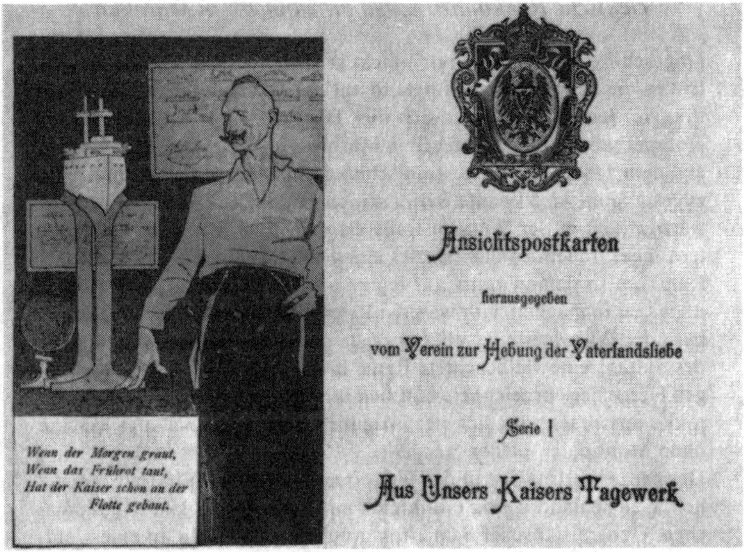

*»**Des Kaisers Tagewerk**«. Im Rahmen der Aufrüstung kam unter der persönlichen Anteilnahme Kaiser Wilhelms II. besonders dem Aufbau der Flotte hoher Rang zu – Anlaß für wachsende Spannungen mit der Seemacht Großbritannien.*

Themsemündung abwehren. Auf jeden Fall sollte die deutsche Seemacht so groß sein, daß England den Verlust seiner maritimen Vorherrschaft riskieren müßte, falls es zur Flottenkonfrontation käme. Man könne, so Tirpitz, über die Flottenpolitik England zur Neutralität oder zum Bündnis zwingen. Auch andere Argumente konnten für die Notwendigkeit des Großflottenprojekts ins Feld geführt werden: So besaß Deutschland im Jahre 1896 nur 6 Hochseepanzerschiffe, England dagegen 33, Frankreich und Rußland je 17, Italien 13. Und dabei rangierte Deutschland im europäischen Außenhandel an zweiter Position hinter England!

Tirpitz konnte nicht nur den Kaiser, sondern auch die Bundesfürsten von seinem Plan überzeugen und fand im Reichstag eine große Mehrheit. Nur die SPD zeigte überhaupt kein Verständnis für die in Aussicht gestellte gigantische Flottenrüstung. Übrigens auch Bismarck nicht. Nach dem 1. Flottenprogramm sollten bis 1918 16 Linien- und 8 Küstenpanzerschiffe vom Stapel laufen. Eine schicksalhafte Entwicklung nahm ihren Anfang.

Deutsche Reaktionen gegen Frankreich – in Marokko

Ungeschoren sollte Frankreich nicht bleiben, wenn es nach dem Eintritt in die »Entente« mit England auf ein Protektorat Marokko hindrängte. Jedenfalls schwor sich dies Herr von Holstein, der nun als Kompensation Handelsfreiheit in Marokko forderte. Eine Konvention aus dem Jahre 1880 hatte Deutschland ein Meistbegünstigungsrecht zugestanden. Also konnte Berlin seinen Trumpf ausspielen: Das Auswärtige Amt in der Wilhelmstraße erzeugte einen regelrechten Theaterdonner, indem es dem Kaiser einen Abstecher nach Tanger nahelegte, um so demonstrativ auf legitime Interessen Deutschlands aufmerksam zu machen. Nur widerwillig entsprach der Kaiser den Ratgebern der Wilhelmstraße, aber er reiste (1905) und hielt vor Vertretern des Sultans eine vielbeachtete Rede, in der er diesen als »unabhängigen Herrscher« bezeichnete und sich für ein freies und souveränes Marokko aussprach, das sich der »friedlichen Konkurrenz aller Mächte ohne Monopole« öffnen werde.
Der ganze Auftritt ließ in der Weltöffentlichkeit den Eindruck entstehen, Deutschland werde Frankreich mit Gewalt Marokko streitig machen. Generalstabschef Schlieffen arbeitete tatsächlich an einem entsprechenden Plan. Von Bülow wollte jedenfalls durch scharfen diplomatischen Druck die »Entente« sprengen und Frankreich die Lektion erteilen, daß ein gutes Verhältnis zu Deutschland mehr bedeute als eines zu England.
Der französische Außenminister Delcassé war im Vertrauen auf England zum Äußersten entschlossen, wurde aber von der französischen Opposition zum Rücktritt gezwungen, weil man auf das durch den Krieg geschwächte Rußland Rücksicht nehmen wollte. Deutschland schien die erste Runde dieser »Ersten Marokko-Krise« gewonnen zu haben und drängte nun auf eine internationale Konferenz.

Deutschland isoliert und ›eingekreist‹

Auf der mit der Marokko-Frage befaßten »Konferenz von Algeciras« (1906) trat genau das ein, was von Bülow gefürchtet hatte: Deutschland stand isoliert. Sämtliche zwölf Konferenzmächte – Österreich blieb rühmliche Ausnahme – dachten nicht daran, deutsche Interessen zu vertreten. Zwar konnte man sich über die Integrität Marokkos und das Prinzip der Offenen Tür für die Wirtschaft aller Völker einigen, aber die von Deutschland vorgeschlagenen Pläne zur Organisierung des Polizei- und Finanzwesens wurden überstimmt. Zum erstenmal

wurde die spätere Weltkriegsfront gegen Deutschland sichtbar. Sogar die USA standen auf der Gegenseite, und Italien, der unzuverlässige Dreibundpartner. Von Bülows Ansehen sank, und von Holstein, den die internationale Presse als Kriegstreiber verurteilt hatte, mußte, nun fast siebzigjährig, um seinen Abschied nachsuchen. Damit zog er die Konsequenz aus seinem außenpolitischen Fiasko.
Seit Algeciras gehörte das Wort »Einkreisung Deutschlands« zur gängigen Vokabel der Politik. Im gleichen Jahr 1906 begannen die ersten gemeinsamen britisch-französischen Generalstabsbesprechungen. Und dann trat wieder etwas ein, das man in der Wilhelmstraße nicht für möglich gehalten hatte: Rußland und England nahmen Kontakt auf. Zar Nikolaus II. (1894–1917), nicht nur wegen der Niederlage gegen Japan und der ersten russischen Revolution von 1905/06 (»Blutiger Sonntag«) in große Nöte geraten und jetzt beunruhigt wegen deutsch-türkischer Bagdadbahnprojekte und deutscher Aktivitäten in Persien, folgte französischem Rat und wollte die Gegensätze zu England abbauen. So kam es 1907 zu bilateralen Abmachungen über Persien, Afghanistan und Tibet, bei denen die Interessensphären Englands und Rußlands abgegrenzt wurden. Die Begegnung König Eduards VII. von England (1901–1910) mit Nikolaus II. unterstrich diesen Vorgang in besonderer Weise. Ein Jahrhundertgegensatz war überbrückt, ein Vorgang wie ihn Europa seit 1756 nicht mehr erlebt hatte.

Ein großer kaiserlicher Wunschtraum

Der »Russisch-Japanische Krieg« (1904/05), welcher das Zarenreich nach schweren militärischen Niederlagen in seine erste Revolution stürzte, hatte auch den Hintergrund einer denkwürdigen Begegnung zwischen Zar Nikolaus II. und Kaiser Wilhelm II. gebildet. Das Treffen, zu dem der deutsche Kaiser im Juli 1905 eingeladen hatte, fand in den finnischen Schären bei Björkö statt. Wilhelm II. schlug »seinem Vetter« ein Defensivabkommen »gegen jeden Angriff« vor. Der Zar schränkte den Vertragsentwurf durch den Zusatz »auf Europa« ein und hoffte, Frankreich zum Beitritt einladen zu können. Überzeugt von der Vereinbarkeit des Vertrags mit der franko-russischen Allianz, gedachte der Kaiser, Björkö zu einem »Eckstein in der europäischen Politik« zu machen, wobei durch die Verbindung mit dem »Dreibund« ein »Fünfbund« hätte entstehen sollen, der Ordnung und Frieden in Europa gewährleistete. Wilhelm II. verstieg sich sogar zu dem optimistischen Gedanken, die USA und Japan könnten vielleicht diesen Kontinentalblock flankieren. Dieser allzu kühne Gedankenflug

wurde durch von Bülow und von Holstein abgebremst, die jene russische Einschränkungsklausel rügten, weil dadurch kein Druck auf Englands Außenpolitik auszuüben wäre. Von Bülow drohte, über den Alleingang des Kaisers erbost, mit dem Rücktritt. Er blieb dann freilich im Amt, weil Wilhelm II. ihm versprach, nie mehr selbständige politische Schritte zu unternehmen.
Auch aus Petersburg kamen keine guten Nachrichten. Nach Sondierungen in Paris hatte man nämlich bemerkt, daß der französische Regierungschef Rouvier einer franko-russischen Allianz unbedingten Vorrang einräumte und der Nation keine stärkere Annäherung an Deutschland zumuten wollte. Die Abänderungsvorschläge des Zaren am deutschen Bündnisvorschlag wollte wiederum Berlin nicht annehmen. So war der Traum von Björkö schon bald ausgeträumt gewesen, der Vertragsentwurf papierkorbreif. Heute weiß man außerdem, daß er Frankreich zuviel abverlangt hätte. Den Franzosen jedenfalls schien es hundertmal annehmbarer, einem englisch-russischen Bündnis beizutreten, als ein zweites Mal auf Elsaß-Lothringen verzichten zu müssen.

Wetterleuchten auf dem Balkan

Seit der russisch-englischen Verständigung des Jahres 1907 wandte sich die Politik Petersburgs wieder dem Balkan zu, dem »Wetterwinkel« Europas. Einst hatte der »Berliner Kongreß« (1878) der Donaumonarchie auf englischen Antrag das Besatzungs- und Verwaltungsrecht des vornehmlich von orthodoxen Serben bewohnten Bosnien und der Herzegowina übertragen, die aber formell noch immer Bestandteile des Türkischen Reiches blieben. Dieses erlebte im Juli 1908 eine Revolution, in der junge Offiziere den grausamen Herrscher Abdul Hamid zwangen, aus dem despotischen Staat einen modernen Verfassungsstaat zu machen. Wien wußte die Situation schnell auszunutzen und überraschte die Weltöffentlichkeit am 5. Oktober 1908 mit der Nachricht von der Annexion Bosniens und der Herzegowina. Österreichs Außenminister Aehrenthal hatte bereits Wochen zuvor mit seinem russischen Amtskollegen Iswolski einen Meinungsaustausch über eine mögliche Meerengendurchfahrt am Bosporus für russische Kriegsschiffe gehabt. Freilich hatte Aehrenthal den Zeitpunkt der Annexion nicht benannt und auch dem Zweibundpartner Deutschland seine Pläne nicht rechtzeitig mitgeteilt, so daß Kaiser Wilhelm sie erst über seinen Reichskanzler von Bülow erfuhr, als aus dem Plan Wirklichkeit geworden war. Der Kaiser war empört, hatte er doch den Türken gegenüber, denen er sich seit seiner Damaskusrede (1898) und

dem Beginn des Bagdadbahnbaus (1903) freundschaftlich verbunden zeigte, das Gesicht verloren. Auch in Petersburg herrschte über das Vorgehen tiefe Betroffenheit. Eine entsprechende vertragliche Vereinbarung mit der Donaumonarchie hatte ja noch nicht bestanden. Bestürzung herrschte auch in London, hatte Wien doch immerhin einen internationalen Vertrag eigenmächtig verändert!
Am meisten empört zeigten sich die zweieinhalb Millionen Serben im Königreich Serbien sowie die sechs Millionen Serben und Kroaten in der Donaumonarchie, die ihre nationalen Gefühle verletzt sahen und bei denen jene Annexionsnachricht eingeschlagen hatte »wie der Blitz in ein Pulverfaß«. Im serbischen Königreich berief man Reservisten ein, Österreichs Generalstabschef von Hötzendorff reagierte mit der Verstärkung der Grenz-Garnisonen und erwog Präventivkriegspläne. Die Großmächte forderten eine Konferenz. In Prag mußte der Belagerungszustand verhängt werden, weil die Tschechen für ihre slawischen Brüder Partei ergriffen.
Österreichische Diplomaten nannten die Bosnien-Annexion rundweg ein »Verhängnis für die Monarchie«. Ganz anders Berlin: In einem Privatbrief an Aehrenthal ließ der deutsche Reichskanzler von Bülow wissen, daß er jeden Schritt Wiens gegenüber Serbien befürworte. Eine Blanko-Vollmacht im voraus! Damit tat der Kanzler genau das Gegenteil von dem, was Bismarck einst in seiner Reichstagsrede im Januar 1887 den Österreichern zugerufen hatte: »Wir werden uns wegen der orientalischen Frage von niemand das Leitseil um den Hals werfen lassen!« Von Bülow hatte nur Glück, daß Rußland aus innenpolitischen Gründen die Annexion anerkannte. So blieb der Frieden in Europa erhalten. Aber wie lange noch?

Deutschland dreht an der Rüstungsschraube

Unterdessen verschärften sich auch die deutsch-englischen Spannungen. Streitobjekt Nummer 1 blieb nach wie vor die Flottenfrage. Nachdem die britische Admiralität bereits 1905 den Stapellauf eines modernen Großkampfschiffes vom Typ Dreadnought (= Fürchtenichts) vermelden konnte und im Frühjahr 1906 der Bauauftrag für weitere solcher Seegiganten ergangen war, zog Deutschland – wider britisches Erwarten – sofort nach. Im Rahmen einer Flottennovelle wurde die Laufzeit für Linienschiffe von 25 auf 20 Jahre verkürzt und für die Jahre 1908 bis 1911 der Großschiffbau von jährlich 4 Einheiten des Dreadnought-Typs vorgesehen. In diesem besagten Zeitraum sollten also deutscherseits 16 Großkampfschiffe in den Dienst gestellt wer-

Militärpolitik statt Diplomatie. *Die Sehnsucht nach Weltgeltung und Respektierung als imperiale Macht ließ besonders das Deutsche Reich unter den sich sowieso hoch rüstenden Großmächten vorangehen. Der schnelle Gewinn des 70/71er Krieges verleitete allzu viele, allein in militärischer Stärke die Zukunft zu sehen. Oben links: Flottenmanöver 1912. – Oben: Aufmarsch berittener Einheiten während des Manövers 1913 in Döberitz. – Links: Wilhelm II. in Marineuniform während seines Treffens mit Zar Nikolaus II. von Rußland auf dem Begleitschiff »Berlin« im Björkö-Sund. – Unten: Helmuth von Moltke, Chef des deutschen Generalstabs, und der österreichische Thronfolger, Erzherzog Franz Ferdinand, in einer Lagebesprechung während des Kaisermanövers 1913.*

KAISER WILHELM II.

Als an jenem nebelverhangenen 10. November 1918 Kaiser Wilhelm II. ins holländische Exil ging, weil ihn, nach Hindenburgs Urteil, »sein Volk verlassen hatte«, richtiger aber, weil er die Existenz seines Staates zerstört hatte und weil sein Verbleiben neues Blutvergießen, Bürgerkrieg und Wiederbeginn der Feindseligkeiten hätte bedeuten können, da wirkte diese Abschiedsszene wie das letzte Bild einer Wagnerschen Tragödie.
*Wilhelm II. (*27. Januar 1859) hatte neunundfünfzigjährig, nach einer vierzigjährigen Herrschaft verloren, was ein deutscher Herrscher überhaupt verlieren konnte: die Kaiserkrone, die Königskrone Preußens, einen großen Krieg, sein Vaterland, sein Volk.*
Wilhelm II. hinterließ ein Volk in bitterer Not und großer Zerrissenheit. Alle seine Versäumnisse hatte er nun aufzuarbeiten und erneut zu erleiden.
Es fällt schwer, ein klares Bild dieses Monarchen zu zeichnen, zuviel Gegensätzliches enthält es: Kontraste von natürlicher Herzlichkeit und theatralischem Pomp, von preußisch-nüchterner Rationalität und gefühlsbetonter Phantasterei, von Rücksichtnahme und grober Taktlosigkeit, von Verzagtheit und Hybris. Traumkönig nannten ihn die einen, Dilettant die anderen. Er hat sowohl den Gemütspatriotismus seiner Zeit erquickt, als auch durch Säbelrasseln die Welt verschreckt. Mehr als er ahnte, war er das Kind seines eigenen »Wilhelminischen Zeitalters« in Deutschland. Engagierter und von sich selbst überzeugter Herrscher der imperialistischen Epoche, war er zugleich zu schwach, seinen Staat in die Moderne zu führen. Die Begabung zum großen Staatsmann fehlte ihm, nicht zuletzt, weil er zu vieles selbst bestimmen wollte und weil er es nicht verstand, befähigte Kanzler und Minister zu finden, und schon gar nicht einen zweiten Bismarck. So wurde er, selbst in erheblichem Umfang Schuldiger der Katastrophe von 1914, zugleich eines ihrer so vielen Opfer. Nach einundzwanzigjährigem Exil starb er am 4. 6. 1941 im Haus Doorn, Provinz Utrecht/Niederlande. *(L. H.)*

den, während England 20 gleichen Typs bauen wollte. Nach Bekanntwerden dieser deutschen Pläne herrschte in der britischen Marine eine solche Empörung, daß der englische Erste Seelord, Sir John Fisher, König Eduard VII. einen Präventivschlag gegen die deutsche Flotte empfahl! Falschmeldungen hatten zudem das Bild der deutschen Flottenaufrüstung verzeichnet, obgleich feststand, daß das deutsche Bautempo gegenüber der englischen Schlachtflotte das Stärkeverhältnis von 2:3 nicht verändern würde.
Es schien höchste Zeit, daß der englische Onkel selbst einmal den Neffen zu den Plänen hörte. Eduard VII. reiste also mit seinem Unterstaatssekretär Hardinge nach Deutschland. Um wenigstens eine Verlangsamung, wenn nicht einen Baustopp des deutschen Flottenbaus zu erwirken, sondierte Hardinge im August 1908 in Kronberg im Taunus beim deutschen Kaiser. Die Engländer planten damals gerade ein großes Sozialversicherungsprogramm und wollten daher dessen Finanzierung nicht durch unnütze zusätzliche Rüstungsausgaben gefährden. Der Kaiser aber ließ überhaupt nicht mit sich reden. Schon auf die erste vorsichtige britische Andeutung von einem Stopp des Flottenbaus bekam der britische Diplomat die Antwort des Kaisers: »Dann werden wir eben kämpfen, denn das ist eine Frage der nationalen Ehre!«
Das britische Ansinnen hatte Wilhelms II. Gefühle zutiefst verletzt, galt doch die Flotte seit jeher als sein liebstes Kind. Mit dem »Dreizack in der Faust« wollte er Deutschland zu Größe und Ehre führen. Aufgrund dieser Einstellung erkannte Wilhelm II. in der Anfrage des englischen Gesprächspartners nicht die ehrliche Besorgnis um den Frieden, sondern in seinen Augen entsprang sie blankem Neid. Daß er dem Fragesteller keinen Augenblick lang ein Wort des Verständnisses gönnte und nicht einmal zu irgendeiner diplomatischen Höflichkeitsformel Zuflucht suchte, wirft wiederum ein bezeichnendes Licht auf Wilhelms II. staatsmännische Qualifikation. Er erkannte offenbar nicht, daß er selbst und Tirpitz unablässig einen kostspieligen Rüstungswettlauf provozierten. Daß schon aus geographischen Gründen eine Flotte für England einen anderen Stellenwert besaß, als für jede andere europäische Macht, dafür fehlten dem Kaiser wie seinem Admiral Gespür und Einsicht, mochte Tirpitz noch so oft beteuern, Deutschland wolle und könne mit der Flotte niemanden bedrohen.

Der Kaiser wird zum Gespött der Welt

Im Oktober 1908 veröffentlichte der englische »Daily-Telegraph« eine Unterhaltung des Kaisers mit einem englischen Diplomaten. Darin ging es um Wilhelms II. Ansichten über das Verhältnis Deutschlands zu England und anderen Staaten der Welt. Das Interview enthielt soviel plumpe und ungeschickte Äußerungen, daß in Großbritannien wie in Deutschland, hier sogar durch alle Parteien, ein Sturm der Entrüstung ging. Da stand nämlich zu lesen, daß der Kaiser der lieben Großmutter Pläne für den Kampf gegen die Buren habe entwickeln lassen, daß die Flotte gegen Japan gebaut worden sei, daß der Kaiser zu der deutschen Minderheit gehöre, die englandfreundlich gesinnt sei, und daß er eine russisch-französische Kontinental-Liga gegen England vereitelt habe. Durch den Inhalt dieses Artikels fühlten sich nicht nur viele Menschen und Völker vor den Kopf gestoßen, viele hielten ihn zunächst für eine Fälschung, weil sie nicht glauben konnten, daß der Kaiser soviel Ungereimtheiten und Dummheiten gleichzeitig gesagt haben sollte. Mitverursacht war das Debakel durch den Reichskanzler, der das Manuskript, statt es selbst vor der Veröffentlichung zu lesen, an einen untergeordneten Beamten zur Korrektur weitergeleitet hatte. Dieser wiederum fühlte sich überfordert und nahm deshalb nur ganz geringfügige Korrekturen vor. Von Bülow redete sich nun recht unehrenhaft heraus und besaß noch die Stirn, den Kaiser in öffentlicher Reichstagsrede zu rügen, statt sich vor seinen Herrscher zu stellen und sich mitverantwortlich zu erklären. Die Flut der Kritik brandete nun auf Wilhelm II. so zu, daß er ein »Beben unter seinem Thron vernahm«, einen Nervenzusammenbruch erlitt und sich mit Abdankungsplänen beschäftigte.

Auch in sonst kaisertreuen politischen Kreisen erscholl der Ruf nach Verfassungsreform und Ministerverantwortlichkeit. Diesbezügliche Eingaben blieben freilich beim Geschäftsordnungsausschuß des Reichstags hängen. Eine entscheidende Gelegenheit zur demokratischen Regierungskontrolle wurde daher nicht wahrgenommen. Ein folgenschweres Versäumnis, wie wir heute wissen!

Der Kaiser nannte Bülow »einen gedächtnisschwachen Trottel« und entließ seinen langjährigen Reichskanzler in ähnlich schroffer Form wie einst Bismarck und bestellte von Bethmann Hollweg in das Kanzleramt. Staatssekretär des Äußeren wurde Alfred von Kiderlen-Wächter.

Säbelrasseln wegen Marokko

Seit der Algeciras-Konferenz blieb es kein Geheimnis, daß Frankreich das Protektorat über Marokko anstrebte. Als hier 1911 Unruhen ausbrachen, setzte Paris ein Expeditionskorps nach Fez in Marsch. Nun beging der Staatssekretär von Kiderlen-Wächter die unverzeihliche

Flucht vor der Redewut Wilhelms II. *Satire des Kladderadatschs auf eine Rede Wilhelms II. Als »Zug der Nörgler« verlassen die politischen Führer Deutschlands (Miquel, E. Richter, Bennigsen, Bebel, Bismarck) das Land.*

Torheit, das Kanonenboot »Panther« mit 150 Mann in den marokkanischen Hafen Agadir zu beordern, um Frankreich deutsche Kompensationsforderungen deutlich zu machen (»Zweite Marokko-Krise«). Gedacht war an Gebiete im Französischen Kongo. Da der Staatssekretär von diesem Unternehmen des »Panther« London nicht in Kenntnis gesetzt hatte, zeigte man sich dort so entrüstet, daß der englische Schatzkanzler Lloyd George in öffentlicher Rede Frankreich des britischen Beistands versicherte. Dem Geschick britischer Diplomaten ist es zu verdanken, daß es nicht schon damals zum Krieg kam. Deutschland gab sich mit Teilkompensationen zufrieden. Die »Entente« stand gefestigter denn je da, und der »Panthersprung« wurde im Ausland als Drohgeste deutscher Säbelrassler empfunden.
Dieses negative Deutschlandbild war schon anläßlich der »Zweiten Haager Friedenskonferenz« 1907 entstanden, als die deutsche Delegation sich einem britisch-amerikanischen Antrag auf Rüstungsbeschränkung widersetzt hatte. Und ausgerechnet nach der beschämenden Niederlage in der Marokkofrage wußte Admiral Tirpitz nichts

Besseres, als eine neue Flottennovelle einzubringen, derzufolge die jährliche Zurüstung an Großkampfschiffen um je eine Einheit vergrößert werden sollte! Flottenfanatiker wie Vize-Admiral Capelle vertraten sogar nun die Auffassung, England werde eines Tages schon die Luft ausgehen und es könne nur über ein Bündnis mit Deutschland seine Weltgeltung behaupten.
Als der englische Kriegsminister Lord Haldane im Februar 1912 nach Berlin kam, um mit dem Kaiser und Admiral Tirpitz über die Flottenfrage zu verhandeln, wurde bald deutlich, daß Wilhelm II. und sein Flottenchef von der Novelle nicht abgehen würden. Sie fürchteten um ihre »Defensivchance gegen England«. Der Kaiser glaubte zudem nicht an die englische Ehrlichkeit, als London eine allgemeine gegenseitige Neutralitätserklärung anbot, falls die Flottenrüstung verlangsamt würde. Die deutsch-britischen Gespräche zogen sich bis in den März 1912 hin, wobei England deutlich Rücksicht auf die »Entente« nahm und sehr vorsichtig taktierte. Bei Bekanntwerden der Umgruppierung der englischen Flotte vom Mittelmeer in den Nordseeraum drohte der Kaiser mit der Mobilmachung. Von Bethmann Hollweg war so empört darüber, daß er seinen Rücktritt anbot. London konnte der von Berlin hartnäckig geforderten einseitigen Neutralitätserklärung nicht nachkommen, weil man befürchtete, daß Deutschland diese zur Aufrüstung mißbrauchen würde, um dann zu irgendeinem Zeitpunkt über einen kontinentalen Rivalen herzufallen. Die Verhandlungen scheiterten, wenngleich nach dem plötzlichen Tod von Kiderlen-Wächter dessen Amtsnachfolger Gottlieb von Jagow (1913–1916) weiterhin auf eine deutsch-englische Verständigung hinarbeitete und dabei noch 1914 mit London Verträge zur Bagdadbahn und über das künftige Schicksal der portugiesischen Kolonien abschließen konnte.

Unruhiger Balkan

Seit der Annexionskrise um Bosnien ist Balkaneuropa nicht mehr zur Ruhe gekommen. Ein aus Serbien, Bulgarien, Griechenland und Montenegro bestehender »Balkanbund«, hinter dem das Zarenreich als eine Art Schutzmacht stand, nützte 1912 einen italienisch-türkischen Konflikt aus, um das Türkische Reich anzugreifen und diesem die gesamten europäischen Besitzungen westlich der Linie Enos–Midia zu entreißen. Wegen der Beuteverteilung kam es alsbald zu einem zweiten Balkankrieg, in welchem nunmehr Bulgarien gegen die Übermacht Serbiens, Griechenlands und Rumäniens einen aussichtslosen Kampf führte, aus dem Serbien 1913 als Hauptgewinner hervorging. Dieses

Königreich konnte sein Staatsgebiet um mehr als 80 Prozent vergrößern und umfaßte jetzt eine Bevölkerung von 4,5 Mill. Einwohnern. Eines hatten die Serben freilich nicht erreicht: den Zugang zur Adria. Sie waren an einem österreichischen Veto gescheitert. Dadurch verschärften sich die Spannungen zwischen dem Königreich Serbien und der Donaumonarchie, so daß ein Krieg drohte, zumal sich das serbische Nationalgefühl, nach eben errungenen Siegen über die Türken, leidenschaftlicher denn je aufwallte, hatte man doch viele »slawische Christenbrüder« aus muselmanischer Herrschaft befreit: Der serbische Nationalismus forderte einen großserbischen Staat, in den auch die Kroaten und Slowenen eingegliedert werden sollten. In Belgrad mahnte der siebzigjährige Ministerpräsident Pašic zur Mäßigung. Aber die Spannungen wuchsen. Militante Oppositionelle schlossen sich im Geheimbund »Schwarze Hand« zusammen, der nun auch vor Terror nicht zurückschreckte. Er stand in engem Kontakt zur »Narodna Odbrana«, einer nationalen Massenbewegung, die alle Balkanserben zu mobilisieren suchte.
Der österreichische Generalstab arbeitete bereits Aufmarschpläne gegen Serbien aus. Nur ein Mann glaubte zu wissen, wie man die serbische Frage vielleicht doch noch politisch lösen könnte, um die Donaumonarchie vor der Katastrophe zu bewahren: der österreichische Thronfolger Franz Ferdinand. Er wollte aus der Doppelmonarchie eine Art Dreivölkerstaat bilden, der den Serben eine ähnliche Unabhängigkeit zugestehen sollte, wie sie die Ungarn bereits besaßen. Das lief auf einen Zusammenschluß Dalmatiens, Kroatiens, Slawoniens und Bosniens hinaus. Eine reelle Chance hätte dieser Plan aus drei Gründen allerdings nicht gehabt: Zum einen war ja die serbische Frage keine rein österreichische Angelegenheit mehr. Zum andern sperrten sich die Ungarn, welche bisher über Kroatien und Teile der serbischen Siedlungsgebiete der südlichen Donaumonarchie regieren durften. Und schließlich stand der Plan des Erzherzogs in totalem Widerspruch zur großserbischen Nationalbewegung, für die Franz Ferdinand zum erklärten Feind wurde.

Das europäische Spannungsfeld

Die politische Atmosphäre Europas im Frühsommer 1914 war spannungsgeladener denn je. In Petersburg setzte sich die Überzeugung durch, daß Österreich-Ungarn früher oder später die Bukarester Friedensbestimmungen von 1913 mit dem Machtzuwachs Serbiens nach dem »Zweiten Balkankrieg« kompensieren würde. Das mußte nach

***»Völker Europas, wahrt eure heiligsten Güter!«** – »Gefahr aus Asien«, »Gelbe Gefahr« und rassenpolitischer Wahn des NS-Staates – sie haben alle ihren Vorläufer in dieser nach Wilhelms Entwurf gestalteten Zeichnung (1906).*

russischer Auffassung zum Krieg führen. In Berlin diskutierten die Militärs Konsequenzen eines Präventivkriegs gegen Frankreich und Rußland. Generalstabschef Helmuth Graf von Moltke (* 1848, † 1916), 1906–1914 Schlieffens Nachfolger, hatte grünes Licht für die Vergrößerung der Präsenzstärke und Feuerkraft des deutschen Landheeres gegeben, was einen Zuwachs der Territorialstreitkräfte um 136 000 Mann in den beiden folgenden Jahren bedeutete.
Für die Atmosphäre Deutschlands am Vorabend des Ersten Weltkriegs ist überhaupt kennzeichnend, daß der Wehrgedanke in der breiteren Öffentlichkeit große Resonanz gefunden hatte. Dafür sorgten der »Wehr- und Flottenverein« sowie der »Alldeutsche Verband«.
Nach heutigen Maßstäben handelte es sich bei den damaligen Verteidigungsanstrengungen um eine »Nachrüstung«, denn im Vergleich zur französischen Heerespräsenzstärke war Deutschland zurückgeblieben. Freilich verlängerte Frankreich bei Bekanntwerden der deutschen Rüstungspläne seine Dienstzeit sofort auf drei Jahre. Selbst kleinere Länder wie Belgien, Holland und Schweden beteiligten sich da-

mals am Wettrüsten. Große Rüstungsanstrengungen unternahm auch Rußland, das aus der Niederlage gegen Japan Konsequenzen zog. Neueren Forschungen zufolge nahmen die deutschen Generalstäbler angesichts der allgemeinen Aufrüstung das Jahr 1916 als das »ernsteste Gefahrenjahr« an und schlossen einen alliierten Angriff nicht aus. Wenn man sich die Gesamtsituation des europäischen Kräftefelds unmittelbar vor Ausbruch des Krieges vergegenwärtigt, dann kann man nicht übersehen, daß ausgerechnet der einzige zuverlässige Bundesgenosse Deutschlands, eben Österreich-Ungarn, seit Jahrzehnten an einem kontinuierlichen Machtschwund litt. Der großen imperialistischen Expansion hatte sich die Donaumonarchie zwar ferngehalten, als sie aber dann auf dem Balkan zu Annexionen schritt, geriet sie sofort in den Doppelgegensatz zu Rußland und dem großserbischen Nationalismus. Auch innenpolitisch wurde die Doppelmonarchie von Krisen geschüttelt. Die Unruhe unter den kroatischen und böhmischen Bevölkerungsgruppen drängte Wien zur »inneren Verteidigung«. Die kroatische Verfassung wurde außer Kraft gesetzt, der böhmische Landtag 1913 geschlossen. So lag es im Bereich des Kalkulierbaren, daß in einer außergewöhnlichen Situation die Militärs zur Flucht nach vorne drängen würden, um die Monarchie zu retten, falls sie noch zu retten wäre.

Einen Risikofaktor ersten Grades stellte 1914 auch Rußland dar. Seit der Revolution von 1905, die nur durch liberale Reformen und Kompromisse zum Stehen gebracht werden konnte, bot das Zarenreich das Bild eines in politischer und gesellschaftlicher Hinsicht äußerst labilen Systems, das aus Selbsterhaltungsgründen jederzeit zum »Schritt nach vorne« bereit schien. Rußlands Verhältnis zur Donaumonarchie, zum Balkan und zum Türkischen Reich war aber nicht nur durch die bereits erwähnten Spannungen gekennzeichnet: Auch seine Beziehungen zu Deutschland verschlechterten sich, als Petersburg erfuhr, daß eine deutsche Militärmission in Konstantinopel ihre Arbeit zur Unterstützung der türkischen Armee aufgenommen hatte. Der russische Außenminister Sasonow kam daher zu der Schlußfolgerung, »daß der Kampf um Konstantinopel kaum ohne einen europäischen Krieg möglich wäre«.

Seit den beiden Marokkokrisen stand ferner fest, daß die Brücken zwischen Deutschland und Frankreich abgebrochen waren. Präsident Poincaré ließ die Kapitalhilfe für Rußland deutlich verstärken und zeigte sich bei der Interpretation der franko-russischen Allianz so großzügig und wohlwollend, daß man sogar befürchten mußte, Paris könne die Balkanabenteuer der Russen unterstützen.

Was das deutsch-englische Verhältnis am Vorabend des I. Weltkriegs angeht, so ist dieses durch folgende Gegebenheiten gekennzeichnet: Großbritannien hat bis zuletzt versucht, das zwischen den Staaten bestehende Flottenproblem durch ein Gentlemen's Agreement zu lösen. Da dies mißlang, blieb Deutschland in englischer Sicht der bedrohliche Gegner britischer Seeherrschaft. Was Deutschlands außenpolitische Situation im Jahre 1914 betrifft, so läßt sich nicht übersehen, daß infolge jahrzehntelangen unentschlossenen Schwankens zwischen Rußland und England das Deutsche Reich in eine Isolierung geraten war, die 1914 ein enges Heranrücken an den Zweibundpartner Österreich-Ungarn notwendig machte, da Italien schon lange kein zuverlässiger Dreibundpartner mehr war. Bei Kriegsausbruch traten lediglich die Verlierer des Balkankriegs, die Türkei und Bulgarien, an die Seite Deutschlands und Österreich-Ungarns.

In ganz Europa gehen die Lichter aus . . .

Mitten in jene hochgespannte politische Atmosphäre des sommerheißen Europa peitschten am 28. Juni 1914 die beiden Schüsse, die den österreichischen Thronfolger Franz Ferdinand und seine Gemahlin töteten und zugleich der Monarchie gegolten hatten. Der von dem jugendlichen bosnischen Attentäter Gavrilo Princip verübte Doppelmord war von nationalistischen serbischen Verschwörern aus dem Geheimbund »Schwarze Hand« vorbereitet worden und sollte den serbischen Ministerpräsidenten zu extremen Schritten nötigen.
Europa hielt den Atem an. Besorgt fragten sich viele: Was wird Österreich tun? Können die Großmächte im Falle einer Strafaktion gegen die serbischen »Königsmörder« tatenlos bleiben? Kaiser Franz Joseph und der deutsche Kaiser glaubten, daß sich die »Tripleentente« (England, Frankreich, Rußland) heraushalten werde. Wien traute Berlin vor allem einen mäßigenden Einfluß auf Petersburg zu und wollte ohne deutsche Rückendeckung nichts unternehmen. Am Ballhausplatz in Wien wußte man nur zu genau, daß eine unüberlegte Aktion Rußland mobilisieren könnte. Kaiser Franz Joseph und sein Außenminister Berchtold erfuhren nach Sondierungen in Berlin, daß Kaiser Wilhelm II. und der deutsche Reichskanzler von Bethmann Hollweg die »volle Unterstützung« auch bei ernsten europäischen Komplikationen zusicherten. Wilhelm II. drängte sogar auf eine Abrechnung mit den Serben, indem er dem deutschen Botschafter in Wien die kursbestimmende Weisung erteilte: »Jetzt oder nie!« Tags darauf begab er sich, um die Atmosphäre nicht noch zu überhitzen, auf seine geplante Nordlandreise.

Ein Attentat wird zum Zündfunken der in jahrelangen Spannungen angestauten Kriegsgefahr: *Die permanente Balkankrise wird damit auch zur Initialzündung, die die Dominosteine der komplizierten Bündnisse in Bewegung setzt. – Oben: Das in Sarajewo ermordete österreichische Thronfolgerpaar. Unten: Die Schlagzeile der Berliner Morgenpost.*

BERLINER MORGENPOST

20 Pfennig

Nr. 175. | Montag, 29. Juni 1914. | 17. Jahrg.

Der österreichische Thronfolger und seine Gattin ermordet.

Berlin hatte also am 5. Juli 1914 Wien einen Blankoscheck ausgestellt! Wer allerdings schnelle Entschlüsse der österreichischen Regierung erwartet hatte, sah sich enttäuscht. Wochen vergingen, bis plötzlich in Belgrad am 23. Juli eine in kategorischem Ton gehaltene ultimative Note Wiens überreicht wurde, die Forderungen enthielt, deren Erfüllung die Souveränität des serbischen Staates in Frage gestellt hätte. Österreich verlangte darin nichts weniger als ein öffentliches Geständnis der Belgrader Regierung, durch ihre Organe die gutnachbarlichen Beziehungen zur Donaumonarchie gefährdet zu haben, und forderte die Teilnahme österreichischer Beamter an der Untersuchung der Attentatshintergründe.

Binnen 48 Stunden wurde dieses Begehren von serbischer Seite in bestimmter, aber sehr geschickter Form zurückgewiesen, nachdem sich die Regierung Pašic vorher russischer Hilfe versichert hatte. Am 25. Juli 1914, nachmittags 15 Uhr, befahl Serbien die Mobilmachung, um 21 Uhr ordnete Österreich die Teilmobilmachung von 8 Armeekorps an, ein Vorgang, den die deutschen Sozialdemokraten als »frivole Kriegsprovokation« werteten. Zur völligen Überraschung Berlins erklärte Österreich, um der Einmischung anderer Mächte zu entgehen, am 28. Juli Serbien den Krieg.

Diesen Schritt hätte Wien ohne die deutsche Blankovollmacht nicht wagen können. Der Sprung nach vorn ist aus jenem Gefühl heraus erklärbar, das Kaiser Franz Joseph seinem Generalstabschef von Hötzendorf gegenüber so umschrieb: »Wenn die Monarchie schon zugrundegehen muß, so soll sie wenigstens anständig zugrunde gehen.«

Die Ereignisse überschlugen sich jetzt. Am 30. Juli befahl Rußland die Gesamtmobilmachung, obwohl weder Österreich noch Deutschland eine feindliche Absicht dem Zarenreich gegenüber hatten erkennen lassen.

Einem Vorschlag des Staatssekretärs des Foreign Office, Sir Edward Grey, Österreich vor eine Botschafterkonferenz zu laden, stand Deutschland ablehnend gegenüber, weil Gespräche zwischen Wien und Petersburg in Aussicht gestellt waren, die einen schnelleren Erfolg versprachen. Das Mißtrauen gegenüber einer tatsächlichen Chance zur politischen Bereinigung der nunmehr eingetretenen gefährlichen Situation, aber auch das Prestigedenken in beiden Lagern war indes so stark, daß es im Grunde aussichtslos schien, binnen weniger Stunden etwas abbauen zu wollen, was sich in langen Jahren angestaut hatte.

Der deutsche Reichskanzler, der in der jüngsten Forschung wieder zu den Hauptschuldigen am Ausbruch des Weltkrieges gezählt wird, wollte am 5. Juli auf jeden Fall die Donaumonarchie erhalten und glaubte, den großen Krieg gerade dadurch zu verhindern, daß man ihn

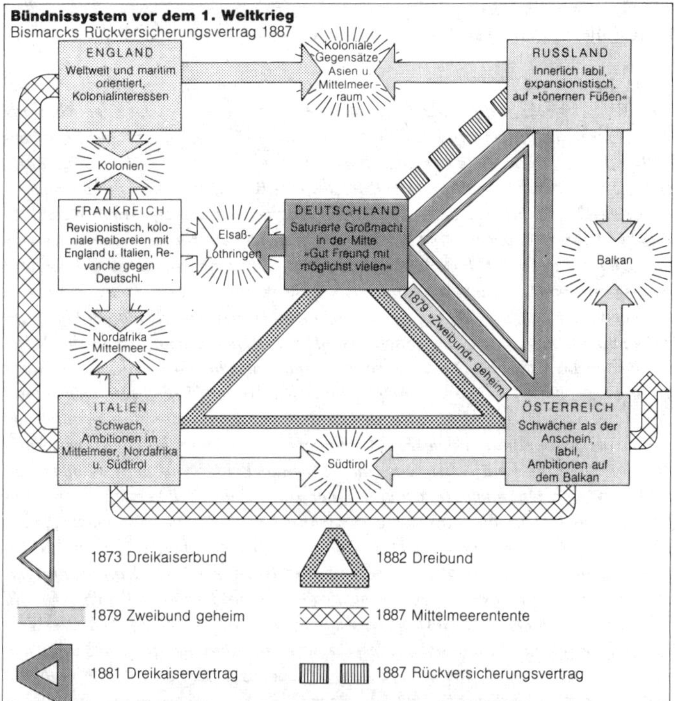
Bündnissystem vor dem 1. Weltkrieg
Bismarcks Rückversicherungsvertrag 1887
ENGLAND
Weltweit und maritim orientiert, Kolonialinteressen
Koloniale Gegensätze Asien u. Mittelmeer-raum
RUSSLAND
Innerlich labil, expansionistisch, auf »tönernen Füßen«
Kolonien
FRANKREICH
Revisionistisch, koloniale Reibereien mit England u. Italien, Revanche gegen Deutschl.
Elsaß-Lothringen
DEUTSCHLAND
Saturierte Großmacht in der Mitte »Gut Freund mit möglichst vielen«
Balkan
Nordafrika Mittelmeer
1879 »Zweibund« geheim
ITALIEN
Schwach, Ambitionen im Mittelmeer, Nordafrika u. Südtirol
Südtirol
ÖSTERREICH
Schwächer als der Anschein, labil, Ambitionen auf dem Balkan
1873 Dreikaiserbund
1882 Dreibund
1879 Zweibund geheim
1887 Mittelmeerentente
1881 Dreikaiservertrag
1887 Rückversicherungsvertrag

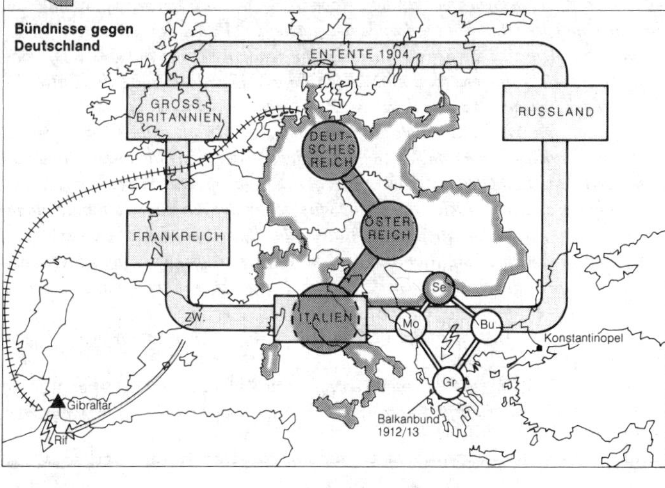
Bündnisse gegen Deutschland
ENTENTE 1904
GROSS-BRITANNIEN
RUSSLAND
DEUTSCHES REICH
ÖSTERREICH
FRANKREICH
Se
ZW.
ITALIEN
Mo
Bu
Konstantinopel
Gr
Gibraltar
Rif
Balkanbund 1912/13

Mobilmachung in Berlin 1914
Bericht des Berliner Tageblatts

Als sich gegen 6 Uhr die Kunde von der Mobilmachung unserer Streitkräfte wie eine Woge durch Berlin wälzte, als diese Kunde wie ein leuchtender Blitz das Dunkel erhellte, da schwand das Hoffen von sorglosen Gesichtern, und Ergriffenheit und tiefste Bewegung senkte sich auf die Seelen aller Menschen. Jetzt hatte sich die furchtbare Spannung gelöst. Jetzt wußte Berlin, welchen Lauf die weltbewegende Geschichte des ersten Tages im August genommen hatte. Wohl war diese Gewißheit schmerzlich. Aber Berlin zeigte sich des großen Augenblicks würdig. Und wie tiefes Unglück Menschen vereint, wie jauchzende Freude hoch und niedrig zusammenschließt, so fand auch diese ernste, schwere Kunde ein einzig schlagendes Herz. Das Wünschen, Sehnen und Hoffen von Millionen klang zusammen. Nicht in lauter, lärmender Lust. Aber in dem einzigen Gedanken: Möge der Zeiten Lauf das Unheil von unserem Land, unserem Volk und unserer Stadt gnädig abwenden! Wer gestern schon die vielen Tränen fließen sah, wer überall das wehe, wunde Gefühl auf sich wirken ließ, mit dem heute Hunderttausende von Frauen und Kindern dem Ernährer nachblickten, der fühlte den Ernst kommender Lage, fühlte die Größe heraufziehenden Leides und den Schmerz, der zuckend durch Millionen Herzen läuft. Wer gestern abend die ersten Trupps junger Reservisten sah, die barhäuptig kurz vor 7 Uhr durch die Wilhelmstraße zogen, wer die frischen, roten Gesichter sah, aus deren leuchtenden Augen das Zutrauen strahlte; – wie sie alle ihre bescheidene Habe in kleinen Koffern und hastig verschnürten Kartons trugen, dem stieg es heiß im Herzen auf. Ach, wie bald schwindet Schönheit und Gestalt. Das alte Reiterlied, das einzig schön des großen Krieges grause Stimmung wiedergibt, singt und sagt das alles, was unausgesprochen über den Seelen der Menschen lag, die bis in die späte Nacht hinein in den hellstrahlenden Straßen standen. Nach 5 Uhr war die erregte Spannung der Massen Unter den Linden aufs äußerste gestiegen. Von einer Seite der Straße zur andern wälzte sich die Masse, sobald nur irgendein Wagen mit einem Offizier oder gar ein Hofwagen vorbeikam. Alles fühlte, daß jede Minute die Entscheidung bringen könne, daß das deutsche Volk jetzt binnen kurzem wissen mußte, woran es sei. Da kamen plötzlich aus dem Schloßtor Automobile mit Offizieren, die der aufs höchste erregten Menge die Tatsache der beschlossenen Mobilmachung zuriefen. Ein Offizier schwang dabei den gezogenen Säbel, der andere winkte mit dem Taschentuch. Die Schutzleute gaben die Parole »Mobilmachung« weiter, und im Nu wußten die Hunderttausende, die zwischen dem Denkmal des Alten Fritz und dem Lustgarten auf und ob wogten, daß Deutschland jetzt die Waffen sprechen lassen wollte. Unwillkürlich drängte alles dem Schlosse zu, dessen Portal soeben der Generalstabschef von Moltke verließ.
Der Potsdamer Platz, der größte Verkehrspunkt des alten Westens, war gestern der Schauplatz ergreifender Ovationen.
Es war gegen 5.30 Uhr, als vor einem der dortigen Restaurants die Menge zusammenlief und stürmte, so daß dieser Teil des Platzes bald schwarz voll Menschen

stand. Die Fernerstehenden dachten an ein Extrablatt, das die Lösung brachte. Näher kommend bemerkte man jedoch nichts davon, in dem Biergarten hatte vielmehr ein älterer Herr einen Tisch bestiegen. Er verkündete in einer kurzen Ansprache die Nachricht von der Mobilmachung. Schweigend hörte die Menge zu. Das Publikum stürzte sich auf die Zeitungsautomobile und riß den Extrablattverteilern die Mobilmachungsorder aus den Händen. Für eine Viertelstunde stockte der Verkehr vollständig. Männer erkletterten die Wagen, die in der Menschenmenge eingepfercht waren, und lasen den Inhalt der Extrablätter laut vor. Der Potsdamer Platz, der Leipziger Platz bis hinein in die Leipziger Straße waren mit Menschen besetzt. [. . .]

An der großen Freitreppe am Potsdamer Bahnhof findet sich folgende Bekanntmachung: »Der Zugang zu den Wartesälen und Bahnräumen ist nur den mit Fahrscheinen versehenen Personen gestattet. Bahnsteigkarten werden bis auf weiteres nicht mehr ausgegeben. Ferner wird der Verkauf alkoholischer Getränke in den Wirtschaftsräumen des Bahnhofsgebäudes untersagt, außerdem ist es verboten, alkoholische Getränke als Liebesgaben an die Truppen zu verabfolgen.«

Der Ansturm der Hausfrauen auf die Lebensmittelgeschäfte, der, wie gestern abend berichtet wurde, von den in Frage kommenden Geschäften zu einer plötzlichen, scharfen Steigerung der Lebensmittelpreise ausgenutzt wurde, hat die in Frage kommende Behörde, den Oberbefehlshaber der Marken, General von Kessel, veranlaßt, ein Ausfuhrverbot von Mehl, Getreide und Schlachtvieh aus dem Gebiet des Zweckverbandes zu untersagen.

Aus: Berliner Tageblatt vom 2. 8. 1914

Stichworte zur Zeit Wilhelms II.

Militarisierung und Nationalismus bestimmen in steigendem Maße die Politik, aber auch das ganze Leben in Deutschland. Zurückgewandtsein in die Vergangenheit (Historismus), Heroisierung der Helden und Taten »Altdeutschlands« und neues Selbstwertgefühl auf der Basis steigender wirtschaftlicher Produktion sowie industrieller und wissenschaftlicher Fortschritte gehen Hand in Hand. Nationale Vereinigungen (z. B. »Alldeutscher Verein« und »Deutscher Flottenverein«) fördern nationalistisches Prestigedenken und fordern zur außenpolitischen, vor allem zur kolonialen Expansion und zu verstärkter Rüstung auf. Weltgeltungsstreben, Herrenmenschentum und der Glaube an rassische Überlegenheit lenken von den eigentlichen Problemen des Industriezeitalters und den sozialen Problemen ab.

Die innere Entwicklung im Deutschen Reich ist gleichzeitig gekennzeichnet vom Aufstieg zur stärksten Industrienation Europas und zur Spitzenstellung im Außenhandel. Das Wachsen der Großindustrien und kapitalistischen Unternehmen mit überhöhter Produktion führen nach anfänglichem »Gründerboom« als Folge des gewonnenen Deutsch-Französischen Krieges 1870/71 und der hohen Reparationszahlungen zu schwersten wirtschaftlichen Depressionen und zum Niedergang von Kleinunternehmen und Handwerk. Armut und zunehmende Verelendung der Arbeiterschicht (Proletariat) schaffen schwere soziale Spannungen, die zur Stärkung sozialdemokratischer und kommunistischer Bewegungen beitragen, die ihrerseits eine hysterische Angst vor der »roten Revolutionsgefahr« hervorrufen. Abhängigkeit der Zentralgewalt von den Länderinteressen, von Wünschen der Industrie und Banken so-

in Kauf nahm. Eine gefährliche, leichtsinnige Hoffnung! Die »Abrechnung mit Serbien« sollte stattfinden, damit die »Tripleentente« sich spaltete und Rußland isoliert würde. Einen Weltbrand wollte von Bethmann Hollweg sicher nicht. Er hat sogar die leichtfertige Wiener Politik heftig kritisiert. Eine vorübergehende Besetzung Belgrads hätte er – wie übrigens auch England – toleriert.

Aber so wie Berlin die Donaumonarchie nicht im Stich lassen wollte, so wollte schließlich Frankreich seine Allianz mit Rußland nicht verraten. Und England wollte keinesfalls zusehen, wie Deutschland oder Rußland in einem großen Konflikt siegten. Eine deutsche Kontinentalhegemonie konnte es ebenso wenig dulden wie eine russische, die für Indien, Persien und Afghanistan ernste Folgen haben würde. Aber schon überschlugen sich die Ereignisse, kapitulierten die Politiker vor ihren Militärs. Jene russische Mobilmachung vom 30. Juli – eine Teil-

wie Rückständigkeit der Verfassung, besonders im ungleichen Wahlrecht und in der Besteuerung, destabilisieren das Reich.
Verunsicherung durch schwankende Außenpolitik bedeuten vor allem die sprunghaften Entscheidungen und Bündnisänderungen der Wilhelminischen Regierung, aber auch die ungeschickten Reden des Kaisers, die Aufrüstung, der Flottenausbau, das Engagement in Nordafrika (Marokkokrisen) und im Vorderen Orient (Bagdadbahn).
Scharfe machtpolitische Gegensätze und Angst vor den eventuellen Gegnern fördern ein vielseitiges Bündnisgeflecht, in das sich die Staaten der »Mittelmächte« (Deutschland u. Österreich-Ungarn) und der »Entente cordiale« (England, Frankreich, Rußland) immer mehr verstricken. Die Schwäche des niedergehenden osmanischen Türkenreichs beflügelt das Freiheitsstreben der Balkanstaaten, wovon vor allem Serbien, das sich der Rückendeckung Rußlands, das eigene Interessen auf dem Balkan verfolgt, sicher weiß. Nach dem Attentat auf den österreichischen Thronfolger in Sarajewo lösen die Kriegserklärung Österreichs an Serbien und überstürzte Mobilmachungen vor allem Rußlands die Kettenreaktion aus, die zum Ersten Weltkrieg führt.
Erster Weltkrieg: Siege im Westen, Osten und Südosten täuschen zunächst über die durch Rohstoffmangel und Mangel an sonstigen Reserven gekennzeichnete Lage der »Mittelmächte« hinweg. Das Eingreifen der Alliierten stoppt den Vormarsch der Deutschen und Österreicher auf dem Balkan und in Italien. Im Westen scheitert der Schlieffenplan, Stellungs- und Zermürbungskrieg verlangt von beiden Seiten höchste Opfer, Nachschub von Versorgungsgütern, Einsatz von Tanks (Panzern) und frischen amerikanischen Truppen trotz U-Boot-Blockade entscheiden den Krieg.

mobilmachung gegen Österreich war angeblich aus technischen Gründen nicht möglich – hat einen Kriegsmechanismus in Gang gebracht, der eigenen Gesetzen gehorchte. Selbst die beschwörendsten Briefe Kaiser Wilhelms II. an »seinen Vetter Nicky« in Petersburg konnten nichts mehr bewirken. Zar Nikolaus II. wußte den Argumenten seines Generalstabs nichts entgegenzusetzen. Einen neuerlichen Prestigeverlust konnte er sich aus innenpolitischen Gründen nicht mehr leisten. Auch er hatte ja bereits das »Beben unter seinem Thron« verspürt.
Österreich reagierte am 31. Juli mit seiner Gesamtmobilmachung, während der deutsche Generalstab über den deutschen Botschafter in Paris eine befristete Anfrage richten ließ, ob Frankreich in einem deutsch-russischen Krieg neutral bleiben werde. Im Falle der Zustimmung, die Berlin aber selbst bezweifelte, hätte man für die Dauer des deutsch-russischen Konflikts die Überlassung der Festungen Toul und

Verdun gefordert. Paris gab aber dem deutschen Botschafter zu verstehen, daß Frankreich das tun werde, »was seine Interessen geböten«. Frankreich verkündete am 1. August, 15.55 Uhr, die allgemeine Mobilmachung. Eine Stunde später erfolgte die deutsche. Gegen den nachträglichen Einspruch der Militärs erklärte Deutschland sich mit Rußland im Kriegszustand. Noch am Abend des gleichen Tages überschritten russische Kavallerie-Abteilungen die ostpreußische Grenze. Frankreich unterließ die Kriegserklärung. Diese erfolgte am 3. August durch Deutschland, das einen Grund brauchte, um von Belgien ein Durchmarschrecht erwirken zu können. Hier trat nämlich ein fataler Zusammenhang zwischen Kriegsführung und Politik in Erscheinung: Seit Jahren gab es den sogenannten »Schlieffenplan« des ehemaligen deutschen Generalstabschefs, der bei einem Zweifrontenkrieg vorrangig vor der Ostfront schnelles Handeln im Westen vorsah, bevor die gegnerischen Kräfte hier erst richtig zur Entfaltung kamen. Da der rechte Flügel der deutschen Armee von Norden her den linken Flügel der Franzosen umfassen sollte, schloß der Plan von vornherein eine Verletzung der belgischen Neutralität ein. Nur über Belgien nämlich ließ sich diese Offensive vortragen. Obgleich seit Jahren den Verantwortlichen dieser Plan bekannt war, hat niemand an dessen bedenklichen Konsequenzen Kritik angemeldet. Im August 1914 beriefen sich die Militärs auf Notwehr und trotzten dem deutschen Reichskanzler die fatale Verletzung belgischer Neutralität ab. Als deswegen England, das am 1. August seine Flotte in Alarmbereitschaft versetzt hatte, in ultimativer Form die Räumung belgischen Territoriums von deutschen Streitkräften verlangte, Deutschland aber dieser Forderung nicht nachkam, erklärte nun auch London den Krieg.
Am 16. August reihte sich überraschend Japan in die Front der deutschen Gegner ein, nachdem ihm Deutschland die Übergabe des Pachtgebietes von Kiautschou verweigert hatte.
Italien trat nicht an der Seite Deutschlands und Österreich-Ungarns in den Krieg ein, weil es zur Unterstützung Österreichs gegen Serbien nicht verpflichtet war und weil die Kriegserklärung Deutschlands an Rußland Rom das Recht gab, den Bündnisfall aus dem »Dreibundvertrag« als nicht gegeben zu betrachten. Italien erklärte sich deshalb am 2. August für neutral.
Die neuere Forschung hat im Zusammenhang mit der Kriegsschuldfrage auf einen bemerkenswerten Umstand aufmerksam gemacht, der die psychologische Seite des Kriegsausbruchs beleuchtet. Demnach hatte sich in beiden Lagern so etwas wie ein Kriegsfatalismus ausgebreitet, der dem Gefühl entsprang: Früher oder später kommt die Katastrophe doch. Dazu muß man noch bemerken, daß damals wohl nie-

1. August 1914:
Erster Weltkrieg – Beginn der Materialschlachten und Massenvernichtungen.
Verlesung des Mobilmachungsbefehls »Unter den Linden« in Berlin.

mand, nicht einmal die Verantwortlichen, sich vorzustellen vermochten, wie denn ein Krieg angesichts der gegebenen militärischen, technischen, wirtschaftlichen und bevölkerungsmäßigen Bedingungen sich auswirken würde. Die Warnungen des älteren Moltke, daß ein künftiger Konflikt vielleicht zu einem dreißigjährigen Krieg werden könnte, schienen vergessen. Im deutschen Generalstab herrschte die Meinung, ein paar Schlachten würden eine rasche Entscheidung bringen.
Nach dem Stand der heutigen Forschung kann von einer Alleinschuld Deutschlands und seiner Verbündeten nicht gesprochen werden, wenngleich die deutsche Politik dazu beitrug, Zustände zu schaffen, die einen Krieg wahrscheinlich machten. Natürlich konnten die Sieger von 1918 den Deutschen den Vorwurf machen, sie hätten Rußland und Frankreich schließlich den Krieg erklärt. In Wirklichkeit bestand aber in allen Lagern das Gefühl, angegriffen worden zu sein. Man muß nur die Aufrufe der Regierungen betrachten. Kaiser Wilhelm II. verkündete aus voller Überzeugung in seinem Aufruf »An mein Volk«: »Mitten im Frieden überfällt uns der Feind.«

Die Kriegsbegeisterung von 1914 in Deutschland ähnelte jener Aufbruchstimmung, wie sie 1813 im Zeitalter der Befreiungskriege beobachtet wurde. Dem deutschen Generalstabschef war sie freilich »bis in den Tod verhaßt«. Das Volk bildete eine geschlossene Front hinter seinem Kaiser und Herrn, der im Überschwang des Gefühls verkündete: »Ich kenne keine Parteien mehr, ich kenne nur noch Deutsche!« Und selbst die Sozialdemokraten erklärten am 4. August im Reichstag: »Wir lassen in der Stunde der Gefahr das Vaterland nicht im Stich.« Viel Wahrheit steckte in dem Wort des englischen Premiers Lloyd George, der da meinte: »Keiner der führenden Männer hat den Krieg tatsächlich gewollt. Sie glitten gewissermaßen hinein, oder besser, sie taumelten oder stolperten hinein, vielleicht aus Torheit.« Die Nachdenklichen fühlten ähnlich wie der englische Außenminister Grey, der damals prophetisch und resignierend feststellte: »In ganz Europa gehen die Lichter aus, wir alle werden sie in unserem Leben nie wieder leuchten sehen.«

Literatur

Conze, Werner: Die Zeit Wilhelms II. 1890–1918. In: P. Rassow (Hrsg.): Deutsche Geschichte im Überblick, Stuttgart 1973

Dollinger, Hans (Hrsg.): Das Kaiserreich. Seine Geschichte in Texten, Bildern und Dokumenten, München 1966

Fischer, Fritz: Weltpolitik. Weltmachtstreben und deutsche Kriegsziele. In: Historische Zeitschrift Bd. 199 (1964)

Hoffmann, Joachim: Der Imperialismus und der Erste Weltkrieg, Frankfurt 1964

Kracke, Friedrich: Prinz und Kaiser. Kaiser Wilhelm II. im Urteil seiner Zeit, München 1960

Kürenberg, Joachim v.: War alles falsch? Das Leben Wilhelms II., Bonn 1952

Ostwald, Paul: So fing es an. Die diplomatische Vorgeschichte des ersten Weltkriegs, Baden-Baden 1957

Schüssler, Wilhelm: Kaiser Wilhelm II. Schicksal und Schuld, Göttingen 1962

Zentner, Kurt: Kaiserliche Zeiten. Wilhelm II. und seine Ära, München 1964

GÜNTER MERWALD

Die Literatur der Jahrhundertwende

Tendenzen der Literatur in der »Gründerzeit« – Nietzsches Wirkung – Späte Höhepunkte des bürgerlichen Realismus – Literarische Moderne: Naturalismus als »konsequenter Realismus« – Die facettenreiche literarische Welt von 1890–1910 – Impressionistische und symbolistische Züge – Fin-de-Siècle-Stimmung – Die »Menschheitsdämmerung« des Expressionismus – Aufbruch zu neuen Ufern ab 1910 – Das groteske »Satyrspiel« des Dadaismus.

Nach dem Sieg über Frankreich und der Reichsgründung 1871 setzte ein gewaltiger wirtschaftlicher Aufstieg ein und führte zur Hebung des Wohlstandes besonders in der Schicht des Besitzbürgertums. Die ideelle Überhöhung dieser »Gründerzeit« lieferte die »historische« Dichtung: in Roman (Freytag, Dahn), Drama (Wildenbruch) und Lyrik (Geibel und der »Münchner Dichterkreis«) blühte die Historienmalerei. Eine oft formelhaft gewordene, konventionelle Dichtung, volkstümlich und national, gab den Ton an. Die »Gartenlaube«, Prototyp des bürgerlichen Familienblattes, wurde in den siebziger Jahren von Millionen gelesen und trug maßgeblich zur Festigung der Bismarck-Ära bei. Zufriedenheit, Gehorsam und Bescheidenheit galten als wünschenswerte Normen, die von einem großen »illusionistischen Identifikationsangebot« (so der LiteraturhistorikerŽmegač) vermittelt wurden. Die unterschwellig drängenden Probleme wie die soziale Frage, den Zweifel am Fortschrittsglauben und an der Gültigkeit der bürgerlichen Wertordnungen ignoriert diese Literatur.

Nietzsche

In dieses Vakuum stößt der Pfarrerssohn Friedrich Nietzsche (* 1844, † 1900) mit seiner radikalen Kulturkritik, der schon 1873 die »Niederlage [...] des deutschen Geistes zugunsten des deutschen Reiches« konstatiert. Nietzsches scharfe Kritik fand ihre Entsprechung in einer distanzierten Haltung der bedeutenderen Autoren zur politisch-gesellschaftlichen Wirklichkeit: sie zogen sich aus der Zeit zurück und suchten ›unpolitisch‹ in primär künstlerischen Kategorien Zuflucht, wie etwa der Schweizer Conrad Ferdinand Meyer (* 1825, † 1898), oder sie

fingen wie Theodor Fontane (* 1819, † 1898) in der resignierten, ironisch kritisierenden Darstellung von Sitte und Gesetz die als fragwürdig empfundenen Tendenzen der Zeit auf.
Nietzsche geht darüber hinaus: in seinem Hauptwerk »Also sprach Zarathustra« (1883 ff.) durchstößt er in faszinierender Weise die geltenden gesellschaftlichen und moralischen Schranken. Sein »Übermensch« steht »jenseits von Gut und Böse«.

Der »bürgerliche Realismus« C. F. Meyers und Th. Fontanes Geschichte, Gesellschaft, Kritik

Die anderen großen Autoren der Bismarck-Zeit sind oft noch der Tradition verhaftet. Doch ist die Spannung zwischen dem »Apollinischen« (Maßvoll-Heiteren) und dem »Dionysischen« (Rauschhaft-Schöpferischen), die Nietzsche beschwört, etwa bei Conrad Ferdinand Meyer deutlich spürbar: seine Vorliebe für vitale Aristokratengestalten aus Renaissance und Barock (»Die Versuchung des Pescara« 1887), seine Faszination durch das Böse (»Angela Borgia« 1891) und seine Neigung zum Paradoxen im Menschen (»Der Heilige« 1879) belegen dies. Höher als Meyers erzählerisches Werk schätzen wir heute einige seiner Gedichte, die in ihrem »Symbolismus« auf Rilke und George vorausweisen. »Der römische Brunnen« oder »Zwei Segel« lassen bei aller »marmornen« Kühle und formalen Perfektion die erregende Grunderfahrung von »Leben« und »Liebe« im konkreten Bild gültig durchscheinen.
Meyer beschränkt sich neben Lyrik und Ballade auf die epischen Kleinformen und stellt die Wirklichkeit ausschnitthaft dar. Sein großer Zeitgenosse, der Wahlberliner Theodor Fontane aus Neuruppin, verwirklicht dagegen als erster in Deutschland den Gesellschaftsroman. Im Zentrum seines Schaffens stehen gesellschaftliche Probleme seiner Zeit; die Welt des Proletariats und die soziale Frage klammert er allerdings noch weitgehend aus. Wie bei Meyer liegen auch seine großen Werke in seinen letzten Lebensjahrzehnten. Er ragt nicht nur zeitlich in die folgende Epoche hinein, sondern ist den jungen »Naturalisten« auch innerlich nahe: sein Gesellschaftsbild trägt sozialkritische Züge; so etwa, wenn er satirisch nachzeichnet, wie die Titelheldin in »Frau Jenny Treibel« (1892) durch ihren Aufstieg ins neureiche Bürgertum innerlich deformiert wird. Die Frage nach dem Sinn der geltenden gesellschaftlichen Normen wirft Fontane in »Effi Briest« (1895) auf. Effi, in konventioneller Ehe mit dem ehrgeizigen Baron von Innstetten verheiratet, läßt sich auf ein Verhältnis mit dem charmanten

FRIEDRICH NIETZSCHE

Nietzsches Äußerung, er sei verdammt dazu, »Vogel zu sein nach fernen Küsten«, kennzeichnet bildhaft sein Leben, das voller Unrast im Drang nach Wahrheit doch die Vergeblichkeit des Bemühens erahnte und zerbrach. Früh verlor er den Vater »wie ein nur zum Vorübergehen bestimmtes Wesen«, früh wurde er flügge. Sein schöpferisches musisches Talent – er dichtete und komponierte – war mit hoher Intelligenz verbunden. Früh – mit fünfundzwanzig Jahren – erhielt er den Lehrstuhl für klassische Philologie in Basel, früh erkrankte er ernstlich, als Fünfundvierzigjähriger erlebte er den vollständigen Zusammenbruch und verdämmerte elf lange Jahre, bis er 1900 starb.
Als Professor wollte Nietzsche (1844) vor allem Erzieher sein, den Menschen die Augen öffnen: »Zum Menschen treibt er mich stets . . . mein inbrünstiger Schaffenswille; so treibt's den Hammer hin zum Stein.« Als Wissenschaftler ordnete er sich keinem System unter; schonungslos stellte er alles in Frage, als echter Humanist drängte es ihn »ad fontes« (zu den Quellen). Er polemisierte gegen das überkommene Griechenbild und orientierte sich an dem vorsokratischen Philosophen Heraklit, an der Lehre vom ewigen Werden aller Dinge, begeisterte sich am »Agon« (Wettkampf) als Urphänomen des Lebens im Willen zur Macht und der griechischen Tragödie als Urbild der Kunst. Die weitere Entwicklung habe zu einem ständigen Kulturzerfall geführt, dessen Hauptanteil dem Christentum mit seinen verlogenen Moralvorstellungen anzulasten sei.*
Zunächst glaubte Nietzsche an eine Erneuerung der Kultur in der Wiedergeburt des Griechentums aus deutschem Geist von der Wagnerschen Konzeption des Musikdramas her, bald erkannte er seinen Irrtum. »Es gehört zu meinem Ehrgeiz, als Verächter der Deutschen par excellence zu gelten«, die er als »Bildungsphilister« entlarvte. Es gehört zum Treppenwitz der Geschichte, daß ausgerechnet die Nazis sich auf Nietzsche beriefen. Heute fasziniert, wie »deprimierend klar Nietzsche die Wirklichkeit des 20. Jahrhunderts vorhergedacht hat«. (J. G.)

Major Crampas ein; ihr Fehltritt bedeutet das Ende ihrer gesellschaftlichen Stellung: vom prinzipientreuen Ehemann – formal zu Recht – verstoßen, von der Gesellschaft geächtet, stirbt sie schließlich allein. »Mich ekelt, was ich getan; aber was mich noch mehr ekelt, das ist eure Tugend«, läßt Fontane diese Frau anklagen, die an den Konventionen der Gesellschaft zugrunde geht.
Fontane bezieht allerdings nie ganz eindeutig Position; typisch für ihn ist das »offene« Hinnehmen von gesellschaftlichen Gegebenheiten bzw. ihre Aufhebung in Ironie und heiter resignierendem Humor. Charakteristisch dafür ist sein Altersroman »Der Stechlin« (1899), in dem er in der Figur des alten Dubslav sein Ideal des gebildeten, Tradition und Fortschritt in Toleranz und weisem Humor verbindenden Menschen entwirft. Fontane schlägt hier eine Brücke zwischen dem bürgerlichen Realismus und dem gleichzeitigen Naturalismus und wird Vorbild für das ironische Erzählen Thomas Manns, dessen erster großer Roman »Buddenbrooks« (1901) in der Geschichte vom allmählichen Verfall einer wohlhabenden Kaufmannsfamilie eine Art »Schwanengesang« auf das bürgerliche Zeitalter darstellt.

Der literarische »Naturalismus«: Kunst im »Sog« naturwissenschaftlichen Denkens

Rund ein Jahrzehnt vor dem Tod Fontanes und Meyers, nahezu zeitgleich dem Regierungsantritt Wilhelms II. (1888), beginnt mit dem »Naturalismus« die literarische »Moderne« auch in Deutschland. Diese neue Richtung definiert sich selbst als »konsequenten Realismus«, sieht sich also durchaus in der Tradition der vorhergehenden Epoche; das »Konsequente« am Naturalismus beruht in erster Linie auf seinem veränderten Wirklichkeitsbegriff. Die Autoren nehmen jetzt bewußt Kenntnis von den großen sozialen Veränderungen, wie sie die Entstehung der Großstädte mit ihren proletarisierten Massen mit sich brachte. Berlin und München werden denn auch Zentren der neuen Bewegung. Die Erweiterung des Realitätsbegriffs bedeutet zugleich eine kritische Haltung zur bürgerlichen Welt und ihrer Ideologie. So erhält der Naturalismus eine stark antibürgerliche Komponente, der sich – neben der explosiven Gedankenwelt Nietzsches – auch die naturwissenschaftlich begründete materialistische Geschichtskritik zur Seite stellt. Darwin, Marx und Nietzsche bestimmen jetzt das Denken der jungen Generation. Vor allem das naturwissenschaftliche Denken greift in einem unvorstellbaren Maß auf das geistige Leben und die Literatur über.

THEODOR FONTANE

Er war wohl der ungewöhnlichste unter den deutschen Realisten: Seiner Herkunft nach stand er zwischen Frankreich und Deutschland, und ehe Berlin seine endgültige Heimat wurde, lebte er mehrere Jahre in England. Ähnlich schwankend war er in seiner beruflichen Entwicklung: Apotheker, Soldat, Journalist, Hauslehrer, freier Schriftsteller. Auch sein Werk weist ihn als Übergangsgestalt aus, ist er doch der einzige bürgerliche Realist, der für die Naturalisten Verständnis hat. Vielleicht war der Humor, der Fontanes Werk durchzieht, seine Möglichkeit, mit dieser Zwiespältigkeit zu existieren; denn: »Ergebung ist überhaupt das Beste« (»Irrungen – Wirrungen«). Sein Leben umfaßt die Zeit von Goethe bis Hauptmann, doch erst das Alterswerk begründet seinen Ruhm.
Theodor Fontane wurde 1819 in Neuruppin geboren. Nach Jugendjahren in Swinemünde geht der Apothekerlehrling nach Berlin. Schon 1843 veröffentlicht er Gedichte; später kommen Balladen dazu (z. B. »Archibald Douglas«). Bald wird Fontane Mitglied des literarischen Vereins »Tunnel über der Spree«; er verfaßt politische und literarische Beiträge u. a. für die »Vossische Zeitung«. Nach längeren Englandaufenthalten legt er 1862 mit den »Wanderungen durch die Mark Brandenburg« (bis 1882 5 Bände) ein erstes größeres, noch immer beeindruckendes Prosawerk vor. Nach 1871 gibt er alle Brotberufe auf; nun schreibt er seine großen Romane, die in den zwanzig Jahren von 1878–1898 erscheinen, z. B. »Schach von Wuthenow« (1883), »Unterm Birnbaum« (1885), »Irrungen – Wirrungen« (1888), »Unwiederbringlich« (1892), »Frau Jenny Treibel« (1892), »Effi Briest« (1895), »Die Poggenpuhls« (1896), »Der Stechlin« (1899).
1898 stirbt Fontane in Berlin. In seinen Romanen steht die bürgerlich-adlige Gesellschaft seiner Zeit im Mittelpunkt; Fontane analysiert ihre Problematik kritisch und illusionslos; doch »verklärt« er sein psychologisch subtiles Bild durch seinen charmanten Plauderton (»Causerie«), seinen toleranten Humor und durch den Verzicht auf radikale Lösungen . . . *(G. M.)*

Die Franzosen Comte und Taine etwa prägen mit ihrem »Positivismus«, der ohne Deutungsversuche nur gelten läßt, was ist, und mit der Auffassung, daß Rasse und »Milieu« den Menschen entscheidend bestimmen, das Weltbild der Autoren. Auch die immer wirksamer werdende materialistische Gesellschaftslehre von Marx sieht den Menschen in Abhängigkeit von seinen »ökonomischen Bedingungen«, von Klasse und Kollektiv. Das freie Individuum, die »Persönlichkeit« erscheint nun samt ihrer Verankerung im Transzendenten als bloße idealistische Illusion. Dieses Menschenbild gilt für den Dichter und seine Figuren in gleicher Weise und bedingt einen neuen Begriff von Dichtung: »Der Dichter, der Menschen [. . .] durch die Macht der Umstände in alle möglichen Konflikte geraten und [. . .] daraus hervorgehen oder darin untergehen läßt, ist in seiner Weise ein Experimentator wie der Chemiker [. . .]. Ihre Leidenschaften, ihr Reagieren gegen äußere Umstände [. . .] folgen gewissen Gesetzen, die [. . .] der Dichter bei dem freien Experimente so gut zu beobachten hat, wie der Chemiker [. . .]«, so der naturwissenschaftliche Schriftsteller Wilhelm Bölsche 1887. Vorgebildet fanden die deutschen Naturalisten diese neue Seh- und Darstellungsweise im Ausland: etwa bei dem Franzosen Emile Zola, bei den großen russischen Realisten (z. B. Tolstoj und Dostojewskij) und bei den skandinavischen Dichtern, insbesondere dem Norweger Henrik Ibsen. An die Grundmaxime Zolas lehnte sich Arno Holz (* 1863, † 1929) an, als er die Formel prägte: »Kunst = Natur minus x«, wobei unter »x« die »jeweiligen Reproduktionsbedingungen und deren Handhabung« verstanden werden. Höchste Kunst wäre demnach der Tonbandmitschnitt einer gegebenen Wirklichkeit. Der Autor verliert damit seine überragende Stellung, aus dem Dichter wird eine letztlich austauschbare Größe: Holz und sein Mitstreiter Johannes Schlaf (* 1862, † 1941) bilden tatsächlich eine Zeitlang ein »Autorenkollektiv«.

Es liegt auf der Hand, daß ein derart reduzierter Kunstbegriff in der Praxis nicht allzu tragfähig war. Zunächst aber faszinierte er die Autoren und bewirkte, daß alles Geschehen gleichermaßen »literaturfähig« wurde: auch das Häßliche, Niedrige und Perverse konnte jetzt Gegenstand der Literatur werden. Formal bedeutete das die Vermischung der Gattungen, in sprachlicher Hinsicht die Ablösung des »schönen« poetischen Ausdrucks durch Dialekt und Umgangssprache. Überhaupt werden nun alle Äußerungen, die in der Wirklichkeit vorkommen, peinlich genau aufgezeichnet (»Sekundenstil«) und Ort und Zeit des Geschehens z. B. im Drama durch »Regieanweisungen« exakt festgelegt. So beginnt etwa das Drama »Die Familie Selicke« (1890) nach einer ausführlichen Beschreibung des Wohnzimmers folgendermaßen:

»Frau Selicke (seufzend). Ach Gott, ja! / Walter (noch hinter der Szene, in der Kammer). Mamchen?! / Frau S. (hat in Gedanken ihren Strickstrumpf fallen lassen, zieht ihr Taschentuch halb aus der Tasche, bückt sich drüber und schneuzt sich). / W. (steckt den Kopf durch die Kammertür. Pausbacken, Pudelmütze, rote gestrickte Fausthandschuhe). Mamchen? darf ich mir noch schnell 'ne Stulle schneiden?«

Gerhart Hauptmanns naturalistisches Frühwerk

Auf dem Gebiet des Dramas brachte der Naturalismus seine stärksten Leistungen. In erster Linie war es der junge Schlesier Gerhart Hauptmann (* 1862, † 1946), der Bleibendes schuf. Sein erstes Drama »Vor Sonnenaufgang« (1889) löste einen Theaterskandal aus und machte ihn mit einem Schlag berühmt. Es ist ein Situationsgemälde einer durch Wohlstand korrumpierten Bauernfamilie, aus der die Tochter Helene durch edle Gesinnung und moralische Integrität herausragt. Ein Freund des Hauses, der Sozialreformer Loth, in den sich Helene verliebt, könnte sie aus ihrer deprimierenden Situation erlösen; doch der starre Dogmatiker läßt von ihr, als er erfährt, daß ihre Familie dem Alkohol verfallen ist. Sein »wissenschaftlicher« Glaube an die Macht der Vererbung und des Milieus siegt über jede Menschlichkeit. Helene gibt sich daraufhin den Tod. Hauptmann realisierte hier mit dem Verzicht auf »Handlung«, mit der ausführlichen Schilderung des dekadenten Milieus, mit der Verwendung von Jargon und Dialekt wichtige Forderungen der naturalistischen Theorie und wirkte modellhaft auf die folgenden naturalistischen Stücke.
Sympathie und Mitleid mit dem unterdrückten vierten Stand liegen Hauptmanns wohl berühmtestem Werk, den »Webern« (1892) zugrunde. Der historische schlesische Weberaufstand von 1844 bildet den realen Hintergrund des Dramas, in dem Hunger, Elend und innerer Zusammenbruch der ausgebeuteten Proletarier in krasser Darstellung sichtbar werden. Die Skrupellosigkeit ihrer kapitalistischen Fabrikanten läßt ihnen als einzigen Ausweg nur noch Aufruhr und Zerstörung, ehe sie vom Militär niedergeknüppelt werden. Das Stück hat keinen einzelnen Helden mehr, die Weber insgesamt sind die »treibende« Kraft des Geschehens, das Weberlied ist Symbol ihrer Verzweiflung. Schonungslose Darstellung eines aktuellen Themas, aber auch die Sprachform (der schlesische Dialekt, der in der ersten Fassung uneingeschränkt durchgehalten ist) machen die »Weber« zum bedeutendsten Drama des Naturalismus. Es ist allerdings kein Revolutionsstück im Sinne eines Aufrufs zum Umsturz, es führt nur die Aus-

GERHART HAUPTMANN

*Im Gegensatz zu Fontane erschienen die Werke, die Gerhart Hauptmanns Ruhm begründeten, schon in seiner ersten Lebenshälfte. Als der junge, längere Zeit zwischen Bildhauer- und Schriftstellerlaufbahn schwankende Hotelbesitzerssohn aus Obersalzbrunn/Schlesien (*1862) im Jahr 1885 nach Erkner bei Berlin zieht, kommt er dort in Kontakt mit dem »naturalistischen« Dichterverein »Durch!«. 1888 erscheint seine erste Novelle »Bahnwärter Thiel«. Das Drama »Vor Sonnenaufgang« (1889) eröffnet die Reihe der naturalistischen Stücke der nächsten beiden Jahrzehnte: »Das Friedensfest« (1890), »Einsame Menschen« (1891), »Die Weber« (1892), »Der Biberpelz« (1893), »Fuhrmann Henschel« (1898), »Rose Bernd« (1903) und »Die Ratten« (1911). Das Leben der kleinen Leute, der Unterdrückten und Zu-kurz-Gekommenen wird voll Sympathie und Realistik in diesen »Mitleidsdramen« auf die Bühne gebracht. Die Gesellschaft wird an den Pranger gestellt.*
Fast gleichzeitig mit den »naturalistischen« Werken entstehen mit »Hanneles Himmelfahrt« 1893, »Die versunkene Glocke« 1896 sowie »Und Pippa tanzt« 1906 »neuromantische« Stücke, in denen traumhafte und märchenhafte Züge überwiegen. Dennoch ist es vor allem der »naturalistische« Hauptmann, der 1912, längst zur Berühmtheit geworden, mit dem Nobelpreis geehrt wird. Der Roman »Der Narr in Christo Emanuel Quint« (1910) steht in seiner Ablehnung kirchlicher Moralbegriffe der Erzählung »Der Ketzer von Soana« (1918) nahe. Hauptmann hatte sich bereits 1900 in Agnetendorf zu Füßen des Riesengebirges niedergelassen; doch wohnte er abwechselnd auch in Berlin und auf Hiddensee. Sein umfangreiches Spätwerk weist recht düstere Züge auf: barbarische Szenen der »Atriden-Tetralogie« (erst 1949 zusammen veröffentlicht) spiegeln die traumatischen Erlebnisse der Zeit während des Zweiten Weltkriegs wider. Ein Jahr nach Kriegsende starb Gerhart Hauptmann in Agnetendorf. Er wurde auf Hiddensee begraben, wie es sein Wunsch gewesen war. *(G. M.)*

weglosigkeit des Proletarierelends vor Augen. In der eindrucksvollen Gestalt des alten Hilse setzt Hauptmann den zum Kampf entschlossenen armen Kreaturen den Menschen entgegen, der aus christlicher Gesinnung jede Gewalt ablehnt und im Gebet zu Gott Zuflucht sucht: »Nu, lieber Herrgott im Himmel! schitze die armen Weber, schitz meine armen Brieder!«

Naturalistische Prosa und Lyrik

Von Hauptmann, der schon 1893 mit »Hanneles Himmelfahrt« über die Dramenkonzeption des Naturalismus hinausgeht, haben wir noch eine ganze Reihe naturalistischer Stücke, wie z.B. die Komödie »Der Biberpelz« (1893). Zuletzt schreibt er »Die Ratten« (1911) in diesem Stil, rund ein Jahrzehnt nach dem Ende des eigentlichen Naturalismus.

Das Drama war keineswegs die einzige Gattung, in der sich die Naturalisten artikulierten; vor allem in der Anfangsphase gab es beachtliche Versuche in erzählender Prosa (z.B. Max Kretzers »Meister Timpe«); Arno Holz versuchte sogar, ausgehend vom inneren Rhythmus und vom Klang der Wörter, eine Art »Sekundenstil« in der Lyrik (»Phantasus«, 1898), doch war hier – wie öfters im Naturalismus – die Theorie radikaler als die poetische Praxis. Aber diese theoretische Neubesinnung, wie sie sich in Manifesten, literarischen Vereinigungen und Zeitschriften dokumentierte, die Erweiterung des Wirklichkeits- und des Literaturbegriffs und die antibürgerliche Einstellung der Autoren, alles dies wirkte über die eigentliche naturalistische Phase von 1885–1900 hinaus weiter.

Vielfalt der Gegenbewegungen zum Naturalismus Die drei »Großen«: Hofmannsthal, Rilke, George

Nur kurz konnte der »konsequente Realismus« die Zeit faszinieren. Bereits zu Beginn der neunziger Jahre bildeten sich als Reaktion auf thematische Verengung und Verflachung sowie auf formale Nachlässigkeit – Kennzeichen des Naturalismus vor allem bei seinen zweitrangigen Vertretern – Gegenströmungen heraus. Sie gewannen in der »Wilhelminischen Ära« zunehmend an Boden, prägten aber auch das kulturelle Leben der österreich-ungarischen Doppelmonarchie bis in die Zeit des Ersten Weltkriegs. Kennzeichnend für dieses Vierteljahrhundert ist ein schneller Wechsel von literarischen Strömungen: teilweise widersprüchliche, uneinheitliche Tendenzen treten fast gleichzeitig auf; es kommt zu vielfachen Überlagerungen und Verzahnungen. Die Literaturgeschichte interpretiert den Befund je nach Schwerpunkt als »Impressionismus« und »Symbolismus«, spricht von »literarischem Jugendstil«, von »Neuromantik« und »Neuklassik« und registriert daneben eine stilkonservative Heimatkunst; dennoch lassen sich manche Autoren nur schwer oder in Teilen ihres Werks einer bestimmten Richtung zuordnen.

Sucht man nach einem kleinsten gemeinsamen Nenner, könnte man neben der antinaturalistischen Einstellung das weitverbreitete Gefühl der Menschen anführen, einer zu Ende gehenden Epoche anzugehören. Diese Jahrhundert-Endzeit-Stimmung (Fin-de-Siècle) speist sich aus verschiedenen Quellen. Einmal aus der politisch-gesellschaftlichen Gesamtsituation: der Hohlheit und Phrasenhaftigkeit des Wilhelminismus und seiner Ideologie, die ihr Pendant in der offenkundigen Brüchigkeit der k. und k. Doppelmonarchie an der Donau hatte. Zum anderen wirkten auch ausländische Einflüsse. Dies gilt z. B. für die Autoren, die – in Übereinstimmung mit den Anschauungen der französischen impressionistischen Maler seit etwa 1875 – den Glauben an die Erfassung der Wirklichkeit verloren hatten und sich statt dessen auf die Wiedergabe von Stimmungen und vorübergehenden »Eindrükken« beschränkten. Dieser pessimistisch-skeptische Zug der literarischen Impressionisten trat allerdings vielfach zurück, da man versuchte, durch formale Durchgestaltung einer solchen »Momentaufnahme« etwas von ihrem Wesenskern sichtbar zu machen.

Ein Beispiel für diesen »Brückenschlag« zum »Symbolismus« aus der Lyrik des jungen Wieners Hugo von Hofmannsthal (* 1874, † 1929): In den ersten zwei Strophen des Liebesgedichts »Die Beiden« wird jeweils die Sicherheit, innere Ruhe und Gelassenheit einer »Sie« und eines »Er« in einer bestimmten Situation gezeigt. Die letzte Strophe gestaltet den Augenblick des Zusammentreffens der »Beiden«; jetzt wird die hinter dem äußeren Eindruck stehende Wirklichkeit sichtbar: »Jedoch, wenn er aus ihrer Hand / Den leichten Becher nehmen sollte, / So war es beiden allzu schwer: / Denn beide bebten sie so sehr, / Daß keine Hand die andre fand / Und dunkler Wein am Boden rollte.« – Es ist wohl nicht zufällig, daß die Sammlung, der dies Gedicht entstammt, den Titel »Terzinen. Über Vergänglichkeit« (1896) trägt.

Fast mehr noch als Hofmannsthal hat der nahezu gleichaltrige Prager Rainer Maria Rilke (* 1875, † 1926) mit seinem impressionistischen »Stundenbuch« (1905) und vor allem mit der »Weise von Liebe und Tod des Cornets Christoph Rilke« (1906) den Nerv seiner Zeit getroffen; und nicht nur dieser Zeit; die Gesamtauflage des »Cornets« über-

Die Dichter der Zeit in der Karikatur. *Vorn: Frank Wedekind und Paul v. Heyse; hinten: Hermann Sudermann, Ludwig Fulda, Arno Holz, Gerhart Hauptmann; stehend: Ernst Ludwig v. Wolzogen. »Simplicissimus« 1896.*

schritt inzwischen die Millionengrenze. Sie ließ an Breitenwirkung seinen Roman »Die Aufzeichnungen des Malte Laurids Brigge« (1910) weit hinter sich, obwohl dieser mit seinen locker gereihten Assoziationen eines jungen Dänen in Paris wichtige Elemente des modernen Romans vorwegnimmt.

Auch Thomas Manns (* 1875, † 1955) große Novelle »Der Tod in Venedig« (1913), heute durch die glänzende Verfilmung von Visconti neu ins Bewußtsein gerückt, behandelt in der erotischen Beziehung zwischen dem alternden Schriftsteller Gustav Aschenbach und dem jungen Tadzio inmitten einer morbiden Umgebung das Thema Verfall und Tod. Freilich wäre diese Novelle mit dem Etikett »impressionistisch« nur unzureichend charakterisiert.

Wie hier Venedig, so ist bei den österreichischen Autoren immer wieder das Wien der Jahrhundertwende der zur Darstellung dekadenter Verhältnisse prädestinierte Ort; so etwa in Arthur Schnitzlers (* 1862, † 1931) Stücken, meist locker verknüpften Szenen, die psychologisch differenziert die Gefühlswelt der Figuren aber auch ihrer Gesellschaft

bloßlegen. Wie die dramatische Skizze »Anatol« (1893) ist auch der berühmte »Reigen« (1900) in dieser Welt angesiedelt, in dem Schnitzler in zehn Dialogen »impressionistisch« Bild an Bild zum großen »Liebesspiel« fügt, bis sich der Kreis schließt und die letzte Figur, der Graf, am Ende bei der Dirne der Anfangsszene landet: der Vergleich dieses Liebesreigens mit dem Totentanz (Alewyn) drängt sich auf.
Zwei Jahrzehnte später hat Hofmannsthal im Lustspiel »Der Schwierige« in der Gestalt des Grafen Kari Bühl noch einmal die Stimmung der Dekadenz und Weltschmerzlichkeit zum zentralen Thema gemacht; freilich ist dies – nicht zuletzt unter dem Eindruck des Ersten Weltkriegs – schon ein ganz anderer Hofmannsthal als der junge »Loris« der Frühzeit.
Mit einem fingierten »Brief des Lord Chandos« hatte Hofmannsthal 1902 seine Frühphase abgeschlossen; der Glaube an die Möglichkeit, mit der gegebenen Sprache überhaupt etwas aussagen zu können, war ihm abhanden gekommen: »Die Worte zerfielen mir im Munde wie modrige Pilze.« Diese radikale Sprachkritik bedeutete eine entschiedene Absage an den literarischen »Impressionismus«, zog aber auch eine Trennungslinie zum »Symbolismus«, der anderen wichtigen Zeitströmung. Dieser »Symbolismus« ging wie der »Impressionismus« auf französische Vorbilder zurück: auf die Lyriker Baudelaire, Verlaine, Mallarmé und Rimbaud, die im letzten Drittel des 19. Jahrhunderts Gedanken der deutschen Romantik aufgegriffen hatten. Sie wirkten jetzt wieder auf Deutschland zurück. Ihre Symbolkunst ist bestimmt vom festen Glauben an die Eigengesetzlichkeit des ästhetisch vollkommenen Kunstwerks, durch das man die verborgene Wesensschicht der Erscheinungen »symbolisch« darstellen könne. Daraus entwickelte sich ein ausgeprägter Kult der schönen Form. In Deutschland verband sich diese Tendenz zur Beschwörung der Geheimnisse des Seins im ästhetischen Gebilde mit der Forderung Nietzsches nach einem schöpferischen Herrenmenschen, dem großen Einzelnen: der Versuch, den Gefahren der Zeit mit einem »aristokratischen« Gegenmodell des Geistes zu begegnen.
Die zentrale Figur dieses deutschen Symbolismus in der Literatur ist Stefan George (* 1868, † 1933) aus Büdesheim bei Bingen. Er richtet sich mit elitärem Anspruch an die wenigen, den Kreis der »Eingeweihten«: die vollkommene Form seiner Gedichte ist als Alternative zur Kulturkrise und zum Zerfall der überlieferten Werte konzipiert. Ihre exklusive Thematik – schon ablesbar an Titeln wie »Algabal« (1892) und »Die Bücher der Hirten und Preisgedichte der Sagen und Sänge und der hängenden Gärten« (1895) – bezeugt das ebenso wie ihre sprachliche Gestalt (»Wortmagie«), die Verwendung eigener Schriftty-

***Zwischen Häuslichkeit und Umbruch – Zeitschriften der Jahrhundertwende.** Oben links: Titelblatt der »Gartenlaube«, der unterhaltenden und zugleich informativen Zeitschrift für die Familie; Jahrgang 1879. – Oben rechts: »Pan«, progressive kunstwissenschaftlich-literarische Zeitschrift einer 1894 gegründeten Künstlergesellschaft. – Unten links: »Jugend«, seit 1896 erscheinende literarisch-künstlerische und Tagesthemen zugewandte Wochenzeitschrift, teils satirisch, teils ernsthaft. Titel aus dem Jahre 1896. – Unten rechts: Seit 1910 eine der führenden Zeitschriften des Expressionismus: »Der Sturm«.*

pen und ihre Verbreitung in ganz begrenzter Auflage. Damit einher ging die Selbststilisierung des Dichters und sein priesterlicher Seher-Anspruch, wie er etwa in dem Gedicht »Der Herr der Insel« zum Ausdruck kommt: »Die fischer überliefern daß im süden / Auf einer insel reich an zimmt und öl / Und edlen steinen die im sande glitzern / Ein vogel war [. . .] / [. . .] als zum erstenmal die weissen segel / Der menschen sich [. . .] / Dem eiland zugedreht sei er zum hügel / Die ganze teure stätte zu beschaun gestiegen / Verbreitet habe er die grossen schwingen / Verscheidend in gedämpften schmerzeslauten.«
Mag manches bei George auch Pose gewesen sein: seine poésie pure (reine Poesie) ist von seltener Schönheit und Vollkommenheit. Georges Werk markiert allerdings den Endpunkt einer idealistischen Kunstauffassung. Nur Rilke gelingen in seinen »Dinggedichten« noch ähnliche Gebilde, in denen er im Symbol Wesenhaftes sichtbar zu machen vermag (»Der Panther«, »Karussell«, 1908). Als Rilke nach einem Jahrzehnt des Schweigens sich 1923 mit den »Sonetten an Orpheus« und den »Duineser Elegien« wieder zu Wort meldet, hat er wie Hofmannsthal seine Sprachkrise, die zugleich Lebenskrise war, überwunden und auch den Rahmen, der durch Begriffe wie »Symbolismus« und »Impressionismus« gesteckt war, hinter sich gelassen. Er rettet sich jetzt in eine »hermetische« Sprachwelt, deren Chiffren sich weithin dem allgemeinen Verständnis entziehen, die den Leser aber dennoch in ihren Bann schlägt: »Wer, wenn ich schriee, hörte mich denn aus der Engel / Ordnungen? und gesetzt selbst, es nähme / Einer mich plötzlich ans Herz: ich verginge von seinem / Stärkeren Dasein [. . .]« (1. Elegie, Anfang).

»Expressionismus«: Ekel vor der bürgerlichen Scheinwelt; Schrei nach dem »neuen Menschen«
H. Mann, Wedekind, Sternheim, Kaiser, Werfel, Benn, Trakl, Kafka

Gegen Ende des ersten Jahrzehnts hatten die Impulse, die seit 1880/90 revolutionierend auf die Literatur einwirkten, allmählich an Schwung verloren, der »große Atem« hatte sich in viele schwache Einzelbewegungen aufgelöst. In diesem historischen Moment fand sich die junge Generation, angewidert von der verspießerten Zeit, ihrer verlogenen Moral und ihrer platten Wissenschaftsgläubigkeit, einig im Ruf nach einer »neuen Zeit« und einem »neuen Menschen«, den man voll gläubigem Idealismus in einem leidenschaftlichen Aufbruch zu schaffen hoffte. Dieses menschheitsumfassende Gemeinschaftsgefühl, begleitet von antibürgerlichem Affekt, schwärmerisch und pathetisch hinausgeschrien, ein Gemisch von religiöser Erneuerungsstimmung und revolutionärer Empörung, prägte die hektische Atmosphäre der »Menschheitsdämmerung« (so der Titel der ersten »expressionistischen« Gedichtsammlung von 1920) im zweiten Jahrzehnt des Jahrhunderts. Den Namen »Expressionismus« hat dies Sammelbecken verschiedenster Strömungen nach den französischen Malern (Braque, Picasso u. a.), deren Ziel es war, in ihren Bildern das Erscheinungsbild eines Gegenstandes so zu verändern, daß es zum Ausdruck ihres Inneren wurde. Der Kunst trauten es die Expressionisten zu, das Neue hervorzubringen. Die Kunstanschauung Nietzsches, in der das Rauschhafte, das »Dionysische«, neben dem nüchtern-klaren »Apollinischen« seinen Platz beanspruchte, bereitete den Boden dafür: »unser Hintergrund war Nietzsche« (Benn). Diese Kunstauffassung machte mit der Trennung von Leben und Kunst Schluß; sie wies der Kunst ungeheure moralische und politische Wirkungsmöglichkeiten zu. An die Stelle der poésie pure mit ihrem elitären Kunstbegriff setzte die Jugend nun die poésie engagée: »die Wirklichkeit, die stieß ihr auf« (Benn). So leicht es ist, sich über soviel Idealismus zu mokieren, Tatsache bleibt: im Jahrzehnt 1910–1920 beherrschte der »expressionistische Neueinsatz« das literarische Leben in Deutschland, bis der Weltkrieg und die gescheiterte Revolution von 1918 auch ihn zusammenbrechen ließen. Schwierigkeiten bereitet freilich über das Atmosphärische und das gemeinsame Wollen hinaus die »Ortung« von »inhaltlichen« epochentypischen Merkmalen dieser Dichtung; es sind verschiedenste Tendenzen zu konstatieren: Anfangs überwog der sozialkritische Zug: Erneuerung, das bedeutete erst einmal Demaskierung des Alten. Heinrich Manns (* 1871, † 1950) Romane »Professor Unrat« (1905) und »Der Untertan« (1914 beendet) gehören in diesen Umkreis. In ihnen wird die Realität ins Groteske verzerrt und so in ihrer Erbärmlichkeit bloßgelegt. Der »Untertan« Heßling, schon als Kind mit Tierattributen (»wedelnd«) als Prototyp des Kriechers karikiert, erweist sich, einmal zu Macht und Ansehen gelangt, als nach oben devot buckelnder, nach unten despotisch tretender ›Radfahrer‹. Von der Satire ist es nur noch ein Schritt zum »Aktivismus«, dem direkten politischen Kampf: nicht wenige der expressionistischen Autoren schlossen sich sozialistischen und pazifistischen Gruppierungen an und griffen agitierend in die Politik ein; eine der wichtigsten Zeitschriften nannte sich »Die Aktion«. Wie Heinrich Manns Romane, so zeigen Frank Wedekinds (* 1864, † 1918) Dramen, vor allem seine »Lulu«-Stücke (1895–1902), und Carl Sternheims (* 1878, † 1942) Komödien (z. B. »Bürger Schippel«, 1913) expressionistische Züge.

Dramatiker und Lyriker, aber auch Satiriker und Rezitator
im »Simplicissimus« und im Kabarett »Die elf Scharfrichter«:
Frank Wedekind. Karikatur von Ernst Stern (1902).

Im Drama stellt sich ein anderes Wesensmerkmal des Expressionismus, sein stark utopischer Charakter, besonders deutlich dar. Georg Kaiser (* 1878, † 1945) gestaltet in »Die Bürger von Calais« (1914) am Beispiel des Eustache den Typ der altruistischen (mitmenschlichen), auf Frieden statt auf Kampf und Prestige gerichteten »neuen Menschen«. Er opfert sein Leben freiwillig für das Gemeinwohl und kann dadurch sogar die Feinde zu Umkehr und Neubesinnung führen. Strenge Komposition, spannungsgeladene Handlung und leidenschaftliche Sprache – alles steht im Dienst des großen Themas: ein beinahe »klassisches« Ideendrama, freilich in seinem Optimismus nicht typisch für Kaiser.
Der utopische, visionäre Zug prägt auch die Lyrik des Pragers Franz Werfel (* 1890, † 1945), bei dem allerdings öfters grenzenlose »Weltumarmung« und religiöse Erlösungssehnsucht ins Maßlose und zur Pose geraten. Auch in den Gedichten des jung verunglückten Schlesiers Georg Heym (* 1887, † 1912) – die bekanntesten sind: »Der Gott der Stadt« und »Der Krieg« – steht auf der einen Seite die visionäre

Schau des Schreckens und der Zerstörung; andererseits sind die personifizierten dämonischen Kräfte so gezeichnet, daß sie zugleich als Ausdruck übermenschlicher Urgewalten auf den Leser durchaus faszinierend wirken.

Visionäre Schau, aber auch sezierende Diagnose: auf diesen polaren Nenner könnte man das expressionistische Frühwerk von Gottfried Benn (* 1886, † 1956) bringen, einer der Lyriker, die die Phase des »Expressionismus« überdauert haben. 1912 veröffentlichte er neun äußerst schockierende Gedichte (»Morgue«). Schon Titel wie »Mann und Frau gehn durch die Krebsbaracke« deuten an, daß der Berliner Mediziner hier mit der bisher tabuisierten Welt von Krankenhaus und Leichenhalle der Lyrik ganz neue Bereiche erschlossen hat. Er reißt dem Menschen die letzte Maske vom Gesicht und seziert ihn in seiner ganzen Jämmerlichkeit als »Fleisch«, »Klumpen Fett« und »faule Säfte«. Erträglich wird diese Thematik nur durch die artistische Form der Gedichte: hier nähert sich der Expressionist wieder der Position Georges, Nietzscheaner wie er. Derselbe Benn allerdings beschwört in ungemein zarten lyrischen Zeilen Sehnsucht nach menschlicher Nähe und Glück (»D-Zug«).

Stärker noch als Benn ist der Salzburger Georg Trakl (* 1887, † 1914) von inneren Spannungen geschüttelt. Sein sensibles Ich gibt in vielen Gedichten der schmerzlichen Erfahrung von Tod und Untergang Ausdruck, am drängendsten wohl in der letzten Phase seines kurzen Lebens, als er an der Ostfront ohnmächtig zusehen muß, wie hilflose Verwundete sterben müssen. Sein letztes Gedicht »Grodek« rückt in einzelnen »Bildchen« abgründig Schönes und Grauenvoll-Zerstörerisches unvermittelt nebeneinander: »Am Abend tönen die herbstlichen Wälder / Von tödlichen Waffen [. . .]«.

Sein Landsmann, der Prager Franz Kafka (* 1883, † 1924), leidet ähnlich an der erfahrenen und geahnten grauenvollen Wirklichkeit. Er versucht mit seiner präzisen Prosa die »tödlichen« Erlebnisse seines Lebens (deutschsprachiger Prager Jude, autoritärer Vater, körperliche Anfälligkeit u. a.) zu bewältigen. Das Bewußtsein der Abhängigkeit, ja des Ausgeliefert-Seins an Menschen und Mächte ist einmal im Bild einer Zerstückelungsmaschine gestaltet (»In der Strafkolonie«, 1914), ein andermal erscheint es im Motiv der »Verwandlung« (1919) gespiegelt: Gregor Samsa wacht eines Morgens als »ungeheures Ungeziefer« auf und erlebt, wie sich die Familie zunehmend von ihm abwendet, bis er schließlich zugrundegeht. Groteske und surrealistische Elemente sind mit »realistischem« Stil in den Parabeln Kafkas zu einem rätselhaften, geheimnisvollen Ganzen verschmolzen, das sich einem deutenden Zugriff immer wieder entzieht.

Der Nihilismus bei »Dada«

Anders als Kafka will eine Gruppe von Autoren des »expressionistischen« Jahrzehnts die deformierte, sinnlos gewordene Wirklichkeit insbesondere auch durch die Zertrümmerung der Sprache ad absurdum führen.
Diese Richtung, die sich provozierend selbst »Dada« nannte, bildete sich insbesondere in Züricher Emigrantenkreisen während des Krieges. Die Dadaisten (u. a. Hans Arp und Kurt Schwitters) wollten damit gegen alle geltenden Gesetze in Kunst und Gesellschaft protestieren: eine radikale Entwertung aller Werte war ihr Ziel. Nur noch Augenblickseinfälle und Posse sollten gelten. Mag auch manches, was sie trieben, wie Ulk und Klamauk anmuten, so gilt doch für sie grundsätzlich: im Nichts »tritt das Absolute [. . .] in Erscheinung. Darin liegt die [. . .] folgenreiche Leistung der dadaistischen Bewegung.« (Otto F. Best, Expressionismus und Dadaismus). Die Folgen reichen weit über den Expressionismus hinaus bis zur »Konkreten Poesie« unserer Gegenwart.

Literatur

Best, Otto F. (Hrsg.): Expressionismus und Dadaismus. In: Die deutsche Literatur. Ein Abriß in Text und Darstellung, Bd. 14, Stuttgart 1974

Karthaus, Ulrich (Hrsg.): Impressionismus, Symbolismus und Jugendstil. In: Die deutsche Literatur. Ein Abriß in Text und Darstellung, Bd. 13, Stuttgart 1977

Lehnert, Herbert: Geschichte der deutschen Literatur vom Jugendstil bis zum Expressionismus, Stuttgart 1978

Schmähling, Walter (Hrsg.): Naturalismus. In: Die deutsche Literatur. Ein Abriß in Text und Darstellung, Bd. 12, Stuttgart 1977

Schorske, Carl E.: Wien. Geist und Gesellschaft im Fin-de-Siècle, Frankfurt 1981

Soergel, Albert/Hohoff, Curt: Dichtung und Dichter der Zeit. Vom Naturalismus bis zur Gegenwart, 2 Bde., Düsseldorf 1963

Žmegač, Viktor (Hrsg.): Deutsche Literatur der Jahrhundertwende, Neue Wissenschaftliche Bibliothek Literaturwissenschaft Bd. 113, Frankfurt 1981

HANSWERNFRIED MUTH

Der Weg in die Moderne: Deutsche Kunst von 1850 bis 1914

Grundzüge der Bildenden Kunst nach 1850 – Die »Historienmalerei« – Kunstzentrum München: Die deutschen »Realisten« – Worpswede, Dachau, Fischerhude: Die Maler des »Naturlyrismus« – Die »Deutschrömer« – Marées – Der deutsche »Impressionismus« – Auf der Suche nach Freiheit der Kunst: Der Weg in das 20. Jahrhundert.

Um dieses Kapitel, das der Kunst in Deutschland nach 1850 gewidmet ist, recht zu verstehen, sind drei Vorbemerkungen notwendig: Die Mitte des Jahrhunderts bedeutet für die Kunstgeschichte anders als für die politische Geschichte, anders auch als in der Literatur, einen weniger tiefen Einschnitt. Die Tendenzen, die sich nach 1850 in der Bildenden Kunst entfalten, sind zumeist bereits in der ersten Jahrhunderthälfte entwickelt worden; einige treten jetzt stärker hervor, übernehmen die Oberstimme und drängen die Entwicklung weiter. Besonders die Architektur zeigt deutlich die Verwurzelung in der Zeit um 1800. Die Nachahmung historischer Stile, im Klassizismus begonnen, hält durch das ganze Jahrhundert, ja noch bis in das 20. Jahrhundert an. Von diesem Denken sind vor allem die Repräsentationsbauten der sogenannten »Gründerjahre« bestimmt. Nur zaghaft und eher in Randgebieten – z. B. im Fabrikbau, im Bau von Warenhäusern – werden um 1900 neue Baugedanken erprobt, die erst nach dem Ersten Weltkrieg allgemeine Bedeutung erlangen. Ähnliches gilt für die Bildhauerkunst, die in Deutschland durch das ganze Jahrhundert am Vorbild historischer Stile festhält. Am deutlichsten zeigen sich die Entwicklungen in der Malerei, deren Betrachtung deshalb stellvertretend in den Mittelpunkt unserer Betrachtungen gestellt sein soll.

Freilich gelten auch hier zwei Einschränkungen: Zu allen Zeiten haben künstlerische Entwicklungen nicht vor politischen Grenzen haltgemacht. Die gegenseitige Beeinflussung, die internationale Verschränkung nimmt im 19. Jahrhundert stetig zu. Wichtige Entwicklungen, die später auf die deutsche Kunst einwirken, geschehen in verstärktem Maße außerhalb Deutschlands. Zum anderen: Was im öffentlichen Bewußtsein bis zum Ersten Weltkrieg fast ausschließlich als Kunst galt, waren die unzähligen Wiederholungen dessen, was als

»realistische« oder »impressionistische« Landschaftsmalerei, als »Genremalerei«, als »Salonkunst« oder »Heimatkunst« in der Nachfolge der bürgerlichen Malerei des 19. Jahrhunderts Anerkennung gefunden hatte. Alles Neue erfuhr zunächst Ablehnung. So wurden z. B. die ersten gegenstandslosen Bilder vor 1914 gemalt, der deutsche »Expressionismus« trat in den Jahren um 1905 hervor, der »Kubismus« gegen 1910; zum Tragen kamen diese Gedanken erst um 1920, weshalb deren ausführliche Betrachtung einem späteren Band vorbehalten bleiben soll.

Zwischen »Idealismus« und »Realismus«

Um die Mitte des 19. Jahrhunderts zeigt sich in den Bildenden Künsten – insbesondere in der Malerei – eine auffallende, verstärkte Tendenz zum »Realismus«, zur Darstellung der sichtbaren alltäglichen Umwelt. Die Ursachen hierfür sind in der veränderten politischen und gesellschaftlichen Situation zu suchen. Das beginnende Industriezeitalter wirft die ersten sozialen Probleme auf, die in der Märzrevolution 1848 ihren Ausdruck finden. Gleichzeitig verliert der »Idealismus« des frühen 19. Jahrhunderts, der im Rückgriff auf die Vergangenheit neue Wertmaßstäbe gewinnen wollte, zusehends an stilbildender Kraft. Die Wirklichkeit der Gegenwart beginnt sich statt dessen als gestaltungswürdiges Thema Eingang in die Bildende Kunst – wie gleichzeitig in die Literatur – zu verschaffen.
Diese Entwicklung vollzog sich am raschesten und am folgerichtigsten in Frankreich, dem daher die Führungsrolle in der Malerei des späteren 19. Jahrhunderts zufällt. Sie setzte bereits um 1825 mit den römischen Landschaftsbildern von Jean-Baptiste-Camille Corot (* 1796, † 1875) ein und wurde eine Generation später fortgeführt von der sogenannten »Schule von Fontainebleau«; Gustave Courbet (* 1819, † 1877) konzentrierte sich auf den malerischen Realismus; der französische »Impressionismus« zog die letzten Konsequenzen dieser in sich logischen Entwicklung.
Dieses rasche, von höchster Wachsamkeit des bildnerischen Geistes angetriebene, bruchlose Voranschreiten der französischen Malerei von einer klassisch-romantischen Haltung zu einem extremen »Realismus«, zur dann folgenden Überhöhung der Realität durch den »Impressionismus«, hat in Deutschland kein Gegenbild. Hier mühen sich einzelne Individualitäten in einer konturlosen Bildungsgesellschaft, der es nicht oder nur schwer gelingt, aus dem Schatten des deutschen »Idealismus« herauszutreten. Gerade hierin liegt der Unterschied zu Frankreich: im Übergewicht des »Idealismus«, an dessen Gedanken

Die »Kleine Excellenz« – Maler der Historie und Wegbereiter der Moderne:
Adolph von Menzel – geliebt und geachtet von Kunstkennern und Bevölkerung, in seinem Stammcafé.

und Motiven Auftraggeber und Publikum noch festhalten, auch als sie längst ihre Sinndeutung für die eigene Gegenwart verloren hatten. So bearbeiten deutsche Maler, dem Landschaftsbild des »Idealismus« verpflichtet, nicht die Natur, sondern stilisieren sie. Die offizielle Kunst dieser Jahrzehnte in Deutschland gibt sich heroisch oder romantisch-realistisch, und nur leise, sehr am Rande, sind die Gegenstimmen zu hören, die von lebendiger Natur und naher Dingwelt reden. Doch gerade diese Stimmen weisen den Weg in die Moderne, in die Kunst des 20. Jahrhunderts.

Beliebt beim Publikum: Die »Historienmalerei« in Deutschland – Kaulbach, Rethel, Menzel

Die Geschichtsmalerei ist ein spätes Kind der Romantik. Sie sucht nicht wie die Klassik das Typische, allgemein Menschliche, sondern den historischen Einzelfall, entdeckt die Besonderheit des eigenen

Volkstums und gewinnt mit dem wachsenden Nationalismus an Bedeutung. Zahlreiche Aufträge und große Erfolge auf diesem Gebiet wurden Wilhelm Kaulbach (* 1805, † 1874) zuteil. Er war als Schüler und Nachfolger von Peter Cornelius (* 1783, † 1867) der Anführer der »Münchner Kunstschule« und hat in einigen großen Historienkompositionen die Bildungsgedanken seiner Zeit zu einer mehr äußerlich wirksamen als innerlich klaren und künstlerisch reinen Repräsentation gebracht. Der jüngste und zugleich eigenwilligste Maler dieser deutschen Monumentalmalerei aber war Alfred Rethel (* 1816, † 1859). Ihm fiel schon in jungen Jahren die Aufgabe zu, im Rathaussaal zu Aachen in großen Wandbildern das Leben Karls d. Gr. zu schildern. 1847–1852 führte er diesen Auftrag mit großem Ernst und würdigem Ergebnis aus. Interesse für die Vergangenheit verband sich bei Adolph von Menzel (* 1815, † 1905) mit einem ganz malerischen, fast impressionistischen Sehen. Seine Bilder zur Geschichte Friedrichs d. Gr., aber ebenso die der historischen Ereignisse aus eigener Zeit, sind erstaunliche Leistungen der Malerei, nicht nur durch die Erweckung eines längst vergangenen Lebens zu blutvoller Gegenwart, sondern ebenso durch die künstlerische Bewältigung des gestellten Themas.
In der zweiten Hälfte des 19. Jahrhunderts sank der Kunstzweig der Historienmalerei immer mehr zu billigen Effekten und Sensationen herab. Das Publikum freilich liebte diese historisch belehrende Kunst. Ihre Vertreter erhielten die Aufträge der Gesellschaft. Den Auftrag der Geschichte erfüllte aber die Kunst, die den großen Entdeckungsfeldzug in die Wirklichkeit der Welt führte, der »Realismus«. In seiner unpathetischen Nüchternheit war er dem Bürgertum im Grunde gemäßer, aber er erfüllte nicht dessen Sehnsucht nach dem Poetischen und Erhabenen. Die Bildwerke des »Realismus«, die heute in den Museen hängen, wurden von den Zeitgenossen – falls sie überhaupt Beachtung fanden – nur geschmäht. Selbst der erfolgreiche Menzel hat jene intimen, malerisch reichen Bilder, Interieurs und Skizzen, die heute seinen Ruhm tragen, nie ausgestellt.

Die deutschen »Realisten« – Von Rayski bis Leibl

Gegen die Mitte des 19. Jahrhunderts hatte die begriffliche Abstraktion der Ideenmalerei, die aus dem Liniengefüge und aus den plastischen Werten lebende Wiedergabe eines gedachten Motives, ihren alleinigen Herrschaftsanspruch verloren. In der direkten Wiedergabe des Wirklichen, im Erschauen der rein malerischen Erlebnisse der Naturerscheinungen wurde immer ausschließlicher die eigentliche Auf-

ADOLPH VON MENZEL

»Das Genie ist der Fleiß«. In diesen Worten steckt der ganze Mensch und Künstler Menzel. Am 8. 12. 1815 in Breslau geboren, hat der Unermüdliche sich fast ohne Anleitung aus handwerklicher Enge zu einem der bedeutendsten Künstler des 19. Jahrhunderts emporgearbeitet. 1830 kam er nach Berlin, wo der Vater eine Steindruckerei begründete. In den folgenden Jahren war der junge Maler damit beschäftigt, für bescheidene Aufträge Steinzeichnungen zu schaffen. Als Menzel 1839 den Auftrag erhielt, Kuglers »Geschichte Friedrichs des Großen« zu illustrieren, hatte er das Thema gefunden, das ihn ein Leben lang begleitete.

Als Maler hat Menzel um die Mitte der vierziger Jahre zu sich selber gefunden, als er den Augenreiz der Dinge, die er täglich um sich sah, wie eine neue, beglükkende Entdeckung begriff. Es gab von da an nichts, das ihm nicht wert gewesen wäre, gezeichnet oder gemalt zu werden. Er malte sein eigenes Zimmer, ein Balkonzimmer mit den wehenden Vorhängen, des Künstlers Familie im Lampen- oder Kerzenschein. Es entstehen schlichte Landschaften. In allen diesen Bildern spricht ein vorwiegend malerisches, fast impressionistisches Sehen sich aus. Bei Menzel vereint sich ausgesprochener Sinn für Realismus mit höchstem Empfindungsreichtum. Sein Werk bildet eine hervorragende, selten gewährte Synthese von Objektivität und Einbildungskraft. So konnte er in den Bildern aus der Preußischen Geschichte Vergangenheit als Gegenwart zeigen. Neben diesen Szenen aus der Geschichte Friedrichs des Großen, aus dem höfischen Leben, stehen gleichberechtigt die Straßenbilder aus Berlin, die Innenräume bayerischer und österreichischer Barockkirchen oder auch die Darstellung eines Eisenwalzwerkes.

Als Adolph von Menzel am 9. Februar 1905 gestorben war, wurde er in einer Trauerfeier geehrt, wie sie kaum jemals zuvor und ähnlich nie wieder einem Künstler zuteil wurde. Dem Sarg folgten Kaiser Wilhelm II. und die Prinzen, und ganz Deutschland nahm Anteil am Tode des Mannes, in dem man den größten Maler seit Dürer erblickte. *(H. M.)*

Realismus, Jugendstil und Symbolismus. *Der Schweizer Ferdinand Hodler zählt zu den aussagestärksten realistischen Malern der Zeit, in Deutschland vor allem durch seinen »Auszug der Jenenser Studenten« bekannt. Foto: »Schlafender Schäfer«.*

gabe der Malerei gesehen. Diese neue Richtung ist besonders in München ganz natürlich aus einer örtlichen Überlieferung erwachsen, die bis in die letzten Jahre des 18. Jahrhunderts zurückreicht. Es waren vor allem die Landschaftsmaler – wenig beachtete Kleinmeister – die der künftigen Entwicklung vorgearbeitet hatten.

Unter den Altersgenossen Menzels haben sich einige mit ähnlicher Konsequenz zu Malern der ausschließlich optischen Eindrücke entwickelt. Zu nennen ist vor allem der geniale Ferdinand von Rayski (* 1806, † 1890), der in jungen Jahren vom sächsischen Offizier zum Maler wurde. Während einer Reise nach Paris durch die Bilder von

Bauwerke der Zeit

Wohnbauten der Jahrhundertwendezeit

Meyersche Stiftung
für Erbauung billiger Wohnungen
in Leipzig-Eutritzsch

Zweifamilienhaus
der Militärfiskalischen
Werkstätten in Spandau

Arbeiteransiedlung der Vereinigten
Maschinenfabrik Augsburg und
Maschinenbaugesellschaft Nürnberg in
Gustavsburg (Hessen)

Géricault und Delacroix stark beeindruckt, hat er Werke geschaffen, die außerhalb alles in Deutschland Gewohnten stehen: Kühne Jagd- und Reiterstücke, Impressionen vom Wild im Walde, besonnte Landschaften, unmittelbar gesehene Bildnisse seiner adeligen Verwandten, seiner Freunde, von Jugendlichen und Kindern. Ihm wird alles zum sprühenden Spiel der Lichter und Farben. In ihrer Zeit sind diese Bilder Rayskis, der erst lange nach seinem Tod die verdiente Anerkennung fand, ganz ohne Wirkung geblieben.

In Wien waren es die etwas jüngeren Zeitgenossen Rudolf Alt (* 1812, † 1905) und August Pettenkofen (* 1822, † 1889), in München der Landschaftsmaler Adolf Lier (* 1826, † 1882), die sich der neuen Richtung zuwandten.

Ebenfalls in Bayern, in München begannen der Tiroler Franz Defregger (* 1835, † 1921) und der Oberbayer Franz Lenbach (* 1836, † 1904), beide Schüler des Historienmalers Karl Theodor von Piloty (* 1826, † 1886), mit einer scharfsichtigen Wirklichkeitsdarstellung. Wurde Defregger zum lebensvollen Erzähler heimischen Volkstums, so Lenbach zum glänzenden Porträtisten der geistig, politisch und gesellschaftlich führenden Köpfe seiner Zeit. Beider Werke ist auch anzusehen, wie ein großes inhaltliches Interesse der rein malerischen Abschilderung hemmend oder zumindest bestimmend entgegentritt. Eine Malerei als Ausdruck bloßer Augenfreude, wie wir sie gleichzeitig in Frankreich finden, ist der deutschen Kunst auch in dieser Zeit fast ganz fremd geblieben.

Bestärkt in ihrer künstlerischen Auffassung wurden diese Maler in der Begegnung mit Gustave Courbet, der sich 1853 und 1859/61 in Deutschland aufhielt, und dessen Sonderausstellung im Münchner Glaspalast 1869 einen tiefen Eindruck hinterließ. Sein Ziel war, statt des Schönen, statt der pathetischen Deklamation das Wahre, die ungeschminkte Wirklichkeit zu zeigen.

Vor allem Hans Thoma (* 1839, † 1924) war von der Kunst des Franzosen tief beeindruckt; der Maler Wilhelm Leibl (* 1844, † 1900) war mit ihm befreundet. Seit 1863 in München, hatte sich Leibl eine erstaunliche Empfindsamkeit des Auges und eine Meisterschaft tonschöner Malerei gewonnen. Schon seine ersten Bilder hatten dank ihrer Eindringlichkeit und ihrer Malkultur Aufsehen erregt. 1873 zog sich Leibl aus München in das bäuerliche Milieu der oberbayerischen Dörfer zurück.

Ohne Sentimentalität beschreibt Leibl die einfache Welt seiner Umgebung. Mit geradezu leidenschaftlicher Wahrheitsliebe, mit handwerklichem Fleiß, fanatischer Hingabe an das Detail arbeitet er mit unermüdlicher Ausdauer an seinen Bildern. Jeder Holzfaser, jedem Stoffaden, jeder Ader gilt in gleicher Weise seine Aufmerksamkeit. Drei Jahre lang malte Leibl, Tag für Tag, an seinem bekanntesten Bild »Drei Frauen in der Kirche«.

Ihm sind die Menschen nichts anderes als malerische Objekte, die ihren Wert durch die Transponierung der Realität in eine Bildwirklichkeit erlangen.

Von Leibl stammt das Wort: »Man male den Menschen so, wie er ist, dann ist die Seele ohnehin dabei.« Das erinnert an den Ausspruch des nur wenig jüngeren Max Liebermann (* 1847, † 1935), daß eine gutgemalte Rübe besser sei als eine schlechtgemalte Madonna. Das heißt: Der Inhalt ist gleichgültig, die malerische Form alles. Leibl folgte ohne Rücksicht auf leichte Erfolge unbeirrbar seinem Willen zur gediegen gemalten Wirklichkeit und nannte seinen Freundeskreis »den Verein für unverkäufliche Bilder«.

***Idealismus der »Deutschrömer«.** Anselm Feuerbachs »Iphigenie« zeigt symptomatisch die monumentale, in sich ruhende, idealisierende und melancholische Darstellung mythologischer Themen der idealistischen Malerei.*

Die Maler des »Naturlyrismus« Von Johann Sperl zu Hans Thoma, Fritz Mackensen und Otto Modersohn

Leibl hatte keine Schüler; aber durch das Vorbild seines Schaffens wurde er der anregende Führer eines Kreises nahezu gleichaltriger, gleichgesinnter Maler. Zu ihnen zählten Johann Sperl (* 1840, † 1917), Theodor Alt (* 1846, † 1937), der Wiener Carl Schuch (* 1846, † 1903), der etwas jüngere Wilhelm Trübner (* 1851, † 1917) und insbesondere Karl Haider (* 1846, † 1912) und Hans Thoma (* 1839, † 1924), den we-

Bauwerke der Zeit

Eisenkonstruktionen für Zweckbauten

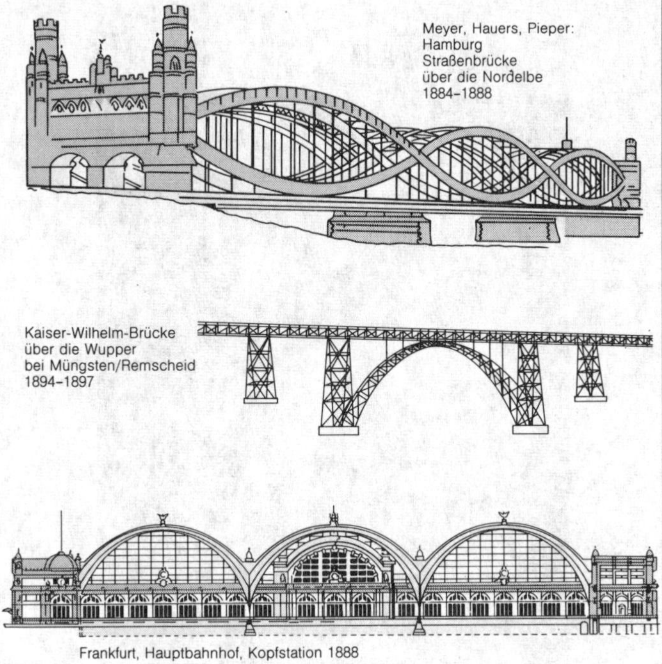

niger künstlerische Probleme an sich bewegten, sondern vielmehr der Wunsch, in einfachen Bildern darzustellen, was die Seele ergreift. Dieses lyrische Grundgefühl hat die Art seiner Kunst bestimmt; der »Realismus« mündet bezeichnenderweise ein in einen deutschen »Naturlyrismus«, dem wir um die Jahrhundertwende vor allem in den deutschen Malerkolonien von Worpswede, von Dachau und Fischerhude begegnen.

Die Maler dieses »Naturlyrismus« – Fritz Mackensen (* 1866, † 1953), Otto Modersohn (* 1865, † 1943), Hans am Ende (* 1864, † 1918) – waren die legitimen Erben der deutschen »Romantik«. Aus dem verspäteten deutschen »Realismus« war damit etwas gewachsen, das nun an der Schwelle zum 20. Jahrhundert erneut und bewußt in den Bereich einer gefühlvollen und expressiven Malerei, in den Bereich der Ausdruckskunst drängte.

Bauwerke der Zeit

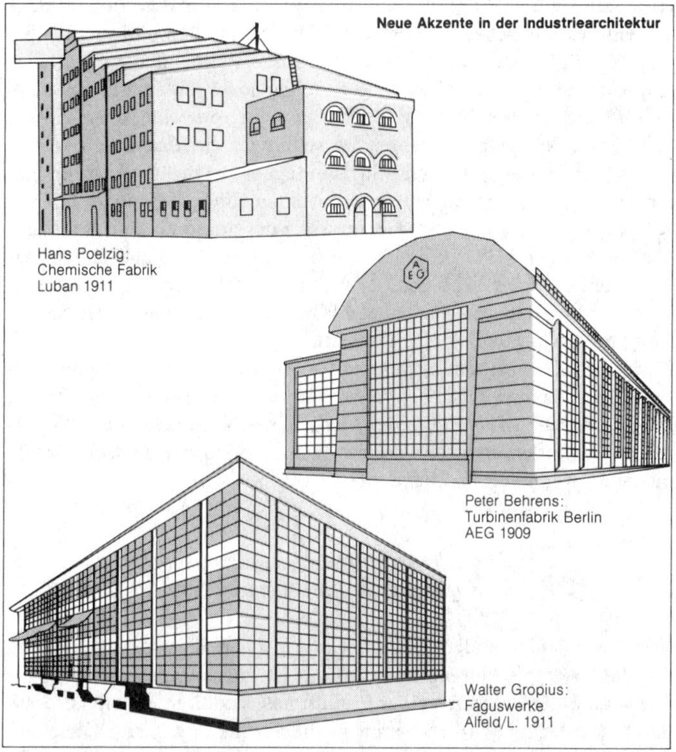

Die »Deutschrömer«
Feuerbach, Böcklin, Marées

Neben dem »Realismus« finden wir in der zweiten Hälfte des 19. Jahrhunderts ein idealistisches Zwischenspiel in der deutschen Kunst. Von gleichen Voraussetzungen wie Menzel und Leibl ausgehend, kamen einige wenige Maler zu einer völlig anderen, dem »Naturalismus« entgegengesetzten und wesentlich idealistischen Kunstweise. Da sie sich in ihrer Heimat unverstanden fühlten, verbrachten sie den größeren Teil ihres Lebens in Italien; deshalb nannte man sie die »Deutschrömer«. Es sind: Anselm Feuerbach (* 1829, † 1880), Arnold Böcklin (* 1827, † 1901) und Hans von Marées (* 1837, † 1887).
Während Feuerbach und Böcklin vornehmlich einen dichterischen Gehalt in ihren Bildern ansprechen wollten, suchte Hans von Marées

ein Ideal der Kunst um der Kunst willen. Er wollte das vollkommene Dasein des Menschen und der Landschaft darstellen und suchte über das Zufällige hinaus zum Gesetzhaften und Bleibenden zu gelangen. Zugleich erkannte der Maler die zunehmende Problematik einer nur abbildenden oder nur erzählenden Kunst. Er versuchte, diese Gefahr zu überwinden, indem er seinen Darstellungen einen zeitlosen, feierlichen Charakter verlieh. Den Bildraum fügt er aus den einfachsten Elementen der waagerechten und senkrechten Linie, den menschlichen Körper begreift er aus dem Grundgesetz des anatomischen Baus und der Funktionen seiner Glieder, um ihn mit der größten Schlichtheit darzustellen. Er bedient sich der sichtbaren Wirklichkeit, verwandelt diese aber so, daß sie als eine neue Wirklichkeit innermenschlicher Vision von Traum und Poesie erscheint.
Marées blieb zeitlebens unverstanden, ebenso wie der fast gleichaltrige Paul Cézanne (* 1839, † 1906), mit dem er vieles gemeinsam hat. Im Gegensatz zu dem Franzosen, der von der Nachwelt als ein Wegbereiter der modernen Kunst erkannt wurde, blieb der deutsche Maler bis heute weitgehend unbekannt.

Der »deutsche Impressionismus«: Von Gleichen-Rußwurm zu Liebermann, Slevogt, Corinth

Es gab noch eine andere Linie der malerischen Entwicklung, die eng mit der französischen Kunst verknüpft ist: der »deutsche Impressionismus«. Erste Vorstufen einer Freiluftmalerei dokumentieren die Bilder des fast gänzlich unbekannt gebliebenen Ludwig von Gleichen-Rußwurm (* 1836, † 1901). Der Sproß einer fränkischen Freiherrenfamilie, Enkel Schillers, hat – angeregt von Bildern des Franzosen Millet – die schlichte Umwelt seines Schloßgutes Bonnland, vor allem auch die Menschen bei ihrer Arbeit mit aufgehellten, lockeren Pinselstrichen gemalt.
Gegen Ende des Jahrhunderts sind die drei Hauptmeister des »deutschen Impressionismus«: Max Liebermann (* 1847, † 1935), Max Slevogt (* 1868, † 1932) und Lovis Corinth (* 1858, † 1925). Zentrum des »deutschen Impressionismus« aber wurde Berlin. Insbesondere die Jugend des Bürgertums, die den geistigen Zusammenhang zwischen der neuen Malweise und der Demokratie fühlte, wandte sich dieser Richtung zu, während der kaiserliche Hof, der Tradition, Repräsentation und Idealismus für seine Zwecke gewahrt sehen wollte, die Repräsentationsmalerei, etwa eines Anton von Werner (* 1843, † 1915), bevorzugte und förderte.

***Max Liebermann, »Die Flachsspinnerinnen« (1897), Beispiel des deutschen Impressionismus,** aber darüber hinaus auch der Zuwendung zu einem unbürgerlichen Thema der Arbeitswelt. Berlin, Nationalgalerie.*

So erschien vor diesem Hintergrund aus der internen deutschen Sicht eine Kunstrichtung als revolutionär, die es aus der Sicht der gesamteuropäischen Entwicklung längst nicht mehr war, die sich längst durchgesetzt und verwandelt hatte. Deshalb wurde der »Impressionismus« in Deutschland bald als reaktionär empfunden. Liebermann, Slevogt und Corinth waren zweifellos die bedeutendsten deutschen Maler der Jahrhundertwende; doch die für die Zukunft wichtigen künstlerischen Argumente wurden von anderen, jungen und oft weit weniger bedeutenden Begabungen vorgetragen.

Freiheit der Kunst
Der Weg in das 20. Jahrhundert

Die ersten Jahrzehnte des 20. Jahrhunderts waren Zeugen einer raschen Folge revolutionärer Bewegungen in der Kunst. Diese vielgestaltige Entwicklung wurzelte großenteils noch im letzten Jahrzehnt

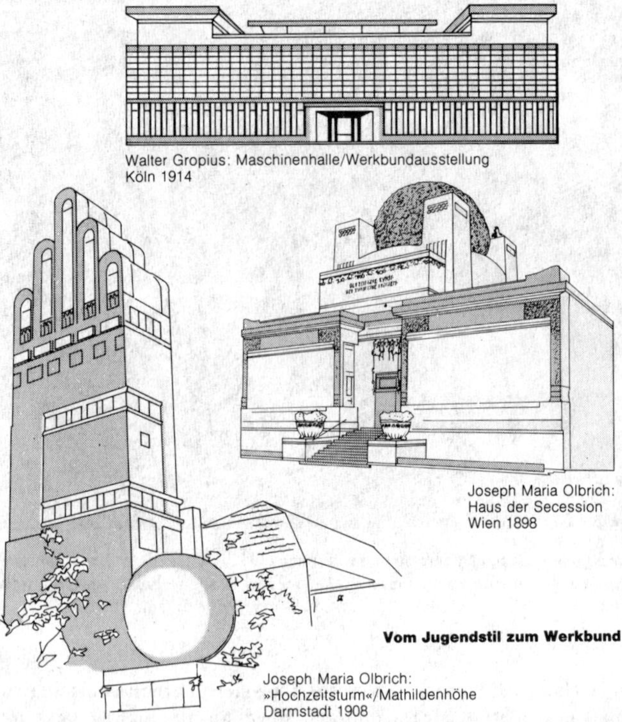

Walter Gropius: Maschinenhalle/Werkbundausstellung Köln 1914

Joseph Maria Olbrich: Haus der Secession Wien 1898

Vom Jugendstil zum Werkbund

Joseph Maria Olbrich: »Hochzeitsturm«/Mathildenhöhe Darmstadt 1908

des 19. Jahrhunderts. Alle Malerei, die dem »Impressionismus« folgte, ist immer von dem Willen gekennzeichnet, eine feste, verbindliche, aber allein den künstlerischen Gesetzen verpflichtete Form zu finden. Die Kunst macht sich deshalb frei von der Vorstellung, eine Geschichte nacherzählen, die Wirklichkeit abbilden zu müssen. Sie macht sich auch frei von der Verpflichtung, den Raum nach den Gesetzen der Perspektive darstellen zu müssen. Sie löst sich von den Gedanken, die seit der Renaissance bestimmend für die abendländische Kunst waren. So sind um die Jahrhundertwende die Wege der künftigen Entwicklung im wesentlichen vorgezeichnet: Der »Impressionismus« führte zur flächenhaften Bildkonstruktion und damit zur Aufgabe der Perspektive, der »Expressionismus« erschließt neue Möglichkeiten der Ausdruckssteigerung, der »Jugendstil« bereitet die Loslösung des Bildes vom Gegenstand zu einer Kunst der Fläche und reinen Linie vor.

Literatur

Bünemann, Hermann: Deutsche Malerei des 19. Jahrhunderts, Königstein 1960
Haftmann, Werner: Malerei im 20. Jahrhundert, München 1965
Hofmann, Werner: Das irdische Paradies, Kunst im 19. Jahrhundert, München 1960
Kleberger, J.: Preuße, Bürger und Genie: Adolph Menzel, Berlin 1981
Richter, Horst: Malerei unseres Jahrhunderts, Köln 1969
Vogt, Paul: Salonmalerei im 19. Jahrhundert, Köln 1969
Waldmann, Erich: Die Kunst des Realismus und des Impressionismus im 19. Jahrhundert, Berlin 1942
Wichmann, Siegfried: Realismus und Impressionismus in Deutschland, Stuttgart 1964

JOHANNES GLANZ

Von Richard Wagner zu Richard Strauss – Von der romantischen Oper zum nationalen Musikdrama

Meilenstein und Anstoß: Wagners neuer Weg – Start mit Mißerfolgen – Durchbruch mit »Rienzi« – Romantische Opern – Emigration und neue Musiktheorien – »Sinfonische Dichtungen« und »Bühnenweihfestspiele« – Liszt, Bruckner, Brahms – Mahler und Reger – Richard Strauss: Programmsinfonie und Musizieroper.

1864, im Geburtsjahr von Richard Strauss, dem künftigen Rivalen auf der deutschen Opernbühne, wurde der einundfünfzigjährige Richard Wagner von dem blutjungen Bayernkönig Ludwig II. nach München berufen.

Der in ganz Europa zwar schon bekannte, aber durchaus noch nicht überall anerkannte Komponist, der nach dem vermeintlichen Scheitern seiner künstlerischen Existenz und dem offensichtlichen finanziellen Ruin seinem Leben ein Ende machen wollte, durfte nun auf die Erfüllung seiner Träume hoffen. Begleichung seiner Schulden, gesichertes Daheim, Verwirklichung seiner kühnen, ja phantastischen Pläne schienen endlich gesichert: Tatsächlich, der König sorgte in jeder Weise für den von ihm hochverehrten Meister, und ein Jahr später schon wurde im Königlichen Hof- und Nationaltheater München Wagners Oper »Tristan und Isolde«, die in Wien nach siebenundsiebzig Proben als unaufführbar abgelehnt worden war, aus der Taufe gehoben: der große Hans von Bülow stand am Dirigentenpult, und das berühmte Sängerehepaar Schnorr von Carolsfeld sang die Titelrollen – ein musikgeschichtliches Ereignis ersten Ranges. Eine neue Klangwelt öffnete sich dem Hörer, die Musik löste sich in ihre Elemente auf, erhielt durch ihr kraftvolles Dahinströmen eine bisher unbekannte Sinnlichkeit.

Der »Tristan« setzte Akzente; für die einen war er ein Meilenstein, für die andern ein Stein des Anstoßes. Nietzsche z. B. kritisierte später: Wagner werde zum Polypen in der Musik mit seiner »unendlichen Melodie«, er sei ein »Ausbund von Verschwender«, ein »Großgrundbesitzer im Reiche des Klanges«.

Jedenfalls: seit dem Jahre 1865 führte kein Weg in die Zukunft der Musik ohne Begegnung mit »Tristan«.

Mißerfolge

Die ersten Anläufe Richard Wagners als Opernkomponist mißlangen. Zunächst versuchte er sich in der Vertonung komödiantischer Stoffe. Der Erstling »Die Feen« nach einem Text von Graf Gozzi, dem Erneuerer der italienischen Stegreifkomödie, fand nicht den Weg auf die Bühne. Drei Jahre später – Wagner war 23 Jahre alt – endete die Aufführung der komischen Oper »Das Liebesverbot« nach Shakespeares »Maß für Maß« in Magdeburg mit einem Mißerfolg. Daraufhin wandte sich Wagner einer anderen Thematik zu und versuchte eine historische Persönlichkeit in einer »Großen tragischen Oper« mit Blick auf italienische und französische Vorbilder darzustellen, doch auch dem »Rienzi« schien zunächst kein Erfolg beschieden, obwohl sich der in Paris gefeierte Giacomo Meyerbeer (* 1791, † 1864), eigentlich Jakob Liebmann Meyer Beer, Bankierssohn aus Berlin, später Generalmusikdirektor König Friedrich Wilhelms IV., für seinen Schützling Wagner einsetzte, um das Werk an der Grande Opéra unterzubringen.

Der Durchbruch

Nach den Enttäuschungen geschah das Wunder: Die Dresdner Hofbühne nahm den »Rienzi« an: 1842 fand die Uraufführung im neuen, von Gottfried Semper erbauten Hoftheater statt und wurde nicht zuletzt dank der Darstellung des Adriano durch die berühmte, von Wagner hochgeschätzte Wilhelmine Schröder-Devrient begeistert aufgenommen.
Im selben Jahr nahm auf Empfehlung Meyerbeers die Berliner Hofbühne Wagners nächste Oper »Der fliegende Holländer« an. Als Wagner jedoch aufgrund seines Rienzi-Erfolgs zum »Königlichen Hofkapellmeister in Dresden« ernannt wurde, erbat er sich das Werk aus Berlin zurück, um es mit der Schröder-Devrient als Senta selbst zu dirigieren.
Mit dem »Holländer« wandte sich Wagner der romantischen Oper zu und fand hier seine Eigenart: Die Welt der Sage inspiriert ihn zu poetischer Gestaltung, die ›Erlösungsthematik‹ taucht auf, die Bilder sind von packender Dramatik, Leitmotive halten die Handlung zusammen. Wagner führte so die Linie der Musik Carl Maria von Webers, Louis Spohrs und Heinrich Marschners zu einem neuen Höhepunkt weiter, blieb aber in manchem konventionell: so ist der »Holländer« wie eine »Nummern-Oper« gegliedert, Arien und Chöre wechseln, auch entwirft die Ouvertüre das inhaltliche Programm. Wagner wußte sich da-

mals der musikalischen Welt seiner Zeit noch verbunden, die Italiener Spontini und Bellini waren seine Vorbilder, im Hintergrund aber thronten zeitlebens die Großen: Johann Sebastian Bach, Mozart, Beethoven und der verehrte Carl Maria von Weber (* 1786, † 1826), dessen »Freischütz«-Erstaufführung in Paris er besprach. Wie sehr die Übermacht dieses Komponisten ihn belastete, beweist eine Äußerung 1882, ein Jahr vor seinem Tode: Er habe sich in seiner Jugend gewünscht, eine wahre Melodie zu finden, die nicht von Beethoven und Weber, sondern seine eigene sei.

1842 entwarf Wagner auf dem Schreckenstein bei Aussig an der Elbe eine »Große romantische Oper«, die er zunächst »Der Venusberg«, später »Tannhäuser und der Sängerkrieg auf Wartburg« nannte. Die Rienzi-Begeisterung wiederholte sich nicht, das Dresdner Publikum reagierte in der Uraufführung gleichgültig, und die Wiener Erstaufführung 1857 forderte Johann Nepomuk Nestroy (* 1801, † 1862), den Meister des Wiener Volksstückes, zu einer bösen Parodie heraus, die den Untertitel trug: »Zukunftsposse mit vergangener Musik und gegenwärtigen Gruppierungen . . .«

Das nach einem Volksbuch von Ludwig Bechstein gestaltete Werk zeigte wohl die Umrisse der gewohnten Opernform, doch verschmolzen die »Nummern«, Rezitative und Arien strömten »untrennbar« dahin. Die eigens für Paris erstellte Neubearbeitung entfachte 1861 einen riesigen Opernskandal.

In den Dresdner Jahren skizzierte Wagner bereits die erst 1868 in München uraufgeführten »Meistersinger«. Ursprünglich als »Satyrspiel« geplant, weiten sie sich zur großen Oper aus, die ältere Elemente bewahrt und deren »neubarocke Polyphonie« (Vielstimmigkeit) deutlich an das Vorbild Bach erinnert. Dieses »musikalische Volksstück großen Stils« spiegelt Wagners langen Weg zum Traum eines Gesamtkunstwerks wider, das alle Künste in sich vereinigt. Die Arbeit wurde unterbrochen durch die Beschäftigung mit dem »Nibelungenstoff«. Die politische Problematik ließ Wagner nicht unberührt, eine Veränderung der gesellschaftlichen Verhältnisse war für ihn mit völligem Umdenken verbunden. Im Bild der Sage wollte er den Fluch des Goldes als Machtmittel darstellen.

Ein Prosaentwurf zu einer »Heroischen Oper« mit tragischem Ausgang, »Siegfrieds Tod«, blieb ebenso wie ein weiterer (»Jesus von Nazareth«) liegen zugunsten der Verwirklichung der nächsten romantischen Oper »Lohengrin«, deren Text Wagner nach Wolfram von Eschenbachs »Parzival« und Grimms »Deutscher Mythologie« verfaßt hatte. Kurz vor der geplanten Aufführung wurde das Werk vom Hof abgesetzt. Wagner hatte sich durch politische Betätigung verdächtig gemacht. Die Beteiligung am mißlungenen Dresdner Maiaufstand 1849 zwang ihn zur Flucht. Franz Liszt (* 1811, † 1886), Wagners Freund aus Pariser Zeiten, hatte als Hofkapellmeister in Weimar den Mut, dieses Werk eines mit Zuchthaus bedrohten Rebellen aufzuführen.

Neue Musiktheorien und »Sinfonische Dichtungen«

In der Schweizer Emigration machte Wagner seinem Zorn in musiktheoretischen Schriften Luft. Die Oper, das »Narrenhaus für allen Wahnsinn der Welt« sollte als nationales Musikdrama in der Gestalt eines Gesamtkunstwerks neu erstehen. Die deutsche Oper sei wert, daß sie zugrunde gehe, denn in ihr sei ein Mittel des Ausdrucks (die Musik) zum Zwecke, der Zweck des Ausdrucks (das Drama) zum Mittel gemacht worden. So wird nun – zumindest theoretisch – die Musik dem durch das Wort mitgeteilten dramatischen Geschehen untergeordnet. Doch Wagner gelang das nur scheinbar; die größten Wirkungen seiner Werke gehen nach wie vor von der Musik aus, die sich künftig wie ein »Gewebe von Themen« mit ihrer »Leitmotivtechnik« über die Dramen ausbreitet. Im Dienst der Interpretation des Ganzen lösen sich selbständige musikalische Formen auf; mit der Handlung zusammen ertönt eine einzige Sinfonie. Personen werden musikalisch durch Leitmotive angemeldet, die gleichen Motive symbolisieren ihre Empfindungen und ihre Handlungen. Die Gefahr der Eintönigkeit soll durch harmonische Vielfalt und farbenprächtige Instrumentation des nun entstehenden Wagnerschen Riesenorchesters aufgehoben werden. Jede einzelne Instrumentalstimme entwickelt sich selbständig und hat die Aufgabe, zur Ausdeutung der Handlung beizutragen. Wagners Vielstimmigkeit hat eine andere Funktion als die Bachs, dem sie als Bauelement zur Vollendung verschiedener musikalischer Formen dient. Wagner ordnet sie der Charakterisierung der jeweiligen Handlung unter. So entstehen »Sinfonische Dichtungen« äußerst differenzierter Art, die Wort und Gestik unterstreichen und deren Übermacht sich die rezitativisch deklamierenden Sänger oft kaum erwehren können.

Die Forderung Wagners, der Künstler sei dazu berufen, »im Kunstwerk der Zukunft das fortgeschrittene durch die Wissenschaft errungene Bewußtsein sinnlich darzustellen und die entfremdete technische Wirklichkeit wieder in Natur zurückzuverwandeln«, spiegelt das »Bühnenfestspiel« »Der Ring des Nibelungen« am deutlichsten wider. Fast ein Vierteljahrhundert verging vom ersten Entwurf bis zur

***Wagner in der Karikatur der Zeitschrift »L'Eclipse« in Paris 1869.** Der – damals noch wenig gewohnte – Einsatz des Orchesters bis an die Grenzen des maximal Möglichen machte so manchem Beschwerden.*

Uraufführung der letzten beiden Teile des vierteiligen Werkes. Gegen den Willen Wagners ließ König Ludwig II. »Das Rheingold« (1869) und »Die Walküre« (1870) in München aufführen; »Siegfried« und »Götterdämmerung« wurden erst im Rahmen der Gesamtaufführung der »Tetralogie« 1876 in Bayreuth dem Publikum vorgestellt.

Das Wagnersche »Kunstwerk der Zukunft« als Fest

Wagners gigantische Pläne hatten ihre Erfüllung gefunden. Mit Unterstützung zahlreicher Gönner, vor allem Ludwigs II., erstand in Bayreuth ein Festspielhaus, das nur den Aufführungen Wagnerscher Werke vorbehalten war und ihre vollendete Wiedergabe gewährleisten sollte. Nicht zum Genuß und zur Unterhaltung, sondern zur Hingabe an die Kunst, die sich im Werk des Meisters verkörpere, sollte sich von nun an die Elite der in einem neuen Reich geeinten Nation versammeln. Der Kaiser persönlich, umrahmt von Fürsten, wohnte der Eröff-

***Walkürenritt, Szene aus Wagners »Ring des Nibelungen«,** in den Kulissen und der Ausstattung einer Aufführung am Münchner Hoftheater. Holzstich der 70er Jahre des 19. Jahrhunderts.*

nung bei, und König Ludwig II. von Bayern übernahm das Protektorat über die künftigen Festspiele, deren Krönung zu Lebzeiten Wagners die Uraufführung seines letzten Werkes, des ›Bühnenweihfestspiels‹ »Parsifal« bildete. Selbst Wagners schärfster Kritiker, der in Wien lebende und lehrende Eduard Hanslick, sprach nun von Wagner als dem ersten Regisseur der Welt. Welchen Mißverständnissen die Wagnerschen Werke ausgesetzt waren, zeigt die ernst gemeinte Bitte des Zirkusdirektors Renz, den Walkürenritt im Zirkus aufführen zu dürfen, was dazu beitragen werde »Ihre großen Schöpfungen populär zu machen«.

Gegensätze und Rivalitäten im Bereich der sinfonischen Musik: Liszt, Bruckner, Brahms

Wagner errang seinen ersten Erfolg mit seiner C-Dur-Sinfonie sowohl 1832 im Prager Konservatorium wie auch 1833 im Gewandhaus Leipzig. Die eigentliche Wende in seinem Schaffen bringt die »Faust-Sym-

phonie«. Sie entstand 1839 unter dem Eindruck der dramatischen Symphonie »Romeo und Julia« von Hector Berlioz, doch es gelang nur ein Satz, so daß sie zu einer »Ouvertüre« zusammenschmolz. Kurz vor seinem Tod äußerte Wagner Liszt gegenüber: »Wenn wir Symphonien schreiben, Franz, nur keine Gegenüberstellungen von Themen, das hat Beethoven erschöpft, sondern einen melodischen Faden spinnen, bis er ausgesponnen ist; nur nichts vom Drama.«
Franz Liszt (* 1811, † 1886) hatte in seinen »Sinfonischen Dichtungen« diese Auffassung längst bestätigt. Ein musikalisches Programm sollte vom Ohr gleich einer Bildfolge vom Auge aufgenommen werden, unbestimmte Eindrücke zu bestimmten verformt werden. Leitmotive erläutern das Programm, die Vielfalt der Instrumente koloriert es. Liszt hat damit die klassische Form der Sinfonie gesprengt, ein Klangstrom fließt in wechselnder Bewegung in einem Satz, vergleichbar der früheren Durchführung, dahin. Die Stoffe wählte Liszt aus der Literatur und anderen Künsten. Diese neue Form sinfonischer Musik fand in der europäischen Spätromantik ein weites Echo und ist bis heute ein wesentlicher Bestandteil des Konzertrepertoires geblieben.
Der Wagnerverehrer Anton Bruckner (* 1824, † 1896) schuf mit seinen neun Sinfonien einen Zyklus von Hymnen. Obwohl er den Beethovenschen Grundriß übernahm, veränderte er doch die Gestalt der einzelnen Sätze zu bisher unbekannten musikalischen Raumeinheiten, die sich im Wechsel von dramatischen, epischen und lyrischen Elementen zu Meditationen ausweiteten. Bruckner kam von der Orgel her, schöpfte aus dem Fundus geistlicher Musik, führte Traditionen weiter. Ihm war die Satzkunst der Gabrielis, Bachs und Beethovens vertraut, er spann Schuberts musikalisches Erzählen weiter, doch in einer neuen Sprache, die Wagners Harmonik und Instrumentationskunst aufnahm. Die mächtige Anti-Wagner-Kritik tat ihn verächtlich als »Wagnerianer« ab und bespöttelte seine Sinfonien als Monstren. Erst das 20. Jahrhundert entdeckte Bruckner neu und reinigte das Werk von Veränderungen; man erkannte, daß die ehemals anstößige revolutionäre Klangwelt und Gestaltungsweise anders als bei Wagner aus naiver Frömmigkeit heraus in einem neuen Kosmos integriert war, der die Zuhörer nicht bannen sollte, sondern schlicht und einfach zutiefst anrührte.
Der große Antipode und zugleich Bruckners schärfster Kritiker war Johannes Brahms (* 1833, † 1897). Aus der Distanz des 20. Jahrhunderts erscheint die Heftigkeit der Gegnerschaft unverständlich, denn Bruckner und Brahms sind letztlich zwei Pole der im 19. Jahrhundert fortwirkenden Romantik. Brahms setzte sich kritisch mit der Gruppe der »Neudeutschen« um und in der Nachfolge von Liszt auseinander;

Gezeichnete Psychogramme bedeutender Musiker. *Links: Gustav Mahler als Dirigent (Zeichnung von H. Böhler). – Rechts: Johannes Brahms auf dem Weg zum »Roten Igel« (Zeichnung von H. Böhlėr).*

er hielt nichts von der Fortschrittlichkeit der »Programmusik« und verargte es den »Neutönern«, daß sie die Romantik als Dekadenz empfanden. Er wollte die Musik aus ihren ideologischen Verflechtungen lösen (»absolute Musik«) und sie einfach wieder erklingen lassen. Wie Bruckner studierte er die Alten, vor allem Heinrich Schütz und Bach. In seinen Sinfonien – sie bestimmen nicht so gewichtig wie bei Bruckner das Gesamtwerk, sondern ragen als markante Punkte in einer vielgliedrigen Kompositionslandschaft heraus – verbindet er Barock, Klassik und Romantik zu einer Einheit, bekennt sich zur Nachfolge Beethovens, bleibt aber doch nicht bloßer Epigone. Überall ist der Ausgang vom Klavier und Lied zu spüren. Eine äußerst sensible Melodik wird in ihrem Reiz durch Licht- und Schattenwirkungen der Harmonik und durch eine differenzierte Rhythmik verstärkt. Der Entgrenzung zur »unendlichen Melodie« wirkt Brahms durch wohlüberlegten Einsatz aller kompositorischen Mittel entgegen und erreicht dadurch eine Geschlossenheit, die ihn als »klassizistischen Romantiker« kennzeichnet.

Jahrhundertwende: Brücke und Grenze
Mahler und Reger

Gustav Mahler (* 1860, † 1911), der berühmteste Dirigent seiner Zeit, gilt als »Vollender des Schubert-Brucknerschen Sinfonietyps«, doch

sprengte er zugleich auch Rahmen und Form. Eine Vermischung mit der »Sinfonischen Dichtung« wird durch Unterlegung von Programmen sichtbar, der Einsatz von Liedern und Chören läßt eine Verschmelzung von Sinfonie und Kantate erkennen. Andererseits führt das »Nebeneinander mehrerer selbständiger melodischer Linien« in den letzten Werken zu den Klangspielen der »Neuen Musik« Arnold Schönbergs (* 1874, † 1951).
In Max Regers (* 1873, † 1916) Schaffen spiegelt sich das Erbe Bruckners und Brahms' wider. Seine Einordnung in eine bestimmte Richtung bleibt umstritten, zu vielfältig sind die Signale der Übergangszeit. Wie bei Bruckner kann sein gesamtes kompositorisches Schaffen von der Orgel her verstanden werden. Regers Vielstimmigkeit zeigt ein neues Verhältnis zum Klang. Schon sein Lehrer Riemann warf ihm vor, daß er harmonisch das letzte wage und so willkürlich moduliere, daß dem Hörer das Miterleben unmöglich werde. Die Überleitung zu Schönbergs »Zwölftonmusik« ist unverkennbar. Insbesondere sein sinfonisches Werk zeigt ein Janusgesicht: Reger kam von Liszt und Wagner und wurde durch Bach und Brahms geprägt.

»Der große Zeitgemäße«: Richard Strauss

Richard Strauss (* 1864, † 1949), eine Persönlichkeit von höchstem Können, repräsentiert die nachwagnersche Zeit in der bürgerlichen Wilhelminischen Ära. In seinem Schaffen lassen sich deutlich einzelne Phasen voneinander abgrenzen: Eine kurze konservative Anlehnung an die Klassiker und Romantiker von Haydn bis Brahms – die Hinwendung zu Liszt und Wagner – eine avantgardistische Periode – Rückkehr zu alten Formen und schöpferische Erneuerung alter Vorbilder – Zuwendung zur absoluten Musik.
Strauss gilt als der Vollender der Programmsinfonie, seine »sinfonischen Dichtungen« der neunziger Jahre »Don Juan«, »Tod und Verklärung«, »Till Eulenspiegel«, »Also sprach Zarathustra«, »Don Quichote« beweisen eine meisterhafte Beherrschung der Orchestertechnik und gehören zu den großen musikalischen Ereignissen dieses Jahrzehnts. Die Kritik spricht aber auch von einem »geräuschvollen Ende spätromantischer Programmusik«. Die unmittelbare Nachfolge Wagners in den Jugendopern »Guntram« und »Feuersnot« brachte nichts ein, während die mittelbar folgende Weiterentwicklung zu den Strauss'schen »Sinfonieopern« führte, die von der Kritik als »Sinfonien mit begleitender Singstimme« bezeichnet wurden. Die dem Orchester übertragene psychoanalytische Durchleuchtung von Hand-

RICHARD STRAUSS

»Meine Arbeit fließt wie die Loisach – ich komponiere mit Haut und Haar«, äußerte sich Strauss während der Arbeit am »Rosenkavalier« gegenüber Hugo von Hofmannsthal, seinem Textdichter. Die wenigen Worte bezeugen eine Arbeitsbesessenheit, die das ganze Leben des berühmten bayerischen Dirigenten und Komponisten prägte.
Die Musik begleitete Strauss von Kindheit an; erste Anregungen vermittelte der Vater, der erster Hornist im Münchner Orchester war und mit dessen Unterstützung sich das Talent Richards frei entfalten konnte. Er spielte Geige und Klavier, komponierte, las Partituren und wurde vom großen Hans von Bülow entdeckt, der ihn in München ein eigenes Werk dirigieren ließ und dem Einundzwanzigjährigen die Leitung der Meininger Hofkapelle vermittelte.
Von hier an begann der steile Aufstieg in der Dirigentenlaufbahn: München – Weimar – München – Berlin – Wien. Erstaunlich, daß er bei dieser Arbeitslast Zeit und Kraft für sein umfangreiches kompositorisches Werk erübrigen konnte. Sicher half ihm dabei seine Lebensmaxime: »Allein sein mit sich selbst und den großen Geistern« und die Überzeugung: »Das Leben ist nur dazu da, Kunst zu ermöglichen.« Von da mag auch seine distanzierte Haltung zu anderen zu erklären sein – und seine Schroffheit.
Charakteristisch für die Autorität Strauss' ist der Hinweis Hofmannsthals hinsichtlich der Durchführung der Salzburger Festspiele: »Den Taktstock führt – als Regisseur zugleich, als Führer ganz und gar – Strauss, der ein Bayer ist.« Strauss' geradlinige Art verrät die Antwort auf den ersten Entwurf des »Rosenkavalier«: »Wir werden das machen. Wir werden es aufführen, daß ich weiß aufs Haar, was man sagen wird, daß (nämlich) eine allgemeine Erwartung schmählich enttäuscht wurde [. . .] und unsere Oper wird durchfallen. Aber wir werden uns unterhalten, indem wir daran arbeiten.« – »In seiner Weise so fortgehend« schuf er unbeirrt Werk um Werk. *(J. G.)*

lungsabläufen trieb Strauss bis ins Pathologische und Perverse (»Salome«, »Elektra«). Er verfeinerte und differenzierte den Einsatz instrumentaler Mittel bis zur äußersten, nicht mehr überbietbaren Grenze und wagte sich bis über die Grenzen der Hörerfahrungen vor in den Bereich des Atonalen.
Und dann der von den Progressiven als Verrat empfundene Bruch: »Der Rosenkavalier« (1911) – die Rückkehr zur »Musizieroper«. Das bürgerliche Publikum jubelte, als Strauss sich ins »unwagnersche Gebiet der Spiel-, Gemüts- und Menschenoper« begab. In der klassisch einfachen »Ariadne auf Naxos« wurde das Riesen-Nibelungen-Orchester auf 36 Musiker reduziert. Und da waren sie wieder da: Die Rezitative, Arien, Duette, Terzette, dazwischen in neuem Konversationston die »parlandi« (Sprechgesänge) ohne musikalische Begleitung. Danach änderte Strauss seinen musikdramatischen Stil nicht mehr und erfreute weiter seine Anhänger mit Klangschönheit und Melodienseligkeit: Spätsommer der Romantik.

Literatur

Blaukopf, Kurt: Gustav Mahler oder Der Zeitgenosse der Zukunft, Wien/München/Zürich 1969. TB 1980

Fischer, Hans Conrad: Anton Bruckner. Sein Leben. Eine Dokumentation, Salzburg 1974

Geiringer, Karl: Johannes Brahms. Sein Leben und Schaffen, Kassel 1974

Gregor-Dellin, Martin: Richard Wagner. Sein Leben, sein Werk, sein Jahrhundert, München 1980

Panofsky, Walter: Richard Strauss. Partitur eines Lebens, München 1965

Reger, Elsa: Mein Leben mit und für Max Reger. Erinnerungen, Leipzig 1930

Zillig, Winfried: Von Wagner bis Strauss. Wegbereiter der Neuen Musik, München 1966

Kurzinformationen: Bildmonographien Musik, Rowohlt/Reinbek – Opernbücher. Texte. Materialien. Kommentare; Rowohlt/Reinbek – Opern der Welt. Operntextbücher in neuer Form zum vollen Verständnis des Werkes (Pahlen, Kurt; Hrsg.), Goldmann-Schott/München

HORST HÜBEL

Naturwissenschaften in der zweiten Hälfte des 19. Jahrhunderts

Darwins Abstammungslehre – Vererbungslehre – Medizin als Naturwissenschaft – Energie und Wärmelehre – Maxwells Elektrodynamik – Wiederaufleben der Atomhypothese – Beginn der modernen Physik.

Im Jahre 1860, anläßlich einer wissenschaftlichen Tagung über die Entwicklung der Lebewesen, richtete am Ende der Diskussion der englische Bischof Samuel Wilberforce an den Biologen Thomas Henry Huxley die polemische Frage, ob er lieber großmütterlicher- oder großväterlicherseits vom Affen abstammen möchte. Huxley, einer der engagiertesten Verteidiger von Charles Darwins neuer Lehre, konterte, er würde lieber vom Affen abstammen als von einem Mann, der seine Fähigkeiten nur dazu benutze, eine ernsthafte wissenschaftliche Diskussion ins Lächerliche zu ziehen. Der Streit war eröffnet; und es sollte nicht nur bei Polemik bleiben; allen möglichen Ideologen des 19. und 20. Jahrhunderts schien Darwins Lehre bestens geeignet, ihre teilweise abartigen Ideen zu untermauern. Dabei war die Überzeugung, die in Charles Robert Darwin (* 1809, † 1882) auf seiner Expedition nach Südamerika und zu den Galápagos-Inseln von 1831–1836 heranreifte, nur zum Teil neu.

Darwin und die Abstammung des Menschen

Daß eine Entwicklung der Arten im Tier- und Pflanzenreich stattgefunden haben mußte, eine »Evolution«, war um die Zeit von vielen anerkannt. Neu war, daß Darwin eine »natürliche Zuchtwahl« als Grund für die Veränderung der Arten angab. Tierzüchter wissen, daß sich die Tiere jeder Generation von der vorhergehenden und untereinander leicht unterscheiden. Unter dem Druck der Umwelt, speziell der Übervölkerung, sollten nach Darwin beim »Kampf ums Dasein« nur die »Tüchtigsten«, nur die am besten der Umwelt angepaßten Individuen überleben. Zur Unterstützung seiner Thesen hatte der gewissenhafte

Darwin in jahrelanger Arbeit Beobachtung für Beobachtung zusammengetragen, bis er 1859 endlich sein Jahrhundertwerk »Über die Entstehung der Arten durch natürliche Zuchtwahl, oder das Fortbestehen begünstigter Rassen beim Kampf ums Leben« und 1871 »Die Abstammung des Menschen« herausgab. Hier wurden entsprechende Thesen auch für die Menschheitsentwicklung aufgestellt, nach denen Menschen wie Affen, wie auch die anderen Tiere, von einem gemeinsamen Ursprung aus sich allmählich entwickelt haben sollen und Endpunkte der Zweige eines gemeinsamen Stammbaumes seien.

Daß der Mensch seine Sonderstellung verlieren sollte, konnten viele nicht so leicht hinnehmen, zumal ja auch die biblische Schöpfungslehre allzu buchstabengetreu ausgelegt wurde. Und doch war durch die Knochenfunde vom »Neandertalermenschen« (1856) und vom »Pithecanthropos erectus« aus Java (1894) eine Veränderung des Menschen nachgewiesen. Auch in Deutschland tobte der Kampf um die neue Lehre. Der Biologe Ernst Haeckel (* 1834, † 1919) verschmolz dann die Ergebnisse der deutschen Embryologie (siehe Band 9) mit der Abstammungslehre, schoß aber in vielem wohl über das Ziel hinaus. Er war es, der den Darwinismus erst richtig bekanntmachte, aber mit seinen materialistischen Anschauungen auch stärksten Widerspruch herausforderte.

Wie das häufig bei noch reifenden naturwissenschaftlichen Erkenntnissen der Fall ist, wurde Darwins Lehre vorschnell von Laien aufgegriffen; es entstand der sogenannte »Sozialdarwinismus«, der u. a. allen Ernstes verkündete, daß Alte und Kranke sich selbst überlassen werden sollten, da sie auf Dauer für die menschliche Rasse schädlich seien. Er wollte auch die kapitalistischen Methoden des wirtschaftlichen Wettbewerbs rechtfertigen. Im Rahmen einer »Eugenik« genannten Lehre entstanden Überlegungen, wie man die menschlichen Rassen durch geeignete »Zuchtwahl« »verbessern« könnte, und mit den Ansichten des Franzosen Graf Gobineau (* 1816, † 1882) in Frankreich und des Engländers Houston Steward Chamberlain (* 1855, † 1927) in Deutschland wurden die geistigen Grundlagen für die rassistischen Verbrechen des Nationalsozialismus und Dritten Reiches gelegt.

Mendels Vererbungslehre

Das entscheidende Manko Darwins und seiner irregeleiteten Nachfolger lag darin, daß der Mechanismus der Vererbung noch nicht verstanden war. Der Fortschritt hätte schon um 1866 kommen können, als der Augustinerabt Gregor Johann Mendel (* 1822, † 1884) aus Brünn

PAUL EHRLICH

*»Viel probieren, möglichste Genauigkeit der Versuche, möglichst wenig willkürliche Einschätzung. Viel arbeiten, wenig publizieren . . .« gehörte zum Wahlspruch von Paul Ehrlich (*1854, †1915), in dessen Geburtsjahr 1854 Rudolf Virchow eben erst die Vermutung geäußert hatte, daß Krankheiten von Störungen in den Zellen ausgehen könnten, und in dessen Todesjahr 1915 mit seiner Hilfe schon ein wesentlicher Sieg über die Infektionskrankheiten errungen war.*

»Ehrlich färbt am längsten!« hieß es seit seiner Studentenzeit von seiner unermüdlichen Arbeit mit neuen Färbemethoden, mit deren Hilfe Zellbestandteile und Nervenbahnen besser unter dem Mikroskop zu beobachten waren. Und als Assistent an der II. Medizinischen Klinik in Berlin stieß er nach Robert Kochs Vortrag über dessen Entdeckung der Tuberkulosebazillen noch in derselben Nacht auf eine weitaus bessere Färbemethode für sie, die weitere Forschungen zu ihrer Bekämpfung erst ermöglichte.

An Kochs »Institut für Infektionskrankheiten« fand Ehrlich dann die Methoden zur Immunisierung gegen Bakterien- und Pflanzengifte, die 1908 mit dem Nobelpreis gewürdigt wurden.

Seitdem er Leiter des »Kaiserlichen Instituts für experimentelle Therapie« in Frankfurt geworden war, suchte er nach Abkömmlingen der Farbstoffe, die sich ebenso spezifisch wie diese mit dem Zellprotoplasma der Bakterien verbanden und sie zerstörten, ohne den menschlichen Körper wesentlich zu beeinträchtigen: »Wir müssen (chemisch) zielen lernen!« Der bedeutendste Treffer glückte, als er zusammen mit seinem japanischen Schüler Hata 1908 als 606. Präparat einer langjährigen Versuchsserie das aufsehenerregende »Salvarsan« zur Bekämpfung der Syphilis fand. Ungetrübt blieb seine Entdeckerfreude aber nicht: Streitigkeiten mit seinem früheren Freund Emil von Behring um die kommerzielle Nutzung des Diphtherieserums und Patentstreitigkeiten im Zusammenhang mit dem Salvarsan verbitterten ihn und verursachten wohl seinen frühen Tod. *(H. H.)*

(Mähren) die Erkenntnisse seiner langjährigen Kreuzungsversuche mit Erbsen veröffentlichte. Er fand, daß jedes Individuum Paare von »Erbanlagen« jeweils von beiden Eltern besitzt. Eine Erbanlage eines Paars könnte »dominant« (vorherrschend) oder »rezessiv« (zurücktretend) sein, und wenn ein Individuum beide hätte, würde die Dominante die Eigenschaften des Individuums bestimmen. Die unmittelbaren Nachkommen von zwei »reinstämmigen« Erbsenpflanzen, einer hochstämmigen und einer niedrigstämmigen, würden danach ausschließlich hochwüchsig sein, weil alle zumindest eine Erbanlage für hohen Wuchs hätten. Aber einige von deren Nachkommen könnten auch von niederem Wuchs sein, wenn sie zufällig zwei Erbanlagen der niedrigstämmigen Großmutter erworben hätten. Der »Biologiepapst« von Nägeli (siehe Band 9) verhinderte aber, daß die Arbeit Mendels anerkannt wurde. Erst als im Jahr 1900 der Holländer Hugo de Vries (* 1848, † 1935), der Österreicher Erich Tschermak von Seysenegg (* 1871, † 1962) und der Deutsche Carl Correns (* 1864, † 1933) erneut diese Entdeckung machten, konnten sich die »Mendelschen Gesetze« durchsetzen.

Daß zur Entstehung des Lebens bei der Befruchtung sich eine weibliche Ei- und eine männliche Samenzelle vereinigen müßten, war schon länger vermutet worden, aber erst 1879 von dem Schweizer Hermann Fol (* 1845, † 1892) bei den Riesenzellen des Seeigels beobachtet worden. Mit den neuen organischen Farbstoffen konnten jetzt Teile der Zellen angefärbt werden. Der deutsche Zellforscher Walter Flemming (* 1843, † 1906) entdeckte so unter dem Mikroskop die Chromosomen (die Träger der Erbanlagen: eine Deutung, die erst 1902 dem Amerikaner Walter S. Sutton [* 1876, † 1919] gelang) und beobachtete, daß die Chromosomen stets paarweise auftraten; bei der Zellteilung verdoppelte sich der Chromosomensatz, so daß beide Tochterzellen wieder einen vollständigen (doppelten) Satz enthielten. Nur bei den Geschlechtszellen sind nach dem belgischen Zellforscher Edouard van Beneden (* 1846, † 1910) die Chromosomensätze einfach; erst bei der Befruchtung entsteht wieder ein vollständiger Satz mit Erbanlagen beider Eltern. So war um die Jahrhundertwende ein wesentlicher Teil der Vererbungsgesetze verstanden.

Der Mensch ist, was er ißt? Fortschritte in der Medizin

Lange hatte man geglaubt, daß sich Lebewesen von der unbelebten Materie durch eine fiktive »Lebenskraft« unterschieden. Zweifel kamen nach Wöhlers Harnstoffsynthese (siehe Band 9) auf, seit auch an-

***Robert Koch, Begründer der modernen Bakteriologie,** Entdecker des Tuberkelbazillus und des Choleraerregers, mit Reichstagsabgeordneten in Entebbe (Ostafrika), wo er sich der Erforschung der Schlafkrankheit widmete (1906).*

dere organische Verbindungen aus anorganischen Substanzen erzeugt werden konnten, als sich – unter Mitwirkung Liebigs – herausstellte, daß auch der Körper des Menschen wie seine Nahrung im wesentlichen aus Kohlehydraten, Fetten, Eiweißen und Wasser bestand. Stoffwechselvorgänge wie Verdauung und Atmung und auch die Gärung stellten sich als chemische Reaktionen heraus, die zwar unter Umständen durch organische Stoffe, die Enzyme, als Katalysatoren beschleunigt werden, die aber auch außerhalb des Körpers bzw. der Zellen ablaufen können.

Um die Jahrhundertmitte war mit vielen Enzymen die Chemie der Verdauung im wesentlichen bekannt. Es setzte sich die Überzeugung durch, daß die stofflichen Vorgänge in allen Lebewesen allein den Gesetzen der Chemie und der Physik genügen. Damit begann man auch die Ursachen von Krankheiten besser zu verstehen, vor allem, nachdem der französische Biologe und Chemiker Louis Pasteur (* 1822, † 1895) Mikroorganismen als Ursache der Seidenraupenpest erkannt und Robert Koch den Erreger des Milzbrands gefunden hatte. Der deutsche Botaniker Ferdinand Julius Cohn (* 1828, † 1898) veröffentlichte 1872 ein dreibändiges Werk über die neuentdeckten Bakterien und wurde einer der Begründer der Bakteriologie. Seiner Förderung ist es zu verdanken, daß der deutsche Arzt Robert Koch (* 1843, † 1910) 1882 auch den Erreger der Tuberkulose entdecken konnte. Weitere Krankheitsursachen wurden bis um die Jahrhundertwende erkannt, z. B. Vitaminmangel und die Erreger von Malaria, Diphtherie, Pest und Syphilis. Gegenmaßnahmen konnten getroffen werden: Impfungen, Desinfektionen zur Vermeidung des Kindbettfiebers und von Wundinfektionen bei Operationen, aber auch die Bekämpfung der Anophelesmücke als Malariaüberträger. Der Arzt und Gesundheitspolitiker Rudolf Virchow (* 1821, † 1902) trat für hygienische Maßnahmen ein, und Paul Ehrlich (* 1854, † 1915) begründete die Chemotherapie zur Krankheitsbekämpfung.

Wie weit trägt die mechanistische Physik? Endgültige Durchsetzung des »Energieerhaltungssatzes«

Auch Hermann von Helmholtz (* 1821, † 1894) war ursprünglich Arzt. 1847 trat er mit der Arbeit »Über die Erhaltung der Kraft« an die Öffentlichkeit, in der er in voller Allgemeinheit eine der bedeutendsten physikalischen Entdeckungen formulierte, den »Energieerhaltungssatz« für alle Bereiche der Naturwissenschaften: »In einem abgeschlossenen System kann Energie weder erzeugt noch verbraucht, sondern nur umgewandelt werden.«
Die Arbeit entfachte einen Sturm der Entrüstung. Hatte nicht wenige Jahre zuvor, 1842, Julius Robert Mayer (* 1814, † 1878) ganz ähnliches, allerdings nur für die Mechanik, Wärmelehre und Chemie behauptet? Helmholtz wurde geistiger Diebstahl unterstellt, aber bei seiner Redlichkeit ist zu glauben, daß ihm weder die Arbeit Mayers, noch die des Engländers Joule, noch die anderer Vorläufer bekannt war.
Helmholtz hatte allerdings noch angenommen, die gesamte Natur könne mit Hilfe der Mechanik verstanden werden, welch' aussichtsloses Ziel!
In einem Jahrzehnt setzte sich der »Energieerhaltungssatz« in allen Zweigen der Naturwissenschaften durch. Mit riesigen Kalorimetergefäßen, die auch Menschen aufnehmen konnten, wurde er sogar in der Biologie bestätigt.
Zunächst profitierte die Wärmelehre am meisten vom Energiebegriff. Seit 1851 hat, darauf aufbauend, der Physiker Rudolf J. E. Clausius (* 1822, † 1888) eine geschlossene Theorie der Wärme entwickelt, die

»Thermodynamik«. Aus seinen zwei »Hauptsätzen« ließ sich in ihr eine Fülle von Gesetzmäßigkeiten für die verschiedensten thermischen Eigenschaften wie Gasdruck oder Wärmeausdehnungszahl ableiten, merkwürdigerweise ohne daß man Annahmen über die Natur der Stoffe machen mußte. Insbesondere kam man dabei sehr wohl ohne die immer noch verrufene »Atomhypothese« (siehe Seite 262) aus.
Der Leipziger Chemiker Wilhelm Ostwald (* 1853, † 1932) wollte ganz auf mechanische Modelle verzichten, wie sie der junge Helmholtz noch gefordert hatte, und ließ in seiner »Energetik« nur die Energie als physikalisch wirklich zu.
Ganz ähnlich verlief die Entwicklung in der Elektrizitätslehre. Der schottische Physiker James Clerk Maxwell (* 1831, † 1879) hatte zwar für Michael Faradays elektrische und magnetische Felder mathematische Gleichungen aufgestellt, hatte diese aber auch zunächst mechanisch gedeutet als Folge eines abenteuerlich komplizierten Systems rotierender »Ätherröhren«. Indem er dann seit 1872 völlig auf eine mechanische Veranschaulichung verzichtete und den Inhalt seiner Theorie allein in ihrer mathematischen Struktur und den Folgerungen aus dieser sah, wurde Maxwell wohl zum bedeutendsten Physiker des 19. Jahrhunderts.
Mathematische Folgerungen waren es, die das physikalische Weltbild und die Technik gründlich veränderten: Es sollte »elektromagnetische Wellen« geben, die sich mit Lichtgeschwindigkeit ausbreiten! Könnte dann nicht Licht selbst eine solche Welle sein? Helmholtz in Berlin – er war inzwischen völlig von der Physiologie, in der er bedeutende Beiträge zu den Hör- und Sehvorgängen geleistet hatte, zur theoretischen Physik übergewechselt – regte die Untersuchung bei seinem Studenten Heinrich Hertz (* 1857, † 1894) an; in Karlsruhe gelang diesem schließlich die Erzeugung und der Nachweis solcher Radiowellen. Hertz konnte dann bestätigen, daß diese Strahlung sich nur durch die Wellenlänge vom sichtbaren Licht unterscheidet. Die »Maxwellsche Lichttheorie«, und damit eine der fruchtbarsten Theorien überhaupt, die schließlich zur Modelltheorie für die »relativistische Quantentheorie« des 20. Jahrhunderts werden sollte, war so bestätigt.
Zwei »phänomenologische« Theorien wurden so im 19. Jahrhundert entwickelt und abgeschlossen, die Thermodynamik und die Elektrodynamik, die die Erscheinungen (Phänomene) gesetzmäßig verknüpfen, ohne zu sagen, wie die Phänomene zustandekommen. Der österreichische Physiker und Philosoph Ernst Mach (* 1838, † 1916) behauptete in seiner »positivistischen« Erkenntnislehre sogar, daß Naturwissenschaft ganz allgemein nur Größenbeziehungen zwischen Sinneserscheinungen, Phänomenen, feststellen könne.

Vorhandensein und Wirken kleinster Bauteile der Materie Die »Atomhypothese« lebt wieder auf

Ganz haltbar war Machs Ansicht wohl nicht, denn die »Atomhypothese« (Materie besteht aus kleinsten unteilbaren Teilen) bewährte sich gerade, indem sie viele Aussagen der phänomenologischen Thermodynamik deuten konnte. Rudolf J. E. Clausius hatte seit 1857 die Idee weiterverfolgt, daß Wärme mit der Bewegung der vermuteten Atome zusammenhängen könnte. Daß man viel zu wenig wußte, um – wie der »Laplacesche Dämon« (Band 8) – alle Atome eines Gases rechnerisch verfolgen zu können, war selbstverständlich. Man lernte aber von Maxwell, daß man auf mathematischer Basis Wahrscheinlichkeitsaussagen für die Mittelwerte sehr vieler Teilchen machen konnte.

Insbesondere auch der unglückliche Österreicher Ludwig Boltzmann (* 1844, † 1906) entwickelte in Graz, München, Leipzig und Wien so eine umfassende »Statistische Mechanik« der Gase, die »kinetische Gastheorie«. (Am Unverständnis seiner Kollegen gegenüber seiner atomistischen Theorie zerbrach er aber und nahm sich schließlich das Leben.) Er hatte aufgrund seiner Forschungen deuten können, warum sich auch aus der Thermodynamik eine Entwicklung der Natur ergibt: Danach streben sich selbst überlassene Systeme einem Zustand größtmöglicher Unordnung zu. Also schien es völlig unverständlich, daß sich in der Natur höchst geordnete Systeme wie lebende Zellen und Lebewesen »von selbst« gebildet haben könnten.

Auch die Chemiker begannen erst wieder an Atome zu glauben, nachdem 1860 auf einer internationalen Konferenz in Karlsruhe der Italiener Cannizzaro (* 1826, † 1910) an Avogadros Methode (Band 9) von 1811 zur Bestimmung der relativen Atommassen erinnert hatte. Es ließ sich nun rechnerisch eine Tabelle der Atommassen aufstellen, die dann 1869 von dem Russen Dimitrij Mendelejew (* 1834, † 1907) und dem Deutschen Lothar Meyer (* 1830, † 1895) zum »Periodischen System der Elemente« geordnet wurde. Lücken im System halfen neue Elemente zu finden.

Im Jahre 1866 konnte dann erstmals August Kekulé von Stradonitz (* 1829, † 1896), der ursprünglich Architekt gewesen war, den Bauplan des Benzolmoleküls als Ring von sechs Kohlenstoffatomen mit Wasserstoffatomen als Seitenketten aufklären. Der Bau weiterer organischer Moleküle ließ sich dann mit der Annahme entschlüsseln, daß die vier Bindungen eines Kohlenstoffatoms von der Mitte eines Tetraeders nach seinen vier Ecken gerichtet sind.

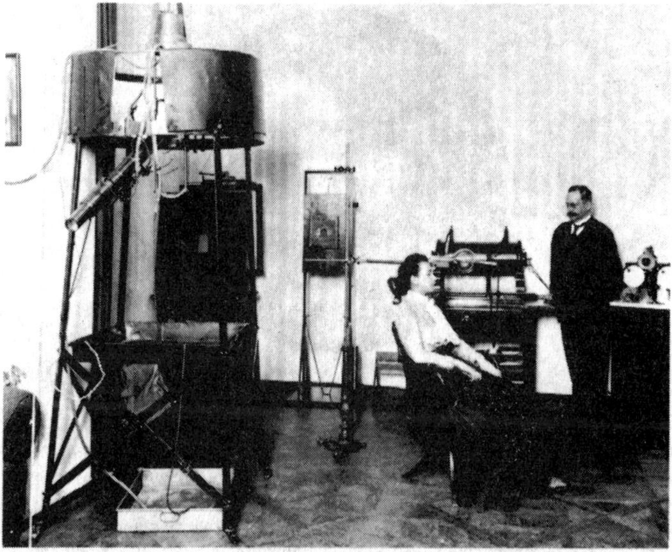

Physikalisch-technische Erkenntnisse im Dienst der Medizin.
Behandlung einer Patientin mit Hilfe von Röntgenstrahlen.
Foto aus der Zeit um 1905.

Umsturz im Weltbild der Physik
Atome, Elektronen, Quanten

Gegen Ende des Jahrhunderts überstürzten sich dann die Ereignisse, die den Umbruch des physikalischen Weltbildes im 20. Jahrhundert einleiteten. Helmholtz hatte schon 1881 darauf hingewiesen, daß man aus den Faradayschen Elektrolyseversuchen (siehe Band 9) auf die Existenz einer kleinsten Ladungseinheit, der »Elementarladung«, schließen müßte. 1895 wiesen dann der Franzose Jean-Baptiste Perrin (* 1870, † 1942) und 1897 Wilhelm Wien (* 1864, † 1928) die negative Ladung in den Kathodenstrahlen einer Gasentladungsröhre nach, die vom negativen Pol, der »Kathode«, ausgingen. Aber erst nachdem der Holländer Hendrik Antoon Lorentz (* 1853, † 1928) die *magnetische* »Lorentzkraft« *auf bewegte elektrische Ladungen* entdeckt hatte, konnte der Engländer Joseph John Thomson (* 1856, † 1940) in den Kathodenstrahlen negative *Elektronen* als *kleinste Ladungseinheiten* feststellen und ihre Eigenschaften bestimmen. Mit noch größerer Prä-

WILHELM CONRAD RÖNTGEN

Das Aufsehen und der Rummel anläßlich seiner epochemachenden Entdeckung der geheimnisvollen, sogar menschliche Körper durchdringenden Strahlen von 1895, unzählige Ehrungen aus aller Welt, vor allem auch der erste Nobelpreis überhaupt, veränderten Röntgens Leben gründlich. Nur widerwillig und nach langem Zögern folgte er einem Ruf von Würzburg nach München. In Würzburg hatte er einen Kreis von Menschen um sich gehabt, von dem er Anregungen erhielt, dessen Geselligkeit er genoß, bei dem er trotz seiner zurückhaltenden Art wegen seines Humors, seines Frohsinns und seiner Leutseligkeit beliebt war.

Mehr als zwanzig Jahre zuvor – er war damals Assistent des Physikers August Kundt – hatten es die Würzburger Röntgen allerdings nicht leicht gemacht. Seine Habilitation (Zulassung als Universitätslehrer) war damals abgelehnt worden, weil er kein Abitur besaß. Seine holländischen Lehrer hatten es ihm verweigert, weil er einen Mitschüler als Urheber von Kreideschmierereien nicht verraten wollte, und ein Nachholen als Privatschüler war auch mißglückt. Erst nachdem er 1879 als Vierunddreißigjähriger in Gießen Professor geworden war und dort seine nach eigener Meinung wertvollste Arbeit überhaupt zur Bestätigung von Maxwells Elektrodynamik vollendet hatte, war er wieder nach Würzburg berufen und, wie um seine frühere Zurückweisung wiedergutzumachen, bald zum Rektor der Universität gewählt worden. Kurz darauf, 1895, glückte dann seine »Zufallsentdeckung« der X-Strahlen, die heute seinen Namen tragen.

In München stieß er auf Ablehnung. Er wurde scheu und mied bald die Öffentlichkeit. Studenten fürchteten seine Prüfungen, bei seinen Assistenten galt er als unnahbar, gar hochmütig. Er förderte ihre wissenschaftliche Tätigkeit so gut er konnte, war aber mehr an der Sache als an den Menschen interessiert. Während des Ersten Weltkriegs und besonders nach der langen Krankheit und dem Tod seiner Frau vereinsamte er immer mehr. Ein Darmkrebs setzte seinem Leben 1923 ein Ende.

(H. H.)

MAX PLANCK

Max Planck (1858, † 1947) war zu vielseitig begabt, als daß ihm die Wahl seines Studiums leicht gefallen wäre. Einerseits war er ein begeisterter Musiker mit dem absoluten Gehör; noch in hohem Alter musizierte er täglich einige Stunden. Andererseits hätte ihn der Rat des Münchner Physikprofessors von Jolly fast zum Studium der Alten Sprachen verleitet: In der Physik sei beinahe alles geklärt. Sein Interesse an der Mathematik gab schließlich doch den Ausschlag für die Physik.*
Zeitlebens arbeitete Planck dann an Problemen der Thermodynamik und Statistischen Mechanik, und es ist ihm zu verdanken, daß sie sich in Deutschland durchsetzen konnten. Seine größte physikalische Leistung hängt aber mit der Strahlung glühender Körper zusammen. Es gelang ihm, das »Plancksche Strahlungsgesetz« für ihre Intensitätsverteilung zu erraten, aber er mußte widerwillig einräumen, daß man – in modernerer Sprechweise – zum Verständnis dieses Gesetzes im Licht kleine Energieportionen (»Quanten«) bestimmter Größe voraussetzen mußte, die von seiner Wellenlänge und einer Naturkonstanten, dem »Planckschen Wirkungsquant«, abhängen. Das widersprach den Vorstellungen vom Licht als Welle mit beliebiger Energie gründlich.
Als »Revolutionär wider Willen« und Begründer der »Quantenphysik« wurde er 1918 mit dem Nobelpreis belohnt. Es entsprach seinem Wahlspruch »Reine Gesinnung, die ihren Ausdruck findet in gewissenhafter Pflichterfüllung«, daß er während des III. Reiches einerseits gegen die Verfolgung seiner jüdischen Kollegen eintrat und deshalb auf seine Ämter verzichten mußte, daß er aber auch vielen Wissenschaftlern wie Werner Heisenberg und Otto Hahn den verhängnisvollen Rat zum »Durchhalten und Weiterarbeiten« gab. Sein Sohn Erwin wurde als Mitwisser des Hitler-Attentats vom 20. Juli 1944 hingerichtet. Nach Kriegsende förderte Planck als kommissarischer Präsident der »Kaiser-Wilhelm-Gesellschaft«, die dann 1946 in die heutige »Max-Planck-Gesellschaft« überging, den Wiederaufbau der deutschen Wissenschaften. *(H. H.)*

***Die stürmische Entwicklung der Technik verändert die Welt.** Wie nie zuvor in der Geschichte der Menschheit führten neue wissenschaftliche Erkenntnisse, gepaart mit der Vervollkommnung technischen Wissens, zur Veränderung menschlicher Lebensgewohnheiten – eine Entwicklung, die, auch mit all ihren Gefahren, bis heute anhält. Insbesondere das Verkehrswesen erhielt in dieser Zeit entscheidende neue Impulse. Neben den ersten Autos kamen auch erste Prototypen des Motorrades auf den Markt. Oben: Daimlers Motorrad von 1886. – Von den Gleitflugversuchen Otto Lilienthals (rechts vom »Fliegerberg« in Berlin-Lichterfelde 1895), die halfen Gesetzmäßigkeiten der Flügelkonstruktion zu erkennen, war es kein weiter Schritt zum motorisierten Flugzeug. Ein weltweit bewunderter ›Sonderfall‹ der Luftfahrt war das von Graf Zeppelin entwickelte Luftschiff (unten: LZ III 1909 über Berlin).*

zision maß 1909 der Amerikaner Robert Andrew Millikan (* 1868, † 1953) mit seiner Öltröpfchenmethode die elektrische Elementarladung. Damit war erstmals der Atomismus, zumindest der elektrischen Ladung, wirklich nachgewiesen.
Ebenfalls beim Experimentieren mit Kathodenstrahlen glückte Wilhelm Conrad Röntgen (* 1845, † 1923) in Würzburg die Entdeckung seiner nach ihm benannten Strahlen, deren Natur erst 1912 als kurzwellige elektromagnetische Strahlung erkannt wurde. Bei dem Versuch, einen Zusammenhang zwischen der Leuchterscheinung in einem Uransalzkristall und der Entstehung der Röntgenstrahlen zu finden, bemerkte der Franzose Antoine Henri Becquerel (* 1852, † 1908), daß vom Uransalz selbst eine Strahlung ausging, die vom Ehepaar Marie und Pierre Curie, den Pionieren auf diesem Gebiet, als »Radioaktivität« bezeichnet wurde. Damit standen die Physiker und Chemiker um die Jahrhundertwende mitten in der Atomphysik. Selbst Ostwald und Mach mußten schließlich die Existenz von Atomen zugestehen, aber wie langsam der Wandel eintrat, ist aus einer Anekdote über Otto Stern (* 1888, † 1969) zu ersehen, der während des Ersten Weltkriegs bedeutende Experimente mit Strahlen schneller Atome durchführte. Als er viel später seinen alten Doktorvater wiedertraf, meinte dieser, er hätte Stern beim Examen sicher durchfallen lassen, wenn er damals schon gewußt hätte, daß Stern an Atome glaubte. Max Planck (* 1858, † 1947) mußte im Jahr 1900 widerwillig aus seinem Strahlungsgesetz folgern, daß die Energie der elektromagnetischen Strahlung in »Quanten«, sozusagen in »Atomen des Lichts«, konzentriert sein müsse. Das widersprach völlig der gesicherten Vorstellung von elektromagnetischen Wellen; das konnte im 19. Jahrhundert nicht verstanden werden. Erst mußte die neue Sicht vom Wahrheitsgehalt naturwissenschaftlicher Aussagen im 20. Jahrhundert begründet werden.

Literatur

Fassmann, Kurt (Hrsg.): Die Großen der Weltgeschichte, Bd. VIII und Bd. IX, Zürich 1977 und 1970. – Hierin besonders die Biographien von Darwin, Ehrlich, Haeckel, Helmholtz, Hertz, Koch, Mach, Maxwell, Nernst, Planck, Röntgen.

WINFRIED BÖHM

Das deutsche Bildungswesen in den Jahren um 1900

Kritik und Reformbewegungen – Spezialisierung, Reglementierung und Verengung vor der Jahrhundertwende – »Lehrer- und Stoffschule« – Gegen »Historismus« und Verwissenschaftlichung – Reformschulen – »Jahrhundert des Kindes« – »Jugendbewegung« – »Kunsterziehungsbewegung« – »Deutsche Oberschule«.

Um die Wende vom 19. zum 20. Jahrhundert kommt es in Deutschland zu einer heftigen Kritik an dem Bildungswesen, wie es sich in der zweiten Hälfte des 19. Jahrhunderts verfestigt hatte, und ebenso zu einer Vielfalt von Ansätzen zur Erneuerung von Schule und Erziehung. Diese Bildungskritik stand in dem größeren Zusammenhang einer umfassenden *Kulturkritik*, die nicht nur die zeitgenössische Bildung in Frage stellte, sondern auch Kunst und Wissenschaften, ja die grundlegenden Lebensorientierungen selbst erfaßte. Obwohl der Göttinger Pädagoge Herman Nohl (* 1879, † 1960) diese Erneuerungsbestrebungen als Fortsetzung einer bereits in der Romantik bzw. im Sturm und Drang mächtigen »Deutschen Bewegung« ansah, waren sie keineswegs nur ein deutsches Phänomen, sondern bildeten ein weitverzweigtes internationales Geflecht von Reformideen und -konzepten, die in unserer Sprache gewöhnlich unter der Sammelbezeichnung *Reformpädagogik*, im Französischen als *éducation nouvelle*, im Italienischen als *attivismo*, im Englischen als *progressive education* zusammengefaßt werden. Kraft der Intensität des Reformwillens und aufgrund ihrer (bis heute) durchgreifenden Wirkung auf Theorie und Praxis der Erziehung kommt dieser reformpädagogischen Bewegung eine ähnlich herausragende Stellung in der Geschichte der Pädagogik zu wie etwa der Zeit der Französischen Revolution oder dem Neuhumanismus.

Spezialisierung an den Universitäten Reglementierung und Auswendiglernen an den Volksschulen

Will man die Stoßrichtung und die Vehemenz jener reformpädagogischen Bestrebungen richtig verstehen, so ist es notwendig, daß man

Unterricht im Schein des Gaslichtes –
Unterricht an der Schwelle zu einer neuen Zeit.
Deutsche Volksschulklasse um 1905 beim Unterricht.

sich wenigstens grob einige Tendenzen in der Entwicklung des Schulwesens und in der Pädagogik der zweiten Hälfte des 19. Jahrhunderts vergegenwärtigt. Im ganzen kennzeichnend ist, daß Pädagogik und Bildungswesen in die politischen und sozialen Spannungen hineinverwickelt und stark von dem intellektualistischen und zunehmend realistischen Geist der Zeit geprägt werden. Das läßt sich anhand weniger Hinweise verdeutlichen: Die neuhumanistische Idee der deutschen Universität wird von der wirklichen Entwicklung des Hochschulwesens überrollt und ausgehöhlt; die sich gewaltig entfaltenden Einzelwissenschaften drängen die einheitstiftende Philosophie zurück; die fortschreitende Spezialisierung der Wissenschaften und der Wissenschaftler führt zu einem oft beziehungslosen Nebeneinander von Fachinstituten und Lehrveranstaltungen; Handel, Technik und Industrie verlangen immer deutlicher nach qualifizierten Fachkräften, und diese Bedürfnisse lassen Fachhochschulen, Handels- und Technische Hochschulen entstehen.

In der höheren Schule wird nicht der Humboldtsche Bildungsbegriff –

Bildung als proportionierliche Ausfaltung meiner individuellen Kräfte (siehe Band 9) – wirksam, sondern über Johannes Schulze (* 1786, † 1869), seit 1818 einflußreicher Sachbearbeiter für Gymnasial- und Hochschulfragen im Preußischen Kultusministerium, dringen ganz anders gerichtete, von Hegel beeinflußte Gedanken ein (»Bildung als Abarbeitung der Individualität ins Allgemeine«) und führen einerseits zu einer strafferen Reglementierung und staatlichen Kontrolle der Schule und lassen andererseits einen schlechten Enzyklopädismus entstehen, der schließlich in »Stoffhuberei« und folglich Überbürdung der Schüler ausartet.
Daneben vollzieht sich ein rascher Ausbau des Mädchenschulwesens, sei es im Sinne der von der Frauenbewegung geforderten Emanzipation und Gleichstellung der Frau im wirtschaftlich-sozialen Leben, sei es in Richtung auf die Ausformung ausgesprochener Frauenberufe wie z. B. der Kindergärtnerin oder der Lehrerin.

Rückschritt zur »Lehrer- und Stoffschule«

Hatten die Volksbildungsbestrebungen zu Beginn des 19. Jahrhunderts der Volksschule und dem Volksschullehrerstand starken Auftrieb gegeben, so blies nach 1848 der reaktionäre Wind dem geradezu entgegen. Von konservativer Seite wurde der zu hoch getriebenen Bildung des Volkes und besonders der neuen Lehrerbildung eine Hauptschuld an der politischen Unruhe gegeben. Die sogenannten »Stiehlschen Regulative« von 1854 versetzten die Volksschule in Preußen um runde vierzig Jahre zurück und beschränkten sie auf Lese-, Schreib-, Rechen-, Gesangs- und Religionsunterricht; das Normativ für Lehrerbildung von 1857 tat für Bayern ein ähnliches. Von diesen Rückschlägen konnte sich die Volksschule nur langsam erholen und durch die Einbeziehung der Realien (sachbezogenen Fächer) verlorenes Terrain allmählich zurückerobern. Methodisch setzte sich in der Volksschule (stärker als in den anderen Schularten) die Unterrichtslehre der Herbartianer (siehe auch Band 9) durch und verstärkte durch die ihr zugrunde liegende mechanistische Vorstellungspsychologie (alles seelische Geschehen sei von Vorstellungen und ihren Verhältnissen bestimmt) und durch die schematische Anwendung der Formalstufenmethode die Schematisierung und Intellektualisierung des Unterrichts sowie die Passivität und Rezeptivität (anpassende Aufnahmebereitschaft) des Schülers: er antwortet nur, wenn er gefragt wird, und auch dann steckt die Schülerantwort schon in der Lehrerfrage.
Der Pädagoge Theodor Wilhelm hat diese »alte Schule« treffend als

»Lehrer- und Stoffschule« gekennzeichnet und sie angesichts der mangelnden Individualisierung von Erziehung und Unterricht eine pädagogische Massenfabrik genannt.

Gegen Historismus und Enzyklopädismus

An dieser Zerrgestalt von Schule und Universität setzen die Bildungskritiker und Schulreformer an, die einen, indem sie schonungslos Fehler, Einseitigkeiten und Verkürzungen brandmarken, die anderen, indem sie neue Entwürfe von Unterricht und Erziehung machen und/oder andere – heute würde man sagen: alternative – Schulen (Reformschulen) ins Leben rufen. Der Philosoph Friedrich Nietzsche (* 1844, † 1900) war einer der ersten, der die Verzweckung und Vermarktung der Bildung generell verurteilte. Von einer konservativen Ablehnung aller demokratisierenden und vermassenden Tendenzen her, kritisierte er den Historismus, d. h. die Rückwärtsgewandtheit der Bildung, ihre museal-archivarische Ausrichtung, und er beklagte insbesondere ihren enzyklopädischen (totes Wissen anhäufenden) Charakter und ihren Mangel an innerer Einheit. Viel publikumswirksamer war August Julius Langbehns (* 1851, † 1907) unsystematisch vorgetragene, aber leicht eingängige Kritik am Rationalismus und an der Verwissenschaftlichung von Bildung und Schule. In seinem Buch »Rembrandt als Erzieher« (Leipzig 1890), das nicht weniger als 87 Auflagen erlebte, geißelte er das Spezialistentum seiner Zeit, die Zergliederung, ja Atomisierung der Bildung und forderte ihre neue Einheit in einer alle Gegensätze überwindenden deutschen Kunst, für die er Rembrandt als Repräsentanten vorstellte. Der Orientalist und Kulturphilosoph Paul Anton de Lagarde (* 1827, † 1891) beklagte den Mangel an richtung- und vorwärtsweisenden Idealen bei der deutschen Jugend, und von politischer Seite wandte sich Kaiser Wilhelm II. gegen die Überfremdung der jungen Deutschen durch die antiken Sprachen.
Mit ihrem epochemachenden Buch »Das Jahrhundert des Kindes« (Stockholm 1900, dt. 1902 u. ö.) schlug die schwedische Volksschullehrerin und Frauenkämpferin Ellen Key (* 1849, † 1926) das Motto für die neue Pädagogik an.

Nicht der Stoff, das Kind steht im Mittelpunkt

Alle Erziehung hat vom Kinde auszugehen, nicht vom Stoff und nicht vom Lehrer, denn das Kind trägt alles in sich, was es zu seiner Erziehung und Bildung bedarf. Ellen Key verstieg sich in diesem Buch sogar zu folgender Formulierung: »Nicht erziehen, nur Hindernisse aus dem Weg räumen und die Natur sich selbst entfalten lassen, ist die eigentliche Aufgabe der Erziehung.« Damit knüpfte sie (genau wie die anderen Verfechter einer Pädagogik »vom Kinde aus« – Ludwig Gurlitt [* 1855, † 1931], Heinrich Scharrelmann [* 1871, † 1940], Berthold Otto [* 1859, † 1933], Maria Montessori [* 1870, † 1952] oder Alexander S. Neill [* 1883, † 1973] u. a.) an die naturalistische These an, das Kind sei von Natur aus gut und die kindliche Entwicklung folge immanenten (ihm innewohnenden) Gesetzlichkeiten. Berthold Otto wollte deshalb Erziehung und Unterricht ganz um den natürlichen Bildungsinstinkt der Kinder herum organisieren; nach dem Muster des familiären Tischgesprächs wollte er den Gesamtunterricht (anstelle des nach Fächern gegliederten Unterrichts) seiner Schule aufbauen.

Die »Arbeitsschulbewegung«

Von der »Lernschule« zur »Arbeitsschule« – so lautete, formelhaft verkürzt, die Forderung der Vertreter der sogenannten »Arbeitsschulbewegung«. Sie stimmten darin überein, daß die Passivität und Rezeptivität der Schüler überwunden werden müßte und an die Stelle des bloß aufnehmenden Lernens die schöpferisch-produktive Arbeit des Schülers zu treten habe. An der Frage, was hier Arbeit hieße und welche Arbeit die wirklich bildungsträchtige wäre, schieden sich freilich die Geister. Während der Münchner Schulrat Georg Kerschensteiner (* 1854, † 1932) die handwerkliche Arbeit betonte, ging es dem Leipziger Studienrat Hugo Gaudig (* 1860, † 1923) um die »freie geistige Tätigkeit«, d. h. »freies Tun aus eigenem Antriebe, mit eigener Kraft und in eigener Arbeitsweise«, also um selbständige Techniken der geistigen Arbeit. Der »entschiedene Schulreformer« Paul Oestreich (* 1878, † 1959) faßte die bildende Arbeit viel weiter und verstand darunter jede Tätigkeit des Heranwachsenden, die der Aktivierung und Bewährung seiner ureigenen Kräfte dient. Von marxistisch denkenden Vertretern wurde der Bildungswert der Arbeit dagegen auf die Teilnahme an der industriellen Produktion eingeschränkt.

Fruchtbare Impulse der »Jugendbewegung«

Aus dem Protest gegen die starren bürgerlichen Lebens- und Sozialisationsformen in Familie, Schule, Betrieb, Armee und Kirche und aus

Das Bild der Schule, Schulheime und Schulkinder um 1910. *Einheitlich gekleidete Schüler und Schülerinnen mit Trommlerbuben vor ihrem Heim, uns streng und steif erscheinend, für die Zeit vor dem Ersten Weltkrieg eine Welt ersten Verständnisses für das Kind. – Unten links und rechts: Das Bild des Schulkindes vor dem Ersten Weltkrieg in der so beliebten Matrosenkleidung mit Schülermütze und Umhängetasche – geprägt von Normen und doch selbstbewußter als wenige Jahre zuvor.*

HELENE LANGE

Sind Frauen zu wissenschaftlicher Lehrtätigkeit fähig? Es erschreckt uns heute, daß eine solche Frage erst und noch am Ende des vorigen Jahrhunderts in Deutschland gestellt und beantwortet werden konnte. Daß es überhaupt geschah, verdankt die deutsche Frauenbewegung Helene Lange.
Die 1848 in Oldenburg geborene, früh verwaiste Kaufmannstochter hatte sich nach jahrelanger Erzieherinnentätigkeit nicht nur für eine Reform des Mädchenschulwesens, sondern auch für die Gleichberechtigung der Frau in der wissenschaftlichen Lehrerbildung eingesetzt und zu diesem Zweck 1889 die Berliner Realschule für Frauen gegründet, die sie vier Jahre später in Gymnasialkurse überleitete. Immer wieder hatte sie einen zähen Kampf zu führen gegen männliche Vorurteile und altväterlich-konservative Schulgremien, die häufig genug die Auffassung vertraten, weibliche Bildung sei nur nötig, damit »geistige Kurzsichtigkeit der Frau die Hingabe des Mannes an höhere Interessen nicht lähme«.
Nur mit viel Ausdauer, Charme, Humor und Trotz konnte Helene Lange ihre Erfolge sichern. Sie war keineswegs eine Exzentrikerin oder Schwärmerin, sondern hatte einen sicheren Blick für das Nötige und Mögliche. Bedeutung erlangte auch ihre schriftstellerische Tätigkeit. So nahm sie in der Zeitschrift »Die Frau« zu vielen Fragen der Frauenbildung Stellung und gab zusammen mit der Schriftstellerin Gertrud Bäumer ein mehrbändiges »Handbuch der Frauenbewegung« heraus.
Als Vorsitzende des von ihr gegründeten »Allgemeinen deutschen Lehrerinnenvereins« stellte Helene Lange in die Mitte ihrer Bemühungen den geistig-seelischen Eigenwert der Frau, nicht deren »Emanzipation von ihrem ureigensten Wesen«. Über die wissenschaftliche Ausbildung hinaus trat Helene Lange auch für die politische Bildung der Frau ein, eine zukunftsweisende Tat – mehr jedenfalls als ihr Eintreten für die weibliche Dienstpflicht während des Ersten Weltkriegs. Wenige Wochen nach ihrem 82. Geburtstag starb sie 1930 in Berlin. *(L. H.)*

Progessivität im Spannungsfeld von Gefühl und Verstand, Naturromantik- und Gesellschaftskritik.
Wandervogeltreffen auf dem Hohenmeissner im Oktober 1913.

der Ablehnung der zunehmenden Verstädterung heraus entstand die sogenannte »Jugendbewegung«, die in der Gründung des »Berliner Wandervogels« 1901 ihren Anfang nahm und zugleich ihre bezeichnende Gestalt gewann. Die Haupttendenzen dieser pädagogisch außerordentlich fruchtbaren Bewegung waren ihr gegen Vermassung, Technisierung und Organisation gewandtes Zurückgehen auf das Natürliche, Urwüchsige und »Wurzelechte«; das Streben nach freigewählten kleinen Gemeinschaften (Gruppe, Kommune); der »Bund« als um gemeinsame Interessen, aber ohne starre Bindungen bestehende neue Lebensform; die Entwicklung eines eigenen Umgangsstils (Wandern, Fahrten, Singen etc.); ein freies Verhältnis der Geschlechter zueinander und schließlich ein oft irrational anmutender Glaube an berufene Führer (»Gruppenführer«). Vor allem der Gedanke der Selbsterziehung der Jugend und die Betonung des Gemeinschafts- und Gruppengedankens wirkten sich nach dem Ersten Weltkrieg in Schule und Unterricht, aber auch in Sozialpädagogik und Erwachsenenbildung aus. Nicht nur kam es zur Gründung von »Landerziehungsheimen« und »Lebensgemeinschaftsschulen« – z. B. Gustav Wynekens Freier Schulgemeinde Wickersdorf (1906) oder Paul Geheebs Odenwaldschule (1910) –, sondern die Pädagogen lernten die Schulklasse als soziale Gruppe mit einem differenzierten Geflecht sozialer Beziehungen sehen; der Gedanke der »Schülermitverantwortung« breitete sich aus, und das Schulleben – heute nennt man es meist soziales Lernen – wurde als eigene pädagogische Aufgabe (über das bloße Unterrichten hinaus) anerkannt.

Hatte man bis dahin Sozialpädagogik mehr begrifflich von der Individualpädagogik geschieden, so setzte sich nun ein neues Verständnis durch, nämlich Sozialpädagogik als Pädagogik der schwierigen Fälle, als die Erziehung gefährdeter bzw. gescheiterter Jugendlicher, als Rehabilitation, als Fürsorge- und Gefängniserziehung etc. Die Einrichtung von »Jugendämtern«, eine eigene »Jugendgerichtsbarkeit« und schließlich die Verankerung des Erziehungsrechts des Kindes im Reichswohlfahrtsgesetz von 1922 gehen unmittelbar auf Anregungen der Jugendbewegung zurück.

Im Bereich der Erwachsenenbildung wurde eine alte rationalistisch-aufklärerische Auffassung im Sinne von Wissensverbreitung und Popularisierung der Wissenschaft überwunden und durch eine neue Volksbildung ergänzt oder gar ersetzt; Volkshochschulen, Volksbühnen, Volksbibliotheken, Gemeinschaftsabende, Laienspiel, Kunstgewerbe u. ä. wurden aus dem Lebensstil der Jugendbewegung heraus als neue Aufgaben der Erwachsenenbildung ergriffen.

»Kunsterziehungsbewegung«

Die ursprünglich aus mittelständisch-konservativen Bemühungen um eine Wiederbelebung des Kunsthandwerks hervorgegangene »Kunsterziehungsbewegung« zielte in ihrer ersten Phase (bis etwa 1903) auf eine (Wieder-)Hinführung zur Kunst und – wie Karl Lange, einer der Pioniere dieser Bewegung, es formulierte – auf eine »Erziehung des Kindes zur ästhetischen Genußfähigkeit«. In einer zweiten Phase ging es dann mehr um die Weckung der künstlerischen Kräfte im Volke und um die Förderung des »Genius im Kinde«, wie ein erfolgreicher Buchtitel des Kunsthistorikers Gustav Hartlaub (* 1884, † 1963) programmatisch lautete. Die Auswirkungen der »Kunsterziehungsbewegung« auf Erziehung und Unterricht waren ebenso tief wie breitgefächert, wenn auch ihrerseits nicht frei von Einseitigkeiten und Überspitzungen. Insgesamt bemühte man sich um eine ästhetische Gestaltung von Schule und Schulklasse, die Unterrichtsstunde wurde als gestalterisches Kunstwerk angesehen, vom Lehrer erwartete man mehr eine künstlerische Persönlichkeit, denn nur fachlich-didaktisches Wissen und Können, Erziehung und Unterricht sollten Erlebnisse vermitteln oder besser selbst zum – künstlerischen – Erlebnis werden. Einzelne Schulfächer erfuhren Bereicherungen bzw. Akzentverschiebungen. So traten im Zeichenunterricht freies Zeichnen und Malen nach vorne; der auf geschichtliches Verstehen zielende aktualisierende und personalisierende Lehrervortrag drängte das bloße Memorieren historischer Stoffe zurück; die Biblische Geschichte rückte das frühere Auswendiglernen des Katechismus an den Rand; Volkslied, freies Singen und Improvisieren, Spiel, Sport, Gymnastik bereicherten den bis dahin stark akademisierten Musik- bzw. den auf Körperübungen fixierten Turnunterricht; der freie Aufsatz löste das stupide Kopieren von Musteraufsätzen ab; in der Jugendlektüre schließlich wurde das aus der Aufklärung überkommene penetrante Zielen auf Belehrung, Unterhaltung und Veredelung überwunden und nach künstlerischen Gesichtspunkten entschieden.

Ein neues pädagogisches Berufsbewußtsein

Neben diesen im Raum der Schule bzw. in ihrem Umfeld unmittelbar wirksamen Reformbestrebungen vollzog sich auch in der Pädagogik ein bemerkenswerter Neubeginn. Hatte sich im 19. Jahrhundert das pädagogische Denken weitgehend auf den von Herbart (siehe Band 9) gewiesenen Bahnen bewegt und sich stark auf Schule und Unterricht konzentriert, so knüpfte die sich im Anschluß an den Berliner Philosophen Wilhelm Dilthey (* 1833, † 1911) nach der Jahrhundertwende herausbildende »Geisteswissenschaftliche Pädagogik« mehr an Schleiermacher an (vergleiche auch Band 9) und verstand Erziehung und Unterricht als ein in den geschichtlich-gesellschaftlichen Zusammenhang verwobenes Kulturphänomen. Männer wie Eduard Spranger (* 1882, † 1963), Aloys Fischer (* 1880, † 1937), Theodor Litt (* 1880, † 1962), Herman Nohl (* 1879, † 1960), Erich Weniger (* 1894, † 1961) und Wilhelm Flitner (* 1889) errangen der Pädagogik nicht nur ihren festen Platz innerhalb des Spektrums der Universitätsdisziplinen, sondern begründeten auch ihr spezifisches Forschungsfeld in der Erziehungswirklichkeit. Pädagogik wurde zwar als Berufswissenschaft für die pädagogischen Berufe angesehen, aber nicht oberflächlich und vordergründig als ein vorhandenes Reservoir anwendbarer Kenntnisse und Techniken, sondern als die ein pädagogisches Berufsbewußtsein und eine pädagogische Selbstverantwortung allererst ermöglichende und zugleich rechtfertigende kritische Reflexion auf Erziehung, Bildung, Lernen, Schule und Unterricht. Dieser geisteswissenschaftlichen Pädagogik ging es nicht in erster Linie um die Ausbildung pädagogischer Professionisten, vielmehr um die Anbahnung eines kritischen Bewußtseins von der Komplexität und Vieldimensionalität pädagogischer Probleme und erzieherischer Situationen und um ein daraus resultierendes besonneneres und bewußteres pädagogisches Handeln. Wilhelm Flitner hat dies treffend als »reflexion engagée« (engagiertes Nachdenken) bezeichnet.

Neue Schulmodelle

Während diese geisteswissenschaftliche Pädagogik für Jahrzehnte zur dominierenden Richtung in der deutschen Erziehungswissenschaft wurde und – nach heftigen Anfeindungen in den sechziger und siebziger Jahren – gegenwärtig eine deutliche Renaissance erlebt, wurde die reformpädagogische Bewegung in Deutschland 1933 jäh unterbrochen. Bevor es aber zu diesem Rückschlag der NS-Zeit kam, fanden reformerische Ideen und Modelle Eingang in das Bildungswesen. Das gilt vor allem für die Volksschule und für die Lehrerbildung, aber auch für die höhere Schule. Aus der Vielzahl der Reformansätze verdienen besondere Erwähnung die sogenannte »Richertsche Schulreform«, die ab 1922 als vierten höheren Schultyp neben Gymnasium, Realgymnasium und Oberrealschule die »Deutsche Oberschule« einführte, welche neben zwei modernen Fremdsprachen ihren Kern in den sogenannten »deutschkundlichen« Fächern hatte. Durch Einrichtung von »Aufbauschulen« wurde ein Übergang in die höhere Schule auch nach der siebten Volksschulklasse ermöglicht. Für die Volksschullehrerbildung entstanden ab 1926 »Pädagogische Akademien«, ein vom Geist der »Jugendbewegung« und der »Kunsterziehungsbewegung« mitgeprägter Hochschultypus, bei dem nicht die Wissensvermittlung, sondern das Erleben der Gemeinschaft und das erfahrene Ethos der Erziehung im Vordergrund standen.
In der Reichsverfassung von 1919 (Art. 142–150) waren Rahmenbedingungen für das Bildungswesen festgelegt worden, so z. B. eine achtjährige Volksschule, die Fortbildungsschulpflicht bis zum 18. Lebensjahr, die Forderung nach staatsbürgerlicher Erziehung und »Arbeitsunterricht«, die »Simultanschule« (Schule für Kinder aller Bekenntnisse) als Regelschule. Eine reichseinheitliche gesetzliche Regelung des Schulwesens gelang angesichts der bestehenden weltanschaulichen Gegensätze nur für die vierjährige Grundschule (Grundschulgesetz

von 1920); damit wurde die seit 1848 vertretene Idee einer einheitlichen Schule für die ganze Nation wenigstens teilweise verwirklicht. Inhaltlich sowie didaktisch-methodisch gewann diese Grundschule ihr Gepräge weitgehend aus den Anregungen der Reformpädagogik. Die Prinzipien der Ganzheitlichkeit (im Gegensatz zu Spezialisierung und Fächergliederung), der Heimatgebundenheit, der Erlebnisbezogenheit, der Lebensnähe, der Selbsttätigkeit (des Schülers) usw. haben die Arbeit der Grundschule bis in die sechziger Jahre entscheidend geformt.

Daß es im 20. Jahrhundert nicht zu einer stärkeren Vereinheitlichung des deutschen Bildungswesens kam, sondern über einer gemeinsamen vierjährigen Grundschule (nach wie vor) verschiedene Schularten wie Säulen nebeneinanderstehen (sogenanntes dreigliedriges Schulsystem), macht eine Besonderheit im Vergleich zu anderen Industrienationen aus und bestimmt bis heute die bildungspolitische Diskussion (z. B. Streit um die Gesamtschule). Daß die Ideen der Reformpädagogik weiterhin lebendig sind und heute im Gewande von »Alternativen« und »Alternativschulen« neu auftreten, verweist zum einen darauf, daß die Schule als staatlich-bürokratische Institution sich offenbar hartnäckig gegenüber durchgreifenden Reformen zu sperren weiß, und erinnert zum anderen daran, daß pädagogische Probleme als geschichtliche Probleme ständig nach neuen Lösungen und Antworten verlangen.

Literatur

Böhm, Winfried: Wörterbuch der Pädagogik, Stuttgart 1982

Flitner, Wilhelm/Kudritzki, Gerhard (Hrsg.): Die deutsche Reformpädagogik, 2 Bde., I. Die Pioniere der pädagogischen Bewegung, Düsseldorf 1967; II. Ausbau und Selbstkritik, Düsseldorf 1962

Reble, Albert: Geschichte der Pädagogik, Stuttgart 1980; TB-Ausgabe, Frankfurt 1981

Röhrs, Hermann: Die Reformpädagogik als internationale Bewegung, 2 Bde., I. Die Reformpädagogik. Ursprung und Verlauf in Europa, Hannover 1980; II. Die progressive Erziehungsbewegung. Verlauf und Auswirkung der Reformpädagogik in den USA, Hannover 1977

Scheibe, Wolfgang: Die reformpädagogische Bewegung 1900–1932, Weinheim 1978

Wilhelm, Theodor: Pädagogik der Gegenwart, Stuttgart 1977

ROLAND VOCKE

Der Erste Weltkrieg

Verheißungsvoller Beginn in West und Ost – »Schlieffenplan« und »Marneschlacht« – Der Übergang zum Stellungskrieg – Der Kampf um Verdun – »Sommeschlacht« – Der Kriegseintritt der USA im Jahre 1917 – Der Zusammenbruch Rußlands im Jahre 1917 – »Friedensmöglichkeiten« – Wilsons 14 Punkte – Letzte deutsche Offensiven 1918 – Die Niederlage der Mittelmächte – Die Dolchstoßlegende.

Serbien muß sterbien!« – »Jeder Stoß ein Franzos« – »Jeder Schuß ein Russ« – »Hier werden noch Kriegserklärungen angenommen«. – Sprüche wie diese – teils ahnungslos, teils leichtfertig – zierten die Eisenbahnwaggons, die im August 1914 die deutschen Truppen zu den Fronten im Westen und im Osten brachten. Sie spiegelten auch die Stimmung breitester Kreise des deutschen Volkes wider, nicht nur des konservativen oder nationalgesinnten Bürgertums, sondern fast ohne Einschränkung auch der Sozialdemokraten. Viele Menschen, nicht nur in Deutschland, begrüßten begeistert den Krieg und rückten zusammen, um das bedroht geglaubte Vaterland zu schützen. Kaum einer konnte eine Ahnung haben von dem, was bevorstand, von Materialschlachten und Trommelfeuer, von Giftgas und Flammenwerfern, von U-Boot-Krieg und Panzerangriffen, von Hungerblockade und Revolution. Vielen Deutschen war noch der Feldzug von 1870 in Erinnerung: »Bis Weihnachten sind wir wieder zu Hause«, verabschiedeten sich viele, die nun hinauszogen ins Feld.

Seitdem Rußland am 30. Juli die Gesamtmobilmachung angeordnet hatte, wurden in Deutschland die politischen Entscheidungen endgültig nur noch von militärischen Erwägungen bestimmt.

Der fatale »Schlieffenplan«

Um dem längst befürchteten Zweifrontenkrieg wirksam begegnen zu können, hatte der frühere deutsche Generalstabschef Alfred Graf von Schlieffen (* 1833, † 1913) den nach ihm benannten »Schlieffenplan« entwickelt, der in seinen Grundzügen, vor allem in seinen politisch nachteiligen Aspekten, auch 1914 noch Gültigkeit besaß.

Im Glauben an eine gerechte Sache: *Siegessicher und begeistert fahren Reservisten in Erinnerung an die ›glorreichen‹ Siege von 1870/71 1914 an die Westfront. Die Wirklichkeit der Machtverhältnisse sorgte für ein schreckliches Erwachen.*

Nach diesem Plan sollte, kurz gesagt, die Entscheidung im Westen fallen. Gewaltige deutsche Kräfte sollten durch Belgien hindurch von Norden her mit ihrem rechten Flügel in einer riesigen Umfassungsbewegung die französischen Truppen über Paris hinaus gegen die Schweizer Grenze und gegen die Vogesen drängen, um sie dort in einer ungeheuren Umfassungsschlacht zu vernichten oder zu entwaffnen. Erst dann sollte sich die Masse des deutschen Heeres gegen die Russen wenden, deren Aufmarsch man als langsam und schwerfällig einschätzte und die man bis zur Niederwerfung Frankreichs mit geringen Kräften hinzuhalten gedachte.

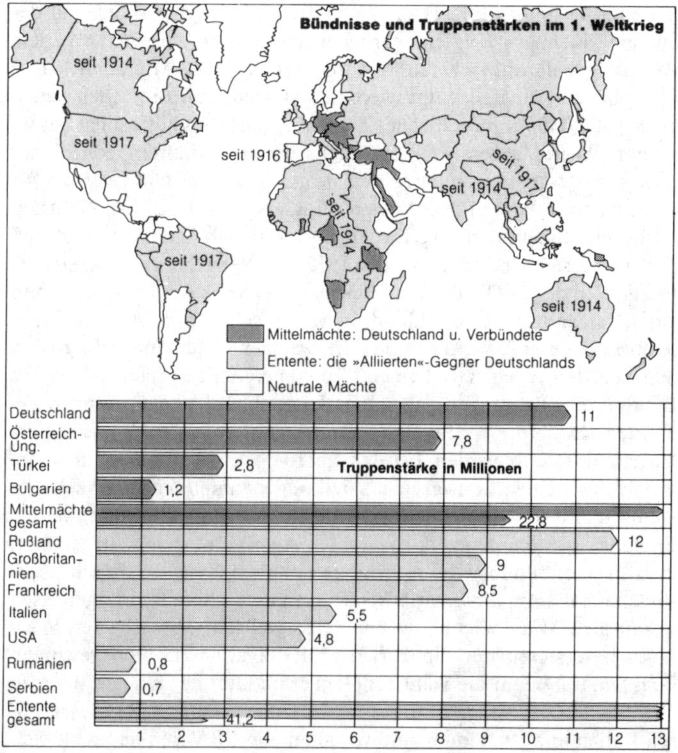

Angesichts der russischen Mobilmachung und der komplizierten Aufmarsch-Pläne im Westen fügte sich der Reichskanzler von Bethmann Hollweg (* 1856, † 1921) den militärischen Argumenten; am 31. Juli wurde in Deutschland der »Zustand der drohenden Kriegsgefahr« verkündet, und am 1. August folgte die Kriegserklärung gegen Rußland. Als sich Belgien weigerte, den deutschen Truppen kampflos den Durchmarsch durch sein Territorium zu gestatten, überschritten deutsche Verbände am 3. August die belgische Grenze, während am gleichen Tag die Kriegserklärung gegen Frankreich erfolgte.
Durch dieses Vorgehen setzte sich Deutschland mehrfach ins Unrecht und lieferte der gegnerischen Kriegspropaganda die erwünschten Argumente. Von Bethmann Hollweg hatte, anstatt die Initiative der anderen Seite abzuwarten, an Rußland und Frankreich den Krieg erklärt, so daß Deutschland als der eigentliche Friedensbrecher dastand. Er

hatte ferner unter Mißachtung geltender Verträge die Neutralität des kleinen Nachbarn Belgien gebrochen und dieses Vorgehen vor dem Reichstag aufs ungeschickteste verteidigt mit dem Argument: »Das Unrecht, das wir damit tun, werden wir wieder gutzumachen versuchen, sobald unser militärisches Ziel erreicht ist.« Es hätte nicht des törichten Wortes gegenüber dem englischen Botschafter bedurft, mit dem von Bethmann Hollweg den belgischen Neutralitätsvertrag als »einen Fetzen Papier« bezeichnete; England war durch den Neutralitätsbruch ohnehin herausgefordert und in seinen Interessen bedroht, und im übrigen hatte es bereits 1912 die Versicherung abgegeben, Frankreich gegen Deutschland beizustehen. Seit dem 4. August stand auch England mit Deutschland im Krieg, seit dem 6. August Österreich mit Rußland. Weitere Kriegserklärungen hin und her erfolgten in den nächsten Wochen. Italien und Rumänien fühlten sich nicht an ihre Bündnisverpflichtungen gegenüber Deutschland und Österreich gebunden, da sie die Auffassung vertraten, Österreich habe mit seinem Angriff auf Serbien den Frieden gebrochen. So standen nun dem Block der beiden Kaiserreiche, den sogenannten »Mittelmächten« Deutschland und Österreich, die Mächte der »Entente«, Frankreich, England und Rußland, dazu Serbien und Montenegro, gegenüber, eine Frontenbildung, die sich lange vor dem Kriegsausbruch abgezeichnet hatte. Im diplomatischen Ringen um weitere Bundesgenossen waren die »Mittelmächte« weniger erfolgreich als ihre Gegner. Während die ersteren nur die Türkei und Bulgarien für sich gewinnen konnten, traten auf die Seite der Gegner im Lauf des Krieges die meisten Staaten der Erde, darunter Japan, die ehemaligen Bundesgenossen Italien und Rumänien, und vor allem die USA, von den Kolonialreichen Englands und Frankreichs und von den britischen Dominions ganz zu schweigen.

»Wunder an der Marne«: Die Deutschen müssen zurück

Doch schienen die ersten Erfolge des deutschen Angriffs im Westen der optimistischen Stimmung in der Bevölkerung recht zu geben. Die Belgier und Franzosen, dazu das zunächst noch kleine britische Kontingent wurden zurückgeworfen. Stürmisch drangen die deutschen Truppen in Nordfrankreich ein, überschritten noch im August die Marne und bedrohten bereits Anfang September Paris, so daß sich die französische Regierung genötigt sah, nach Bordeaux auszuweichen. Der »Schlieffenplan« schien, obwohl er in stark abgeschwächter Form ins Werk gesetzt wurde, zum Erfolg zu führen.

Zermürbender Stellungskrieg: *Nach ersten Vorstößen erstarrte die Frankreichfront schon im Spätherbst 1914 zum Stellungskrieg, eine für die an schnelle Erfolge gewöhnte deutsche Armee ernüchternde Erfahrung und tödliche Gefahr, konnte doch nun der Gegner seine Materialüberlegenheit ausspielen. Oben: Britische Stellungen an der Somme (1915); unten: deutsche Stellung in den Vogesen.*

1. Weltkrieg in Europa

Deutscher Vormarsch 1914 nach Westen und Schlacht an der Marne Sept. 1914

Abwehrkämpfe im Osten

Feldzug der Mittelmächte gegen Serbien 1915

Rumänienfeldzug der Mittelmächte 1916

Letzter deutscher Durchbruchsversuch im Westen März 1918

Die Fronten 1917/1918

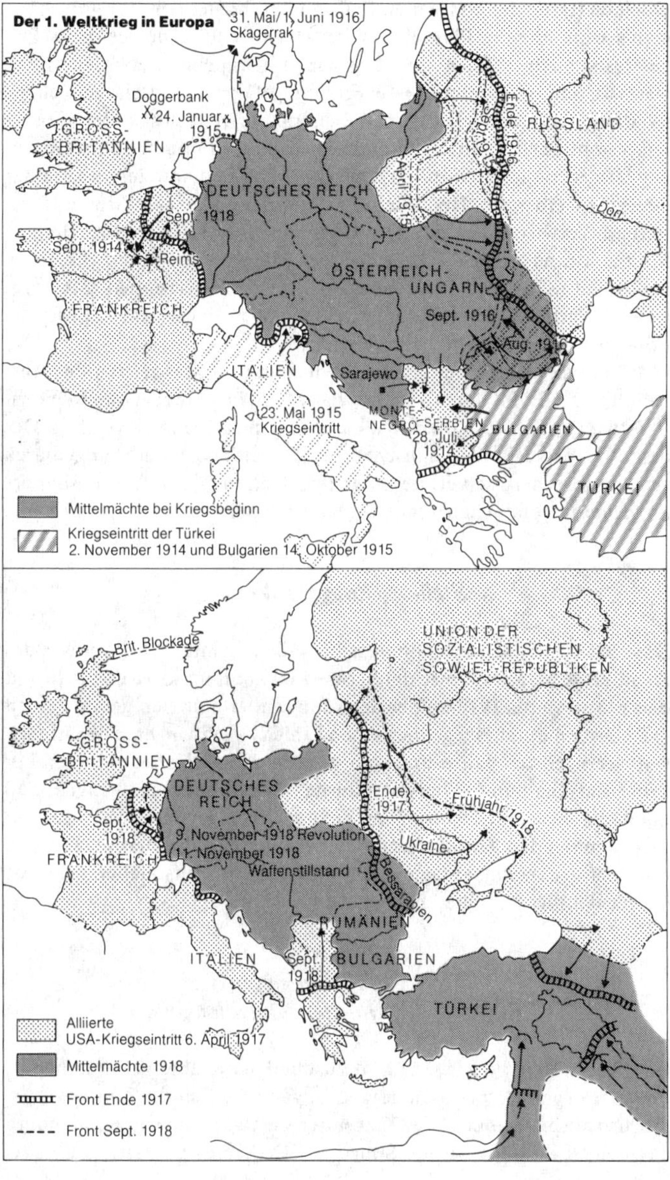
Der 1. Weltkrieg in Europa
31. Mai/1. Juni 1916
Skagerrak
Doggerbank
24. Januar 1915
GROSS-BRITANNIEN
RUSSLAND
Ende 1916
Sept. 1915
April 1915
Don
DEUTSCHES REICH
Sept. 1918
Sept. 1914
Reims
ÖSTERREICH-UNGARN
FRANKREICH
Sept. 1916
Aug. 1916
ITALIEN
Sarajewo
23. Mai 1915
Kriegseintritt
MONTENEGRO
SERBIEN
28. Juli 1914
BULGARIEN
TÜRKEI
Mittelmächte bei Kriegsbeginn
Kriegseintritt der Türkei
2. November 1914 und Bulgarien 14. Oktober 1915
UNION DER SOZIALISTISCHEN SOWJET-REPUBLIKEN
Brit. Blockade
GROSS-BRITANNIEN
DEUTSCHES REICH
Ende 1917
Frühjahr 1918
Sept. 1918
9. November 1918 Revolution
11. November 1918
Waffenstillstand
Ukraine
FRANKREICH
Bessarabien
RUMÄNIEN
ITALIEN
Sept. 1918
BULGARIEN
TÜRKEI
Alliierte
USA-Kriegseintritt 6. April 1917
Mittelmächte 1918
Front Ende 1917
Front Sept. 1918

Doch da traten mitten im unaufhaltsam erscheinenden Vormarsch Ereignisse ein, die der Plan nicht vorgesehen hatte. Teile des deutschen Heeres stießen, geführt von ehrgeizigen Truppenkommandeuren, zu weit vor, und ›überdehnten‹ die Front in gefährlicher Weise, gleichzeitig stabilisierte der französische General Joffre, selbst unter Einsatz unkonventioneller Mittel, die französische Front und ließ zum Gegenangriff gegen die erschöpften deutschen Truppen antreten, was in der deutschen Obersten Heeresleitung (OHL) und in den Armeestäben weitere Verwirrung schuf. Der Chef des Generalstabs, der jüngere Moltke, ordnete den Rückzug von der Marne bis etwa auf die Höhe von Soissons an. Der Durchbruch der deutschen Truppen war abgewendet, Paris war gerettet durch das »Wunder an der Marne«, wie die Franzosen diese Wende bezeichneten.
Indessen versuchten beide Parteien in immer weiter reichender Ausdehnung der Front nach Westen einander zu überflügeln und in einem »Wettlauf zum Meer« die Kanalküste und die Häfen zu erreichen. Der deutsche Versuch, die englischen Linien bei Ypern und Langemarck zu durchbrechen, scheiterte unter ungeheuren Blutopfern besonders unter den jugendlichen Freiwilligenverbänden.

Stellungskrieg im Westen

Das Ende war, daß im Spätherbst 1914 die gesamte Westfront von der Kanalküste bis zur Grenze der Schweiz im Stellungskrieg erstarrte und daß es fortan bis 1918 keiner der kämpfenden Parteien gelang, einen Durchbruch durch die gegnerischen Linien zu erzwingen. Die Offensiven der nächsten Jahre brachten wechselnde Geländegewinne, aber keine Entscheidung. Überspitzt ausgedrückt, könnte man sagen, daß damit der Krieg für Deutschland nicht mehr zu gewinnen war, denn in den kommenden Zermürbungs- und Materialschlachten mußte sich die Überlegenheit der Gegner an Menschen und Hilfsquellen jeder Art immer deutlicher bemerkbar machen.

Sieg bei Tannenberg
Rückzug aus Galizien – Seeblockade

Im Osten waren die Russen im August und September 1914 rascher als erwartet gegen Ostpreußen vorgedrungen. Als sich die Lage dort gefährlich zuspitzte, berief der Kaiser den General Paul von Hindenburg aus dem Ruhestand an die Spitze des Ostheeres und stellte ihm als

***Rettung Ostpreußens in der Schlacht bei Tannenberg im August 1914.** Die in Ostpreußen eingedrungenen russischen Truppen werden im Raum Hohenstein-Gilgenburg-Ortelsburg (dessen Zerstörung das Foto zeigt) vernichtend geschlagen.*

Stabschef den Generalmajor Erich Ludendorff zur Seite. Ihnen gelang es, durch die beiden bedeutenden Siege bei Tannenberg und an den Masurischen Seen die Russen vom Boden des Reiches zu vertreiben und die Lage an der deutschen Ostgrenze zu stabilisieren (August bis September).

Kritischer war die Situation der Österreicher, die Mühe hatten, den kleinen Nachbarn Serbien niederzuringen. Im Kampf gegen Rußland mußten sie nach anfänglichen Erfolgen Galizien räumen und sich auf die Karpaten zurückziehen. Das Eingreifen deutscher Truppen brachte eine gewisse Entlastung, so daß im Jahre 1915 eine Gegenoffensive das verlorene Terrain zurückgewann. Zur großen Entscheidungs- und Vernichtungsschlacht, die Hindenburg im polnischen Raum zu schlagen gedachte, fand sich die Oberste Heeresleitung (OHL), deren Chef mittlerweile General von Falkenhayn war, nicht bereit.

Äußerlich betrachtet, war die Lage der »Mittelmächte«, auch die des Türkischen Reiches nach der erfolgreichen Verteidigung der Darda-

Panzerkreuzer am Morgen der für beide Seiten verlustreichen Skagerrak-Seeschlacht *nördlich Dänemark. Die britische Flotte verlor mehr Schiffstonnage als die deutsche, weshalb die unentschiedene Schlacht auch als Sieg gefeiert wird.*

nellen gegen die Engländer und Australier (1915), am Ende des zweiten Kriegsjahres nicht ungünstig. Das eigene Staatsgebiet war vom Krieg verschont, die Fronten verliefen im wesentlichen weitab von den Grenzen durch das Gebiet der Gegner. Und doch hatte die Situation der »Mittelmächte« etwas von der Situation einer belagerten Festung, die sich zwar hielt und noch lange halten mochte, die aber, durch den Ring der Belagerer abgeschnürt von jeglicher Zufuhr, irgendwann den Mangel an Hilfsmitteln spüren mußte.

Diese Situation wurde erst so richtig offenbar, als die Engländer von 1915 an durch ihre Flotte eine totale Blockade über die Nordsee verhängten und damit deutschen Schiffen den Zugang zu den Weltmeeren versperrten. Eine Unterstützung der Kolonien war angesichts der weiten Entfernungen ohnehin nicht möglich. Sie wurden nacheinander von den Japanern, Engländern und Franzosen erobert; lediglich in Deutsch-Ostafrika konnte sich die kleine Kolonialtruppe unter dem General von Lettow-Vorbeck in einem zähen Kleinkrieg halten.

Zwar wurde von deutscher Seite eine Gegenblockade durch die U-

Boot-Waffe versucht; sie erwies sich aber trotz überraschender Anfangserfolge als weniger wirksam, insbesondere weil auch die amerikanische Regierung nach der Versenkung des britischen Schiffs Lusitania, mit dem auch 128 Amerikaner untergingen, gegen den uneingeschränkten U-Boot-Krieg protestierte und mit dem Kriegseintritt der USA drohte. Die deutsche Schlachtschiff-Flotte, Lieblingskind Kaiser Wilhelms II., ließ man im Schutz der deutschen Küste, um sie nicht der Vernichtung durch die überlegene englische Flotte auszusetzen. Nur einmal, im Mai 1916, kam es vor dem Skagerrak zu einem großen Kräftemessen zwischen den deutschen und englischen Panzerriesen, bei dem die junge deutsche Flotte der englischen durchaus ebenbürtig war. Die englischen Verluste an Schiffen und Mannschaften waren erheblich höher als die deutschen; aber die englische Blockade wurde nicht aufgebrochen. Die deutsche Flotte kehrte im berechtigten Gefühl, eine Seeschlacht gewonnen zu haben, in ihre Häfen zurück: ein taktischer Erfolg, aber keine Entscheidung.

Die »Hölle von Verdun«

Die Entscheidung fiel auch nicht dort, wo der Chef der Obersten Heeresleitung, General v. Falkenhayn sie suchte, nämlich an der Westfront. Nach seiner Absicht sollte Frankreich dort, wo es am stärksten war, vor der Festung Verdun, durch unablässige deutsche Angriffe zu einer verderblichen Konzentration seiner Kräfte und zu einem unüberlegten Angriff verleitet werden; dann gedachte Falkenhayn die »Blutpumpe« anzusetzen, und die französischen Armeen sollten in der Kraterlandschaft des Trommelfeuers verbluten. Statt dessen versuchten die deutschen Truppen unter Führung Prinz Wilhelms die wichtigsten Festungen zu erobern – was ihnen mit größten Opfern nur im Falle einiger weniger Forts wie Douaumont gelang – und verbluteten so selbst. Vom 21. Februar bis zum 9. September 1916 tobte diese bisher größte und schrecklichste Materialschlacht der Kriegsgeschichte. Vor allem die Namen der Forts Douaumont und Vaux wurden zu Symbolen ungeheurer Blutopfer auf beiden Seiten. Als die Schlacht schließlich verebbte, da hatte die »Blutpumpe« auch der deutschen Angriffsarmee das Blut aus den Adern gepumpt. Mehr als eine halbe Million deutscher und französischer Soldaten waren in dem Inferno vor Verdun zugrunde gegangen. Rund 1,2 Millionen Opfer – 700000 auf alliierter und 500000 auf deutscher Seite – forderte die vergebliche Entlastungsoffensive der Engländer und Franzosen an der Somme zwischen Juli und September 1916.

Der deutsche Operationsplan für 1916
Überlegungen des Generals von Falkenhayn

[. . .] Den Gegnern strömen aus ihrer Überlegenheit an Menschen und Material erheblich mehr Kräfte zu als uns. Es müßte bei diesem Verfahren einmal der Augenblick eintreten, wo das rohe Stärkeverhältnis Deutschland nicht viel Hoffnung mehr ließe. Das Vermögen zum Durchhalten ist bei unseren Verbündeten begrenzt, das unsrige immerhin nicht unbeschränkt. Möglicherweise wird der nächste oder, wenn Rumänien weiterliefert, der übernächste Winter, falls bis dahin keine Entscheidung gesichert ist, bei den Gliedern des Vierbundes Entbehrungs- und in deren Gefolge, wie ja immer, soziale und politische Krisen bringen. [. . .]
Das nächstliegende Mittel wäre der Versuch, England auf dem Lande entscheidend zu treffen. Es ist hiermit nicht seine Insel gemeint, die für unsere Truppen, wie die Marine glaubhaft urteilt, nicht erreichbar ist. Unsere Anstrengungen können sich vielmehr nur gegen eine der Stellen auf dem Festland richten, an denen England selbst kämpft. Auf dem eigentlichen Festlande von Europa sind wir unserer Kräfte ganz sicher und arbeiten mit bekannten Größen. Infolgedessen sind vorweg Unternehmungen im Orient auszuscheiden, wo England allerdings auch unmittelbar getroffen werden könnte. [. . .]
In Flandern, nördlich des Loretto-Rückens, verhindert die Bodenbeschaffenheit bis in das mittlere Frühjahr hinein weitzielende Unternehmungen. Südlich davon sollen für sie nach Meinung der örtlichen Führer etwa 30 Divisionen erforderlich sein. Der gleichen Zahl würde auch eine Offensive im Nordabschnitt bedürfen. Es ist uns aber unmöglich, diese Stärke an einer Stelle unserer Front zu vereinigen. Auch wenn aus den deutschen Abschnitten in Mazedonien und Galizien, gegen alle militärische Überzeugung und Vorsicht, noch einige Divisionen mehr, als geplant waren, herausgezogen werden [. .], steigt die Zahl der Heeresreserven erst auf wenig mehr als 25 bis 26 Divisionen. Setzt man sie nämlich zu demselben Unternehmen an, dann wird die ganze übrige Front bis auf den letzten Mann von Reserven entblößt. [. . .] Auch sprechen die Lehren, die man aus den mißglückten Massenstürmen unserer Gegner ableiten kann, entschieden gegen eine Nachahmung dieser Kampfmethode. Massendurchbruchsversuche gegen einen moralisch intakten, gut bewaffneten und zahlenmäßig nicht erheblich unterlegenen Feind können auch bei größter Menschen- und Materialhäufung nicht als aussichtsvoll betrachtet werden. [. . .] Ebenso aber muß dem Versuch, mit schwächeren Mitteln gegen den englischen Frontabschnitt anzurennen, widerraten werden. Er wäre nur zu befürworten, wenn man ihm ein Ziel in greifbarer Nähe geben könnte. Ein solches ist nicht vorhanden. Das Ziel müßte immer die so gut wie vollständige Vertreibung vom Festlande, die Zurückdrängung der Franzosen hinter die Somme sein. Wird nicht wenigstens dieser Erfolg erreicht, so ist der Angriff zwecklos gewesen. Wird er aber erreicht, so ist der Endzweck trotzdem noch nicht gesichert, weil England wohl zuzutrauen ist, daß es auch dann nicht nachgeben wird, und weil Frankreich nicht selbst schwer getroffen sein würde. Hierzu wäre die Einleitung einer neuen Operation erforderlich. Es ist sehr fraglich, ob

Deutschland dazu noch über die nötigen Kräfte verfügen würde. Der Gedanke, sie durch Neuaufstellungen in großem Umfang zu beschaffen, muß für diesen Winter abgelehnt werden. Seine Ausführung kann bei dem drückenden Mangel an genügend vorgebildeten Führern nicht von wesentlichem militärischem Nutzen sein und droht die Lage in der Heimat gefährlich zu überspannen.
Das Ergebnis dieser Untersuchungen ist, daß es sich nicht empfiehlt, die englische Front im Westen mit entscheidungssuchendem Angriff anzupacken, es sei denn, daß sich eine Gelegenheit dazu im Gegenstoß ergeben sollte. Gewiß ist das betrübend vom Standpunkt unserer Gefühle für den Erzfeind in diesem Kriege. Es ist jedoch erträglich, wenn man sich vergegenwärtigt, daß der Krieg mit eigenen Kräften auf dem europäischen Festland für England im Grunde eine Nebenhandlung ist. Seine eigentlichen Waffen sind hier die französischen, russischen und italienischen Heere. Setzen wir diese außer Gefecht, so steht uns England allein gegenüber. Es ist schwer anzunehmen, daß es unter solchen Umständen an seinen Vernichtungsabsichten festhalten sollte. Eine Sicherheit, daß es nachgeben wird, besteht freilich nicht, aber eine hohe Wahrscheinlichkeit. Mehr ist im Kriege selten zu erreichen.
[. . .]

Aus: Volkmann, E. O. (Hrsg.): Der große Krieg 1914–1918, Berlin 1922. (General Erich von Falkenhayn, * 1861, † 1922, war von 1914 bis 1916 Chef des Generalstabes des Feldheeres.)

Wachsende Zerstörung durch erhöhten Materialeinsatz.
Rückeroberung von Fontaine nach der Tankschlacht von Cambrai im Jahr 1917, in der erstmals in großem Umfang diese neue Tank-Waffe eingesetzt wurde. – Unten: Sächsische Infanterie auf dem Marsch durch das zerstörte Orchies. Deutschland lernte ähnliche Zerstörungen erst im Zweiten Weltkrieg kennen.

Selbst die Natur blutet aus. *Überreste eines flandrischen Waldes nach andauernden Gefechten und schwerem Trommelfeuer. – Unten: Scharfschießen auf jeden einzelnen angreifenden Gegner: das andere, so unmenschliche und erschreckende Gesicht des Stellungskrieges in der von Einschlagtrichtern zernarbten Kriegslandschaft.*

Kampf bis zum Verbluten

»Nach dem einleitenden Bombardement, das mit wachsender Intensität sechzehn Tage dauerte, und der Erwiderung der deutschen Geschütze bestand die ganze Erdoberfläche nur noch aus einer Reihe ineinandergreifender Granattrichter, die zur Hälfte mit gelbem, schlammigem Wasser angefüllt waren. Hunderte und aber Hunderte unverwundeter Leute, die, während sie zum Angriff vorrückten, in diese Tümpel fielen, sind darin ertrunken.[. . .] Die Artillerie und die Tanks blieben im Sumpf stecken, unverwundete Soldaten zu Hunderten und Verwundete zu Tausenden versanken unrettbar im Schlamm. Monatelang kämpften Hunderttausende britischer Soldaten sich durch diesen Schlamm hindurch. Sie deckten sich und schliefen in Schlammlöchern. Wenn sie vorwärts wateten, wurden sie niedergeschossen. Wenn sie verwundet wurden, ertranken sie im Kot. Aber die Überlebenden schleppten sich vier Monate lang von einem Granattrichter zum anderen und rückten im Monat ungefähr eine Meile weit vor. Eine Tragödie heldenhafter Ausdauer spielte sich in diesem Schlammeer ab.«

Bericht über die Schlacht bei Paschendaele

Als im August 1916 die Sieger von Tannenberg, Hindenburg und Ludendorff, an die Spitze der Obersten Heeresleitung traten, erhielt die Siegeszuversicht breiter Kreise des deutschen Volkes trotz aller Verluste einen irrationalen neuen Auftrieb, der auch dadurch etwas berechtigt erschien, daß im September des gleichen Jahres die russischen Durchbruchsversuche in den Karpaten unter großen Verlusten für die Angreifer zurückgewiesen wurden. Da sich im Herbst 1916 auch die österreichische Stellung gegen Italien (seit 1915 im Krieg) festigte und der andere neue Kriegsgegner Rumänien bis zum Dezember völlig niedergeworfen wurde, war gegen Jahresende wenigstens das militärische Gleichgewicht zwischen den kämpfenden Parteien wieder einigermaßen hergestellt.

Totaler Krieg – Not der Zivilbevölkerung

Dennoch war jeder Optimismus fehl am Platz. Immer deutlicher wurden die Folgen der englischen Seeblockade, die Deutschland von jenen Rohstoffen der Welt abschnitt, über die andererseits die Alliierten uneingeschränkt verfügten. Immer deutlicher wurden auch die Folgen für die Zivilbevölkerung. Ludendorff, der mehr und mehr in die Stellung eines Militärdiktators hineinwuchs, verkündete den totalen

HINDENBURG

Paul von Beneckendorff und von Hindenburg, wie sein voller Name lautete, wurde am 2. 10. 1847 als Sohn eines preußischen Offiziers in Posen geboren. Es war keine Frage, daß auch er die militärische Laufbahn beschritt. Als junger Offizier nahm er an den Kriegen von 1866 und von 1870/71 teil. Dann begann sein stetiger und steiler Aufstieg in der militärischen Hierarchie des Reiches. Er arbeitete zunächst im Großen Generalstab, später als Lehrer an der Kriegsakademie und seit 1889 als Chef der Infanterieabteilung im Kriegsministerium. Nach weiteren Stationen wurde er 1903 kommandierender General des 4. Armeekorps.

Als Hindenburg 1911 aus dem aktiven Dienst schied, schien die Karriere seines Lebens beendet. Da wurde er zu Beginn des I. Weltkriegs an die Spitze der Ostpreußen-Armee berufen und nach den glänzenden Siegen über die Russen zum Oberbefehlshaber Ost ernannt. 1916 berief ihn der Kaiser zum Chef der Obersten Heeresleitung.

Nach Kriegsende blieb er zunächst noch im Amt, zog sich dann aber nach Hannover zurück, um seine Memoiren zu schreiben. Politisch trat er zunächst nicht hervor, bis die Rechtsparteien den immer noch populären monarchistischen, aber streng verfassungstreu gesinnten Pensionisten gegen seinen Willen drängten, sich zum Reichspräsidenten der Republik (1925) wählen zu lassen. Für viele Deutsche wurde er eine Art »Ersatzkaiser«. 1932 trat er noch einmal an, diesmal gegen Hitler, und wurde wiedergewählt. Als er nach dem Wechsel mehrerer Kanzler Hitler in das höchste Regierungsamt berief, ebnete er widerwillig den Nationalsozialisten endgültig den Weg zur Macht. Nach der »Machtergreifung« der NSDAP zog er sich mehr und mehr auf sein Gut Neudeck in Ostpreußen zurück, wo er am 2. 8. 1934 sein Leben beschloß. Beigesetzt wurde er zunächst im Tannenbergdenkmal, an der Stätte seines größten Triumphs. Beim Einmarsch der Russen in Ostpreußen am Ende des Zweiten Weltkriegs wurde sein Sarg nach Marburg überführt.

(R. V.)

Krieg. Strenge Rationierung der Lebensmittel, Frauenarbeit in der Rüstungsindustrie u.a. wurde verhängt. Die Lage verschärfte sich im Winter 1916 auf 1917 in manchen Regionen zu einer Hungersnot, die ihre Opfer auch unter der Zivilbevölkerung fand. In diesem sogenannten »Steckrübenwinter« mußte man sich als Ersatz für Kartoffeln oder Brot vielfach mit Kohlrüben behelfen, aus denen man, wie eine zeitgenössische Quelle empfiehlt, allerlei Leckerbissen, wie Steckrübenpudding, Steckrübenkoteletts, Steckrübenklöße und anderes mehr herstellen sollte. Die Stimmung in der Bevölkerung und auch im Heer verschlechterte sich, insbesondere weil man mit ansehen mußte, wie einzelne »Kriegsgewinnler« am Krieg kräftig verdienten bzw. in der Etappe hinter der Front ein angenehmes oder gar prasserisches Leben führten.

Angesichts der ungeheuren Opfer und der unentschiedenen militärischen Lage, dennoch aus einer Position der Stärke, machten die »Mittelmächte« im Dezember 1916 ein Friedensangebot, das allerdings von den »Ententemächten« zurückgewiesen wurde, weil es keine präzisen Vorschläge enthielt. Auch die Vermittlungsversuche des amerikanischen Präsidenten Wilson im Dezember 1916 hatten keinen Erfolg. Die Schwäche der deutschen Friedenspolitik lag darin, daß keine Einigkeit über die Kriegsziele bestand. »Verständigungsfriede« oder »Siegfriede« – das war die Frage: die herrschenden Kreise setzten auf Sieg und forderten entsprechend der jahrzehntelang eingeübten Ideologie Eroberungen und Annexionen. Breite Kreise erwarteten einen Preis für die ungeheuren Opfer, die erbracht worden waren.

An der Frage der richtigen weiteren Politik war auch der innenpolitische »Burgfriede« der Parteien zerbrochen. Schon im März 1916 hatte

Hunger in Deutschland
als Folge der britischen Seeblockade

»Nach den Berechnungen kamen im Jahre 1916 nur 130 Gramm Eiweiß und 1344 Kalorien in der Großstadt auf Kopf und Tag der Bevölkerung, während 2569 als erforderlich festgestellt sind, also die Hälfte. Im Frühjahr 1917 gingen die Mengen auf 30 Gramm und 1100 Kalorien zurück. Die Steigerung der Sterbefälle der deutschen Bevölkerung betrug im Jahre 1915: 9½%, 1916: 14%, 1917: 32%, 1918: 37%. Bei den sechs- bis fünfzehnjährigen Kindern betrug die Zunahme der Sterbefälle 55%. Im Reichsamt des Innern wurden hiernach die Todesopfer der Blockade im Jahre 1917 auf 260 000, im Jahre 1918 auf 294 000 und insgesamt von 1915 bis 1918 auf 763 000 errechnet.«

Amtlicher Bericht von 1917

Weihnachtsbrief aus dem Schützengraben 1916
Gustav Radbruch

Meine kleine Renate!
Glaub nicht, daß dir dein Vater in diesem Weihnachtsbrief aus dem Schützengraben von Kampf und Tod erzähle [. . .]. Nein, ich will dir gerade zeigen, daß es unmittelbar hinter der Linie, an welcher der Tod Wache hält, gar mancherlei gibt, daran auch kleine Mädchen wie du ihre Freude haben würden und Männer, die sich ein kindliches Herz bewahrt haben, oft wirklich ihre nachdenkliche Freude gehabt haben. [. . .] Auch drüben, bei dem »Franzmann«, hört man manchmal die ganze Nacht hindurch die Hunde kläffen. Auch geht die Sage, eine Katze sei einmal mit einem Zettel um den Hals aus dem feindlichen Graben zurückgekehrt. Für die Kreatur existiert die magische Linie nicht. [. . .]
Wir aber liegen, Menschen diesseits und jenseits Menschen, einander stumm, spähend und drohend gegenüber. [. . .] Die dunkle, schweigende, tränenlose Trauer der beiden Fronten ist aber für uns linke Flügelmänner der Westfront so tragisch spürbar wie für niemanden sonst, denn sichtbar und hörbar, nur durch eine Linie, die Menschenwillkür zog, von uns geschieden, beginnt unmittelbar neben uns eine andere Welt, eine Welt, in der es noch lautes Gespräch und unbefangen frohes Lachen und heimatlich erleuchtete Fenster, in der es noch Furchtlosigkeit, Vertrauen – Frieden gibt. Einmal brach die Sehnsucht nach diesem greifbar nahen Frieden laut hervor: die Militärkapelle der Schweizer spielte unmittelbar zwischen den beiden feindlichen Fronten, und da sprang erst bei uns, dann drüben, lauter Beifall auf, und beide Fronten waren in einem Gefühl verbunden, und für eine halbe Stunde wurden auch die Stumpfesten seltsam weich, und unversehens sprach alles von Heimat und Zukunft und Frieden. [. . .]
Es gibt [. . .] eine ganze Schützengrabenindustrie. Da werden aus Granatsplittern Brieföffner geschliffen, aus Gewehrgeschossen kupferne Ringe gemacht, wie ich dir einmal einen mitgebracht habe, Renate, und der ihn machte, klügelt außerdem die schwierigsten Geduldspiele aus. [. . .] Er sieht wie ein kleiner beweglicher Hexenmeister aus und war einmal eine Zeitlang Kunstturner in einem Zirkus. Wirst du dich später einmal wundern, daß ich dir aus dieser »großen Zeit« nichts Wesentlicheres zu erzählen wußte? Aber es ist nun einmal deines Vaters Freude, gerade dem Unwesentlichen im nachdenklichen Spiel sein Lebensgeheimnis abzufragen. Und ob nicht doch in dieser wie in jeglicher Zeit das Unwesentliche, was sich in der einzelnen Menschenseele begibt, wesentlicher ist als alles noch so laute äußere Geschehen? [. . .] Gespräch über das geliehene Pfund führt der Ewige nicht mit Staaten und Nationen, sondern unter vier Augen mit dir ganz allein. Es gibt am letzten Ende nur Gott und die Seele.
Dein Vater im Schützengraben. *Weihnachten 1916.*

Aus: »Der innere Weg«, Stuttgart 1951 von Gustav Radbruch. (Der Jurist und Politiker Radbruch, * 1878, † 1949, war Professor, Abgeordneter und 1922–23 Reichsjustizminister.)

Frauen tragen die doppelte Last des Krieges. *Getrennt von ihren im Feld stehenden Männern, hatten die Frauen nicht nur für ihre Familien zu sorgen, sondern z. B. auch Munition zu produzieren – ein bitterer Weg zur Emanzipation.*

sich die Reichstagsfraktion der SPD von einer linken Gruppe um Karl Liebknecht und Rosa Luxemburg getrennt, die sich »Spartakusbund« nannte und zum Kern einer neuen Partei, der »Unabhängigen Sozialdemokratischen Partei Deutschlands« (USPD) wurde (siehe auch Seite 136).

Das »Epochenjahr« 1917 Russische Revolution und Friedensmöglichkeiten

Das Jahr 1917 brachte zwar noch lange keine Entscheidung, aber Ereignisse von weittragender Bedeutung. Noch während der amerikanische Präsident Wilson seine Parole »Frieden ohne Sieg« vertrat, entschloß sich der Kaiser, wieder unter dem Druck militärischer Argumente und gegen den Willen des Reichskanzlers, dem uneingeschränkten U-Boot-Krieg zuzustimmen, d. h., jedes Schiff, auch jedes neutrale, das in eine bestimmte Sperrzone um England geriet, angreifen und tor-

Wilsons vierzehn Punkte vom 8. Januar 1918 (Auszüge)

1. Alle Friedensverträge sind öffentlich und werden öffentlich geschlossen, und nach diesen Verträgen dürfen keine geheimen internationalen Vereinbarungen irgendwelcher Art mehr getroffen werden [. . .]
2. Vollkommene Freiheit der Schiffahrt auf dem Meere außerhalb der territorialen Gewässer im Frieden sowohl wie im Kriege [. . .]
3. Möglichste Beseitigung aller wirtschaftlichen Schranken und Aufstellung der Gleichheit der Handelsbeziehungen unter allen Nationen [. . .]
4. Angemessene wechselseitige Garantien, um die Rüstungen eines jeden Landes auf das [. . .] Mindestmaß zurückzuführen.
5. Ein freier, vorurteilsloser und unbedingt unparteiischer Ausgleich aller kolonialen Ansprüche, der auf der strengen Achtung des Grundsatzes beruht, daß bei der Entscheidung aller derartigen Souveränitätsfragen die Interessen der beteiligten Bevölkerung gleiches Gewicht haben wie die berechtigten Ansprüche der Regierungen [. . .]
6. Die Räumung des gesamten russischen Gebietes und die Regelung aller Rußland betreffenden Fragen [. . .], um Rußland die Möglichkeit zu geben, ungehemmt und unbeirrt eine unabhängige Entscheidung über seine eigene politische und nationale Entwicklung zu treffen [. . .]
7. Belgien muß [. . .] geräumt und wiederhergestellt werden [. . .]
8. Das gesamte französische Gebiet soll befreit und der mit Krieg überzogene Teil wiederhergestellt werden; das Unrecht, das Preußen im Jahre 1871 in bezug auf Elsaß-Lothringen der französischen Nation zugefügt hat [. . .], soll wieder gutgemacht werden [. . .]
9. Die Berichtigung der italienischen Grenze soll bewirkt werden, und zwar nach den klar ersichtlichen nationalen Scheidelinien.
10. Den Völkern von Österreich-Ungarn [. . .] soll die freieste Gelegenheit zu einer autonomen Entwicklung geboten werden.
11. Rumänien, Serbien und Montenegro müssen geräumt, die besetzten Länder wiederhergestellt werden. Serbien soll einen freien und sicheren Zugang zum Meere erhalten [. . .]
12. Den türkischen Teilen des jetzigen Osmanischen Kaiserreichs soll eine ungefährdete Selbständigkeit sichergestellt werden; auch den andern Nationalitäten, die jetzt unter türkischer Herrschaft stehen, soll eine unzweifelhafte Sicherung ihres Lebens verbürgt werden [. . .] und Gelegenheit zu autonomer Entwicklung ermöglicht werden. Die Dardanellen sollen dauernd als freie Durchfahrt unter internationalen Garantien den Handelsschiffen aller Nationen geöffnet werden.
13. Ein unabhängiger polnischer Staat soll geschaffen werden, der alle Gebiete umschließt, deren Bewohner unbestreitbar Polen sind; ein freier und sicherer Zugang zum Meere soll ihm gewährleistet werden [. . .]
14. Eine allgemeine Vereinigung der Nationen muß gebildet werden [. . .]

pedieren zu lassen. Die Warnung vor dem unvermeidlichen Kriegseintritt der Vereinigten Staaten wurde mit dem Argument vom Tisch gewischt, daß England durch die Gegenblockade noch vor einem Eingreifen der Amerikaner zum Frieden gezwungen werden könne.
Die Sympathien der Amerikaner waren ohnehin eher auf der Seite der »Entente«-Mächte; die Erklärung des uneingeschränkten U-Boot-Kriegs gab den Ausschlag dafür, daß die USA am 6. April 1917 dem Deutschen Reich den Krieg erklärte und damit erstmals entscheidend in die europäischen Verhältnisse eingriff.
Das zweite Ereignis von weittragender Bedeutung war der Ausbruch der Russischen Revolution und der Sturz des Zaren im Februar (März) 1917. Als die neue, bürgerliche Regierung in Rußland sich entschlossen zeigte, den Krieg weiterzuführen, da gab Ludendorff die Erlaubnis, daß Lenin aus der Schweiz durch das Reichsgebiet nach Schweden und weiter nach Rußland fuhr, um dort die Revolution weiterzutreiben und Rußland aus dem Krieg herauszuführen. Im Oktober (November) 1917 stürzte Lenin die bürgerliche, kriegswillige Regierung Kerenskij, und im Dezember wurde der Waffenstillstand zwischen Deutschland und Rußland geschlossen. Nach langwierigen Verhandlungen akzeptierte die russische Delegation am 3. März 1918 in Brest-Litowsk die harten Friedensbedingungen, die dem russischen Reich vor allem schwere territoriale Verluste zufügten (Verlust Livlands, Kurlands, Estlands, Litauens, Ostpolens, Verselbständigung der Ukraine und Finnlands).
Inzwischen hatte im Januar 1918 der amerikanische Präsident noch

Amerikanische Truppen an der französischen Front

»Der Eindruck, den diese anscheinend unerschöpfliche Flut blühender, kraft- und gesundheitsstrotzender Jugend auf die schwergeprüften Franzosen machte, war überwältigend. Keiner war unter zwanzig und nur wenige über dreißig Jahre alt. So wie sie in ihren Lastwagen die Straße entlangratterten, die Lieder einer neuen Welt mit erhobener Stimme singend, vor Begierde brennend, das blutige Schlachtfeld zu erreichen, schienen sie dem französischen Hauptquartier wie der Pulsschlag eines neuen Lebens. Jedermann fühlte, daß er bei der magischen Operation einer Bluttransfusion zugegen war. Neues Leben flutete herein, um den verstümmelten Leib Frankreichs wieder zu heilen, der sich vier lange Jahre hindurch aus unzähligen Wunden verblutet hatte.«

Erinnerungen des französischen Generals Pierrefeu

einmal ein grundlegendes Programm zu einem Versöhnungsfrieden vorgelegt. Die »Vierzehn Punkte« Wilsons forderten u. a. die Wiederherstellung Belgiens, die Abtretung von Elsaß-Lothringen an Frankreich, die Räumung Rußlands durch Deutschland und die Selbstbestimmung der Völker Österreichs und der Türkei. Darüber hinaus entwickelte Wilson ein Programm für eine bessere, friedliche, demokratische Welt nach dem Ende des Krieges. Doch in Deutschland herrschte skeptische Zurückhaltung; nicht alle Punkte erschienen diskussionswürdig; erst gegen Ende des Krieges erinnerte man sich wieder der »Vierzehn Punkte«.

Die Hoffnungen, welche die OHL mit dem U-Boot-Krieg verbunden hatte, erfüllten sich nicht. Zum einen war England trotz hoher Verluste an Schiffen nicht in die Knie zu zwingen, und zum anderen konnten die amerikanischen Truppen viel früher als erwartet an der Westfront eingreifen. Bis Juli 1918 standen bereits Hunderttausende ausgeruhter amerikanischer Soldaten in Frankreich; und auch das Ausscheiden Rußlands brachte nicht sofort die erwarteten Erleichterungen. Dennoch waren Reichsregierung und OHL unter dem unheilvollen Einfluß Ludendorffs nicht bereit, einen Kompromißfrieden zu erwägen. Vielmehr gedachte man alles auf eine Karte zu setzen und durch eine gewaltige Offensive in Frankreich den Durchbruch und damit die Entscheidung zu erzwingen. Die Möglichkeit, die damit verbundenen Verluste wieder durch Reserven auszugleichen, bestand allerdings nicht mehr.

Die militärische Entscheidung 1918

Vom März bis zum Juli stürmten die deutschen Armeen noch einmal in mehreren Offensiven gegen die Stellungen der Alliierten an. Es kam zu großen Geländegewinnen; die Engländer wurden über die Somme gedrängt, die Marne wurde noch einmal erreicht, Compiègne nördlich von Paris bedroht; aber der Durchbruch gelang an keiner Stelle, so wenig wie im Sommer 1914.

Am 18. Juli ließ der französische Marschall Foch, inzwischen Oberbefehlshaber über alle alliierten Truppen in Frankreich und Belgien, zum Gegenangriff antreten. Er verfügte über die frischen amerikanischen Verbände, über neues Kriegsmaterial und vor allem über eine erdrükkende Überlegenheit an Tanks (Panzer), jener Waffe, die von den Engländern bereits 1917 in der Tankschlacht von Cambrai erfolgreich eingesetzt worden war. Der Einbruch der englischen Tanks in die deutschen Stellungen am 8. August 1918 wurde zum »schwarzen Tag des deutschen Heeres«, wie Ludendorff selbst einräumte, und von da an

9. November 1918 im Großen Hauptquartier in Spa
Erinnerungen Wilhelm Groeners

Im Laufe des Vormittags kam von Berlin die direkte Aufforderung zur Abdankung des Kaisers; auch die bürgerlichen Parteien hatten zugestimmt, um wenigstens die Monarchie zu erhalten. Unter diesem Druck entschloß sich der Kaiser, als Deutscher Kaiser abzudanken, unter dem Vorbehalt, König von Preußen zu bleiben. [. . .]
Es war verhängnisvoll für die Berliner Behörden, daß die Einschränkung, König von Preußen bleiben zu wollen, nicht gleich telefonisch übermittelt wurde. Reichskanzler Prinz Max und seine Berater konnten von sich aus diese halbe Entscheidung nicht für möglich halten, sie mußten annehmen, daß der Kaiser den Wortlaut des Thronverzichts als Kaiser und König vorbereite. Immerhin war es die – zumindest formelle – Pflicht der Reichsregierung, den ordnungsmäßigen Eingang der kaiserlichen Entscheidung abzuwarten. Aber die Ereignisse gingen über alle Erwägungen hinweg.
Als der Telefonverkehr mit Berlin lebhafter wurde, gingen die meisten Anwesenden in den Garten, wo man zu mehreren wechselnden Gruppen auf und ab ging und die Lage besprach. [. . .]
In der Unterhaltung im Garten meinte einer der Generäle, er verstehe nicht, wie die Truppen – es handelte sich um eine Division, die als besonders zuverlässig gegolten und doch eigenmächtig den Marsch in die Heimat angetreten hatte – unbotmäßig werden könnten, sie hätten doch ihren Fahneneid geleistet. Ich antwortete darauf, man solle sich nicht wundern, wenn in Zeiten revolutionärer Gärung die Begriffe Fahneneid und Oberster Kriegsherr wirkungslos und zur Fiktion würden, und wies dabei auf die unleugbaren Tatsachen der Meuterei in Kiel und der Auflösung in der Etappe hin. [. . .]
Bald nach 1 Uhr kam der Oberst Heye in den Garten der Kaiservilla, um über die Besprechung mit den Offizieren Bericht zu erstatten. Ich lasse wieder Heye selbst reden:
». . . ich meldete . . . auf die Frage S. M.: ›Kann ich mich auf die Armee verlassen?‹ folgendes:
›E. M., die Armee ist E. M. noch treu ergeben, aber sie ist müde und gleichgültig, will nur Ruhe und Frieden in der Heimat haben. Gegen die Heimat marschiert sie jetzt nicht, auch mit E. M. an der Spitze nicht, sie marschiert auch nicht gegen den Bolschewismus, sie will einzig und allein bald Waffenstillstand haben; jede Stunde früher ist daher wichtig.‹
Der Kaiser sagte darauf: ›Waffenstillstand wollen wir ja auch bald‹, und sprach dann einige Worte mit dem Kronprinzen. Plötzlich wandte sich der Kaiser mir wieder zu und sagte: ›Ich muß klarsehen, ohne daß ich klarsehe, danke ich nicht ab. Marschiert die Armee ohne mich geordnet nach Hause? Graf Schulenburg meint: Nein, General Groener: Ja.‹
Ich antworte: ›Die Armee marschiert auch unter den Generälen allein geordnet nach Hause, sie ist noch fest in der Hand ihrer Führer. Aber wenn E. M. mit ihr

marschieren, so ist ihr das recht und eine Freude. Nur kämpfen will die Armee nicht mehr, weder nach außen noch nach innen.‹
Der Kaiser entschloß sich kurz darauf, als Deutscher Kaiser für seine Person abzudanken, nicht aber als König von Preußen. Er beabsichtigte, sich zu einer preußischen Division zu begeben und mit ihr friedlich in die Heimat zu marschieren. Er äußerte, den Bürgerkrieg wolle er nicht, er wolle aber die Armee vor dem Zusammenbruch bewahren. Erzberger sollte angewiesen werden, den Waffenstillstand zu unterschreiben.«
Kurz nach Heyes Vortrag verließen der Feldmarschall und ich die Kaiservilla und fuhren zum Generalstab.
Gegen 2.30 Uhr traf aus Berlin die Nachricht ein, daß der Reichskanzler Prinz Max die Abdankung von Kaiser und Kronprinz verkündet und Ebert die Kanzlerschaft übergeben hatte; Scheidemann hatte die Republik ausgerufen.
Gegen 3.30 Uhr versammelten sich die Herren, die auch am Vormittag anwesend gewesen waren, beim Feldmarschall, um die entstandene Lage zu besprechen. Nach wie vor mußten wir die Meinung vertreten, daß Truppen zur Eroberung der Heimat nicht vorhanden wären. Man einigte sich dahin, den Kaiser einen Protest gegen die Eigenmächtigkeit des Kanzlers und der Regierung aufsetzen und unterschreiben zu lassen, wollte aber von der Veröffentlichung Abstand nehmen. – Bei dieser Besprechung wurde in meinem Beisein zum ersten Male die Frage erwogen, wohin der Kaiser gehen solle, falls er das Gr. H. Qu. verlassen müsse. Es wurden Schweiz und Holland genannt, der Feldmarschall gab Holland wegen der monarchischen Verfassung und der größeren Nähe den Vorzug.
Ich machte dabei Hindenburg darauf aufmerksam, daß der Kaiser, wenn er in aller Form rechtens als Kaiser und König abgedankt habe, hingehen könne, wohin er wolle, auch nach Deutschland, denn er sei dann Privatmann. Wenn er aber nicht in voller Form abgedankt habe, dürfe er das Heer nicht verlassen. Meine Bemerkung machte aber auf Hindenburg keinen Eindruck und wurde später nicht beachtet.
Die Besprechung beim Kaiser war eigentlich keine; wir waren in verschiedenen Räumen, die einzelnen Anwesenden wurden ab und an in das Zimmer des Kaisers gerufen. So habe ich kein Urteil über die Gesamtheit der Gespräche. Der Kaiser war nun sehr erregt und sprach bald den einen, bald den anderen an. Er stimmte dem von Hindenburg vorgeschlagenen Protest zu und blieb bei der Auffassung, daß er nur als Kaiser, nicht als König von Preußen abgedankt habe und bei seinem Heere bleiben wolle. Da er nicht mehr Kaiser war, übergab er den Oberbefehl an Hindenburg. Von mir verabschiedete er sich kurz mit den Worten: »Sie sind württembergischer General, nachdem ich nicht mehr Kaiser bin, habe ich nichts mehr mit Ihnen zu tun.« Ähnlich knapp entließ er den Admiral Scheer.

Aus: »Lebenserinnerungen«, Wilhelm Groener. (W. Groener, * 1867, † 1939, wurde 1918 Nachfolger General Ludendorffs als General-Quartiermeister und leitete den Rückmarsch des deutschen Heeres und die Demobilmachung. Er war Augenzeuge der Ereignisse im kaiserlichen Hauptquartier in Spa.)

war der Rückzug auf die sogenannte »Siegfriedstellung« unaufhaltsam und ging weiter bis zu einer Widerstandslinie, die bis zum Waffenstillstand noch belgisches und, in geringerem Maß, auch noch französisches Gebiet umschloß.
Auch die Bundesgenossen Deutschlands waren am Ende. Am 30. September schloß Bulgarien, am 30. Oktober die Türkei Waffenstillstand. Der österreichische Kaiser, seit 1916 Karl I., setzte am 27. Oktober den deutschen Kaiser Wilhelm II. davon in Kenntnis, daß sein »Volk weder im Stande noch willens ist, den Krieg weiter fortzusetzen« und daß er um Waffenstillstand nachsuchen werde. Am 3. November erhielt er ihn. Das Habsburgerreich begann sich aufzulösen.
In diesen krisenhaften Tagen verlor Ludendorff offenbar die Nerven. Brüsk und ohne Vorankündigung forderte er am 29. September die Reichsregierung auf, sofort Waffenstillstandsverhandlungen aufzunehmen, da er bei einem Großangriff der Gegner eine Katastrophe für das Heer fürchte.
Das Angebot mußte fast einer Kapitulation gleichkommen; darüber war man sich sowohl in Berlin als auch im Hauptquartier der OHL im klaren. Darum wandte sich auch der neue Reichskanzler, Prinz Max von Baden, am 3. Oktober noch einmal an Hindenburg und erhielt die Auskunft, nach menschlichem Ermessen bestehe »keine Aussicht mehr, dem Feind den Frieden aufzuzwingen«. Damit hatte die Oberste Heeresleitung noch einmal eindeutig die militärische Niederlage eingestanden, und der Reichsregierung blieb daraufhin nichts anderes zu tun, als in der Nacht vom 3. zum 4. Oktober in einem Telegramm an Wilson um Waffenstillstand auf der Grundlage der »Vierzehn Punkte« nachzusuchen.
Um den erwarteten Forderungen nach einer Demokratisierung des Reiches zuvorzukommen, hatte die OHL am 3. Oktober nicht nur der Berufung des liberalen Prinzen Max, sondern auch einer Parlamentarisierung der Reichsregierung zugestimmt. Im neuen Kabinett saßen auch Zentrumsangehörige und Sozialdemokraten. Das undemokratische »Dreiklassen-Wahlrecht« in Preußen, Stein des Anstoßes für die westlichen Demokratien, wurde mit sofortiger Wirkung abgeschafft.
Wie ablehnend die OHL im Grunde die Entwicklung betrachtete, geht daraus hervor, daß Ludendorff, kaum war die Verbindung zu Wilson geknüpft und der Notenwechsel im Gang, plötzlich wieder die Fortsetzung des Krieges verlangte. Am 26. Oktober forderte er und erhielt er schließlich seinen Abschied vom Kaiser – zu früh, denn so konnten später er und mit ihm die nationalistische Propaganda die Verantwortung für das Ende, für den Waffenstillstand und für den Frieden den Politikern des Zentrums und der Sozialdemokraten aufbürden.

Das Ende aller Kriege: *Gräber von Soldaten aus aller Welt, von Vätern, Söhnen, Brüdern, Kindern. In Frankreich, Rußland, Italien, Deutschland . . . Soldatenfriedhof des Ersten Weltkriegs bei Douaumont/Verdun.*

Die Dolchstoßlegende

Das war die Geburtsstunde der sogenannten »Dolchstoßlegende«, nach der die Sozialisten der »im Felde unbesiegten Armee« von hinten den Dolch zwischen die Schultern gestoßen habe, eine Geschichtslüge, die die politische Atmosphäre der künftigen Republik tödlich vergiften sollte.
Die revolutionären Ereignisse der Endphase des Krieges traten erst nach dem Eingeständnis der Niederlage durch die militärischen Befehlshaber ein. In den letzten Oktobertagen 1918 begannen die Matrosen der deutschen Hochseeflotte, die in der Kieler Förde lagen, zu meutern, als Gerüchte auftauchten, die Schlachtflotte solle zu einer letzten heroischen Fahrt auslaufen, um die Ehre der Marine zu retten, die so lange tatenlos in ihren Häfen gelegen hatte.
Anfang November griffen die Unruhen auf andere Städte über; es bildeten sich Arbeiter- und Soldatenräte. Am 7. November floh der bayerische König aus seiner Hauptstadt, am 9. November wurde in Berlin die Republik ausgerufen; am 10. ging der Kaiser ins Exil nach Holland.
Unter dem Eindruck all dieser Ereignisse traf die deutsche Waffenstillstandsdelegation, an ihrer Spitze der Zentrumspolitiker Erzberger, am 8. November im Wald von Compiègne auf den Sieger, auf Marschall Foch. Am 11. November wurde der Waffenstillstand unterzeichnet. Das war das Ende des bis dahin größten technisierten Völkergemetzels, erstmals unter Einsatz von Flugzeugen, U-Booten, Panzern, unter Verwendung von Maschinenwaffen, modernen Transportmitteln und Giftgas.
Der Erste Weltkrieg war zu Ende; der Friede noch nicht gewonnen.

Literatur

Cartarius, Ulrich (Hrsg.): Deutschland im Ersten Weltkrieg. Texte und Dokumente 1914–1918, München 1982

Hubatsch, Walther: Deutschland im Weltkrieg 1914–1918, Frankfurt/Berlin 1973

Johann, Ernst (Hrsg.): Innenansicht eines Krieges. Deutsche Dokumente 1914–1918, Frankfurt 1968

Laqueur, Walter/Mosse, George L. (Hrsg.): Kriegsausbruch 1914, München 1966

Allgemeine Literaturhinweise

Die folgende Übersicht konzentriert sich auf wichtige neuere Gesamtdarstellungen, die ihrerseits alle wieder Hinweise auf Spezialliteratur und Fachaufsätze bringen.

Aubin, Hermann/Zorn, Wolfgang (Hrsg.): Handbuch der deutschen Wirtschafts- und Sozialgeschichte, Bd. 2, Stuttgart 1976

Baumgart, Winfried: Deutschland im Zeitalter des Imperialismus. Grundfragen, Thesen und Strukturen, Frankfurt/Berlin 1972

Behnen, Michael (Hrsg.): Quellen zur deutschen Außenpolitik im Zeitalter des Imperialismus 1890–1911, Darmstadt 1977

Binder, Gerhard: Epoche der Entscheidungen. Eine Geschichte des 20. Jahrhunderts mit Dokumenten in Text und Bild, Stuttgart 1960

Buchheim, Karl: Das Deutsche Kaiserreich 1871–1918, München 1969

Craig, Gordon A.: Deutsche Geschichte 1866–1945. Vom Norddeutschen Bund bis zum Ende des Dritten Reiches, München 1980

Freund, Michael: Abendglanz Europas 1870–1914. Bilder und Texte, Stuttgart 1967

Grundmann, Herbert (Hrsg.): Gebhard. Handbuch der deutschen Geschichte, Bd. 3 und 4, Stuttgart 1970 und 1973

Mann, Golo: Deutsche Geschichte des 19. und 20. Jahrhunderts, Frankfurt 1958

Mommsen, Wolfgang J.: Das Zeitalter des Imperialismus, Frankfurt 1969

Ritter, Gerhard A.: Das deutsche Kaiserreich 1871–1914. Ein historisches Lesebuch, Göttingen 1977

Ritter, Gerhard A./Kocka, Jürgen (Hrsg.): Deutsche Sozialgeschichte. Dokumente und Skizzen, Bd. II 1870–1914, München 1977

Schieder, Theodor: Staatssysteme als Vormacht der Welt 1848–1918, Berlin 1977

Schönbrunn, Günter (Hrsg.): Weltkriege und Revolutionen 1914–1945. Geschichte in Quellen, Bd. V, München 1961

Sethe, Paul: Deutsche Geschichte im letzten Jahrhundert von 1848 bis 1960, München 1981

Stern, C./Winkler, H. A.: Wendepunkte deutscher Geschichte 1848–1945, Frankfurt 1979

Stürmer, Michael (Hrsg.): Das kaiserliche Deutschland. Politik und Gesellschaft 1870–1918, Düsseldorf 1970

Wehler, Hans-Ulrich: Das deutsche Kaiserreich 1871–1918, Göttingen 1980

Wehler, Hans-Ulrich: Moderne deutsche Sozialgeschichte, Köln 1976

Sach- und Namensregister

Kursiv gesetzte Ziffern verweisen auf Abbildungen

ABBILDUNGSNACHWEIS

Akademische Verlagsanstalt Athenaion, Wiesbaden (1); Archiv der sozialen Demokratie, Bonn (1); Bayer. Staatsbibliothek, München (1); Bildarchiv Preußischer Kulturbesitz, Berlin (2); Deutsches Museum, München (1); Archiv Gerstenberg, Frankfurt (53); Historisches Archiv Friedr. Krupp GmbH, Essen (1); Imperial War Museum, London (2); LEXIKOTHEK Verlag GmbH, Gütersloh (8); Museum für Hamburgische Geschichte, Hamburg (2); Österr. Nationalbibliothek, Wien (3); Süddeutscher Verlag, München (1); Ullstein Bilderdienst, Berlin (46).